高等院校"十三五"工商管理规划教材

政府与非营利组织会计
（第二版）

主　编　章新蓉
副主编　詹学刚　薛正宽

Government and non-profit accounting
Second Edition

经济管理出版社
ECONOMY & MANAGEMENT PUBLISHING HOUSE

图书在版编目（CIP）数据

政府与非营利组织会计（第二版）/章新蓉主编. —北京：经济管理出版社，2019.5
ISBN 978 - 7 - 5096 - 6583 - 1

Ⅰ. ①政…　Ⅱ. ①章…　Ⅲ. ①单位预算会计—高等学校—教材　Ⅳ. ①F810.6

中国版本图书馆 CIP 数据核字 (2019) 第 089099 号

组稿编辑：王光艳
责任编辑：魏晨红
责任印制：黄章平
责任校对：赵天宇

出版发行：经济管理出版社
　　　　　（北京市海淀区北蜂窝 8 号中雅大厦 A 座 11 层　100038）
网　　址：www. E - mp. com. cn
电　　话：(010) 51915602
印　　刷：三河市延风印装有限公司
经　　销：新华书店
开　　本：787mm × 1092mm/16
印　　张：21
字　　数：485 千字
版　　次：2019 年 8 月第 1 版　2019 年 8 月第 1 次印刷
书　　号：ISBN 978 - 7 - 5096 - 6583 - 1
定　　价：68.00 元

前　言

　　随着新一轮政府与非营利组织会计准则、制度的改革和陆续颁布，标志着我国政府与非营利组织会计的发展进入了一个新的阶段。近年来，财政部对政府会计进行了两轮重大改革：第一轮改革主要是以 2013 年颁布新事业单位会计准则和会计制度、2014 年颁布新行政单位会计制度、2015 年颁布新财政总预算会计制度为标志，对原政府会计三大组成部分的会计规范进行了适应性改革；第二轮改革以 2015 年财政部颁发的《政府会计准则——基本准则》为标志，搭建起了政府会计基本理论的概念框架，随着 2015 年末基于权责发生制的政府综合财务报告编制指南（试行）的颁发，标志着第二轮的改革已经突破了原有的政府会计核算内容的边界，财政部于 2016 年开始陆续颁布政府会计具体准则、2017 年颁布了《政府会计制度——行政事业单位会计科目和报表》等具体操作规范，使新的政府会计准则和制度得以在 2019 年 1 月 1 日贯彻实施。第二轮的重大改革进入了政府预算会计和政府财务会计平行记账，并分别编制政府预算会计报告和政府财务会计报告的全新时期。本书就是在这样一个全新时期的背景下应运而生的。本书在体系结构安排上，以《政府会计准则——基本准则》为指南，内容涵盖了"政府与非营利组织会计的基本理论""事业、行政、财政总预算会计信息生成系统"及"政府综合财务报告的编制"三大模块。其中，第一大模块为政府与非营利组织会计基本理论，主要包括政府与非营利组织概念及其会计概念、政府与非营利组织会计规范及其会计目标、会计要素、会计假设、会计信息质量要求，以及会计确认与计量等基本理论；第二大模块为事业单位、行政单位和财政总预算会计有关经济业务的账务处理及会计报表的编制；第三大模块是政府综合财务报告的主要内容及分析，包括政府综合财务报告的主要内容、综合报告的财政经济及财务管理分析。本书采纳了近年来政府与非营利组织会计理论发展以及我国政府与非营利组织会计准则改革的最新内容，知识涵盖面广，突出实务，具有较好的应用性、实践性和可操作性。各章均配有复习思考题，便于读者掌握和理解所学内容。

　　在本书的编写过程中，力求体现以下特色：

　　1. 新颖性

　　紧密结合财政部最新颁发的《政府会计准则——基本准则》及具体会计准则、《政府会计制度——行政事业单位会计科目和报表》《政府会计制度——事业单位会计制度衔接规定》《政府会计制度——行政单位会计制度衔接规定》以及《政府综合财务报告编制指南》等进行内容更新和知识拓展，严格遵循最新颁布的政府与事业单位相关会计准则和会计制度，突出新准则和新制度的变化。

2. 结构安排的创新性

本书以《政府会计准则——基本准则》界定的适用范围为标准，设计和安排了"三大模块"的内容，其一是政府与非营利组织会计的基本理论；其二是事业单位、行政单位和财政总预算会计实务；其三是按照最新颁布的政府综合财务报告编制指南中新增设的政府财务综合报告的主要内容、财政经济及财务管理分析。在体系结构上具有完整性、创新性，重点突出。

3. 适用性

本书既可作为高等院校会计学专业和其他经济管理类专业的本、专科学生使用，也可供会计专业和其他经济管理类专业硕士研究生特别是会计学专业硕士（MPACC）和公共管理专业硕士（MPA）使用。同时，政府和事业单位的会计人员及管理人员也可使用。

本书由章新蓉教授主编，由詹学刚、薛正宽任副主编，负责大纲的编写并对全书进行了总纂和审定，各章的执笔人如下：第一篇（第一、第二章）由章新蓉教授执笔；第二篇（第三、第四章）由詹学刚执笔；第二篇（第五至第八章）由陈影执笔；第二篇（第九至第十一章）由薛正宽执笔；第二篇（第十二章）和第三篇（第十三至第十九章）及第四篇（第二十章）由唐莉执笔。

政府与非营利组织会计依然处在不断深化改革的过程中，教材也始终处于不断完善中，由于编写时间和作者的水平有限，难免存在不足和疏漏，恳请读者批评指正。我们相信在读者的大力支持下，本书会不断完善。

编者
2019 年 3 月

目　录

第一篇　总论

第一章　政府与非营利组织会计概述 ·· 3

第一节　政府与非营利组织会计的产生和发展 ································· 3

第二节　政府与非营利组织会计概念 ·· 5

第三节　政府与非营利组织会计规范 ·· 6

第二章　政府与非营利组织会计基本理论 ·· 10

第一节　政府与非营利组织会计目标 ·· 10

第二节　政府与非营利组织会计假设 ·· 12

第三节　政府与非营利组织会计信息质量要求 ······························ 14

第四节　政府与非营利组织会计要素 ·· 15

第五节　政府与非营利组织会计报告 ·· 19

第二篇　行政事业单位会计

第三章　行政事业单位会计概述 ·· 23

第一节　行政事业单位会计的概念 ··· 23

第二节　行政事业单位会计科目 ·· 24

第四章　行政事业单位的资产 ·· 29

第一节　流动资产 ··· 29

第二节　长期资产、固定资产和无形资产 ····································· 53

第三节　公共基础设施和政府储备物资 ·· 73

第四节　文物文化资产和保障性住房 ·· 79

第五节　受托代理资产、长期待摊费用和待处理财产损溢 ·············· 83

第五章　行政事业单位的负债 ···················· 88

　　第一节　流动负债 ···················· 88

　　第二节　非流动负债 ···················· 106

　　第三节　受托代理负债 ···················· 109

第六章　行政事业单位的收入 ···················· 111

　　第一节　财政拨款收入 ···················· 111

　　第二节　事业收入 ···················· 114

　　第三节　上级补助收入 ···················· 116

　　第四节　附属单位上缴收入 ···················· 117

　　第五节　经营收入 ···················· 119

　　第六节　非同级财政拨款收入 ···················· 120

　　第七节　投资收益 ···················· 120

　　第八节　捐赠收入、利息收入、租金收入 ···················· 122

　　第九节　其他收入 ···················· 124

第七章　行政事业单位的费用 ···················· 126

　　第一节　业务活动费用 ···················· 126

　　第二节　单位管理费用 ···················· 129

　　第三节　经营费用 ···················· 131

　　第四节　资产处置费用 ···················· 133

　　第五节　上缴上级费用 ···················· 134

　　第六节　对附属单位补助费用 ···················· 135

　　第七节　所得税费用 ···················· 136

　　第八节　其他费用 ···················· 137

第八章　行政事业单位的净资产 ···················· 139

　　第一节　累计盈余 ···················· 139

　　第二节　专用基金 ···················· 141

　　第三节　权益法调整 ···················· 143

　　第四节　本期盈余 ···················· 144

　　第五节　本年盈余分配 ···················· 145

　　第六节　无偿调拨净资产 ···················· 146

　　第七节　以前年度盈余调整 ···················· 148

第九章　行政事业单位会计预算收入 ················· 150

第一节　预算收入概述 ················· 150
第二节　预算收入的会计核算 ················· 151

第十章　行政事业单位会计预算支出 ················· 161

第一节　预算支出概述 ················· 161
第二节　预算支出的会计核算 ················· 162

第十一章　行政事业单位会计预算结余 ················· 173

第一节　预算结余概述 ················· 173
第二节　预算结余的会计核算 ················· 173

第十二章　行政事业单位财务会计报表 ················· 193

第一节　行政事业单位财务会计报表 ················· 193
第二节　行政事业单位预算会计报表 ················· 216

第十三章　财政总预算会计概述 ················· 229

第一节　财政总预算会计及其特点 ················· 229
第二节　财政总预算会计制度与会计科目 ················· 230

第十四章　财政总预算会计的资产核算 ················· 233

第一节　流动资产 ················· 233
第二节　非流动资产 ················· 243

第十五章　财政总预算会计负债的核算 ················· 248

第一节　流动负债 ················· 248
第二节　非流动负债 ················· 254

第十六章　财政总预算会计的收入核算 ················· 263

第一节　一般公共预算本级收入 ················· 263
第二节　政府基金预算本级收入 ················· 266
第三节　国有资本经营预算本级收入 ················· 267
第四节　财政专户管理资金收入 ················· 268

第五节　专用基金收入 ··· 269

第六节　债务收入 ·· 270

第七节　转移性收入 ··· 271

第十七章　财政总预算会计的支出核算 ··· 277

第一节　一般公共预算本级支出 ··· 277

第二节　政府性基金预算本级支出 ·· 280

第三节　国有资本经营预算本级支出 ··· 281

第四节　财政专户管理资金支出 ··· 282

第五节　专用基金支出 ··· 283

第六节　债务还本支出 ··· 284

第七节　转移性支出 ··· 284

第十八章　财政总预算会计的净资产核算 ······································· 289

第一节　结转结余 ·· 289

第二节　预算稳定调节基金与预算周转金 ······································ 294

第三节　资产基金与待偿债净资产 ·· 296

第十九章　财政总预算会计报表 ··· 298

第一节　年终清理结算与转账 ·· 298

第二节　资产负债表 ··· 299

第三节　收入支出表 ··· 303

第四节　预算执行情况表 ·· 307

第五节　会计报表附注 ··· 311

第四篇　政府综合财务报告

第二十章　政府综合财务报告概述 ··· 315

第一节　政府综合财务报表的内容及格式 ······································ 315

第二节　政府财政经济与财务管理分析 ··· 324

第一篇　总论

从社会功能的定位来看，我们将社会组织分为政府、非营利组织和企业三部分。政府在经济活动中一般不采取直接参与的方式，而是进行必要的监督、协调和指导，代表社会公共利益制定游戏规则，并扮演裁判的角色。企业则根据自身掌握的资源和市场情况，以利润最大化为目标，自主地参与经济活动。根据亚当·斯密的"看不见的手"的理论，企业只专注于追求自身的利益，就可以达到全社会范围内的最优资源配置和最大效率。在现代社会中还存在相当多的"公共事业"，这些"公共事业"对于整个社会而言非常重要而且必不可少，但是对企业而言，从事"公共事业"却不一定能获得收益；而对于政府而言，如果将"公共事业"全部包揽，将导致政府负担过重，必然不能完全满足人们对公共物品的需求。因此，这些"公共事业"，通常是由非营利组织来承担。

与现代社会组织结构相适应，会计相应地分为政府会计、非营利组织会计和企业会计，因政府与非营利组织都是不以盈利为目的的社会组织，因此，通常将这两大组织的会计合并称为政府与非营利组织会计，与企业会计对应，也称为非企业会计。

第一章
政府与非营利组织会计概述

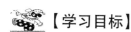【学习目标】

  本章在简要介绍政府与非营利组织会计产生、发展的基础上，主要讲述政府与非营利组织界定、政府与非营利组织会计界定、政府与非营利组织会计规范体系等基本问题。本章的学习目标在于了解政府与非营利组织会计的产生和发展，理解政府与非营利组织及其会计的概念，理解政府与非营利组织会计规范体系及其主要内容框架。

  因政府及非营利组织与企业在营运目的上的本质区别，导致政府与非营利组织会计与企业会计在理论和实务方面的诸多区别，本章重点界定政府与非营利组织及其会计的概念，并阐述我国政府与非营利组织会计规范的现状及其发展。

第一节　政府与非营利组织会计的产生和发展

  会计自产生以来经历了由低级到高级、由简单到复杂的发展过程。会计的萌芽最早可以追溯到公元前 3600 年至公元前 1000 年左右，一些国家就出现了专职会计。据我国《周礼》记载，在古代西周就出现了"会计"一词，并专门设有"司会"一职，专门核算周王朝财赋收支，对宫廷的收支实行"月计岁会"，即每月的零星计算称为"计"，年终的总合计算称为"会"。西周的"官厅会计"发展为我国最早的政府会计。政府会计作为一种专门的职能，其产生是适应承担反映财政收支和监督政府责任履行的需要，政府会计是国家财政管理的一个重要组成部分。

  20 世纪 70 年代，西方国家为了提高政府工作效率和政府的国际竞争力，推进了以新公共管理理论为核心的政府财政管理体制的改革，以适应世界政治和经济环境的变化。随着新公共管理运动的推进，需要进一步明确公共受托责任，这一要求从强调政府资源受托责任发展为衡量政府管理及提供公共产品服务的绩效评价，这些改革理念直接推进了政府会计改革的进程。自 20 世纪 80 年代以来，新西兰、英国、美国、澳大利亚等国政府会计先后实施了以权责发生制为基础的会计改革，建立了一套政府会计准则体系，并逐渐成为国际上政府会计的通行惯例。

国际公共部门会计准则是由国际公共部门会计准则理事会（IPSASB）制订并发布，其前身为公共部门委员会，成立于1986年，2004年11月改名为国际公共部门会计准则理事会。截至2008年10月，国际公共部门会计准则理事会已经陆续发布了26项基于权责发生制的国际公共部门会计准则，1项基于收付实现制的财务报告。同时，还发布了一系列研究报告等，如有重大影响的"在政府中实施应计制会计：新西兰的经验""美国权责发生制会计之路"等。国际公共部门会计准则理事会颁发的政府会计准则及其相关研究报告，对促进世界各国对政府预算、预算会计，特别是政府财务会计及财务报告的改进发挥了重要作用。

自中华人民共和国成立以来，我国政府与非营利组织会计工作经历了一段不平凡的发展历程。20世纪50年代我国借鉴苏联的经验，诞生了中国预算会计，财政部先后制定了多种统一的会计制度，建立了一套适合当时计划经济管理体制需要的会计制度体系，当时的预算会计是对国家预算资金活动过程及其结果实施的一项管理活动，主要是核算和监督预算资金运动。在改革开放前，中国预算会计理论和方法几乎没有大的变化。党的十一届三中全会后，我国进入了有计划的市场经济。20世纪90年代，我国企业会计制度率先进行了重大改革，财政部于1992年先后颁布的《企业会计准则》和《企业财务通则》是我国会计理论与实务发展的一个重要里程碑，标志着我国会计模式的转变，并开始与国际惯例接轨。1996～1998年，财政部相继发布征求意见稿，将预算会计制度分为三大部分，并相继颁发了《财政总预算会计制度》《行政单位会计制度》《事业单位会计准则》和《事业单位会计制度》，标志着我国政府与非营利组织会计已经开始走上了建立适应市场经济需要的改革之路。随着我国经济体制改革的深入，公共财政体制的改革，特别是国库集中收付制度、政府收支分类以及部门预算等各项公共财政的改革，促进了我国政府与非营利组织会计规范体系的深化改革，从2012年开始，我国已相继颁发了改革后的新《事业单位会计准则》和《事业单位会计制度》《行政单位会计制度》《财政总预算会计制度》。更重要的是，国务院批转了财政部《权责发生制政府综合财务报告制度改革方案》（国发〔2014〕63号）（以下简称《改革方案》），《改革方案》明确要求：2015年颁布《政府会计基本准则》，2016年起开始制定发布政府会计具体准则及应用指南，力争在2020年前建立具有中国特色的政府会计准则体系。财政部按照《改革方案》的要求，加快建立政府会计准则体系，于2015年颁发了《政府会计准则——基本准则》和《政府综合财务报告编制指南》，2016年开始陆续颁布存货、固定资产、无形资产、投资、公共基础设施、政府储备物资等政府会计具体准则，财政部于2017年颁布了《政府会计制度——行政事业单位会计科目和报表》，标志着新一轮改革以"准则+制度"的操作方式落地，政府会计改革的落实确定了提供政府预算报告和政府财务报告的双目标会计核算体系。政府会计准则体系的建立标志着我国政府会计规范体系建设从逐步发展走向成熟，对提高我国政府会计信息质量产生了深远的影响。随着我国经济体制改革的进一步深入，我国的政府会计准则仍将持续地颁布、修改和完善。

第二节 政府与非营利组织会计概念

一、政府与非营利组织界定

2015 年 10 月，财政部颁布并于 2017 年 1 月 1 日开始执行的《政府会计准则——基本准则》中明确指出，本准则适用于各级政府、各部门、各单位，而准则对各部门、各单位的范围界定是指与本级政府财政部门直接或者间接发生预算拨款关系的国家机关、军队、党政组织、社会团体、事业单位和其他单位（在本章简称政府）。军队、已纳入企业财务管理体系的单位和执行《民间非营利组织会计制度》的社会团体，不适用政府会计准则。本书按照《政府会计准则——基本准则》的适用范围界定政府与非营利组织。

1. 政府组织的界定

政府是由被授权制定公共政策与处理国家事务的个人和机构所组成的政治组织（杨光斌，2004）。在国际上通常称为狭义的公共部门，按照国际会计师联合会的表述，公共部门是指国家政府机构、区域政府机构、地方政府机构以及相应的政府主体（如机构、团体、委员会），而不包括各种非营利组织。在我国通常称为的行政单位，是指进行国家行政管理，组织经济建设和文化建设，维护社会公共秩序的单位，包括国家权力机关、行政机关、司法机关、检察机关以及各级党政和人民团体。

2. 事业单位的界定

我国的事业单位是由政府出资兴办的公立非营利组织。事业单位是指不直接进行物质资料的生产和流通，不具有国家管理职能，直接或间接地为上层建筑、生产建设和人民生活服务的单位，包括科学、教育、文化、广播电视、信息、卫生、社会福利等公益事业单位。按照《事业单位登记管理暂行条例》（国务院令第 411 号，2004 年 6 月 27 日）第二条规定：事业单位是指国家为了社会公益目的，由国家机关举办或者其他组织利用国有资产举办的，从事教育、科技、文化、卫生等活动的社会服务组织。《事业单位登记管理暂行条例实施细则》规定的事业单位行业有 28 个，包括：①教育；②科研；③文化；④卫生；⑤体育；⑥新闻出版；⑦广播电视；⑧社会福利；⑨救助减灾；⑩统计调查；⑪技术推广与实验；⑫公用设施管理；⑬物资仓储；⑭监测；⑮勘探与勘察；⑯测绘；⑰检验检测与鉴定；⑱法律服务；⑲资源管理事务；⑳质量技术监督事务；㉑经济监督事务；㉒知识产权事务；㉓公证与认证；㉔信息与咨询；㉕人才交流；㉖就业服务；㉗机关后勤服务；㉘其他事业单位等活动的社会服务组织。以上事业单位不包括已经改制为企业的单位组织。

二、政府与非营利组织会计概念

政府与非营利组织会计是以货币为主要计量单位，并利用专门的方法和程序，对政府及非营利组织的财务收支进行完整的、连续的、系统的核算和监督，旨在考核受托责任的履行情况，并为有关决策人提供会计信息的一项管理活动。

在政府行政机关中，财政承担着国家政府分配社会产品、调节经济活动的重要手段所具有的职责和功能。因此，财政部门除担负着财政机关的行政会计的核算和监督职能外，还担负着财政总预算会计的核算和监督职能，我国于 1996 年开始就将预算会计分为财政总预算会计、行政单位会计、事业单位会计三大部分。

1. 财政总预算会计

财政总预算会计是反映政府财政部门预算和财政周转性资金运动的会计。与我国五级财政的划分一致，包括中央政府会计、省（自治区、直辖市）政府会计、市政府会计、县政府会计、乡政府会计。

2. 行政单位会计

行政单位会计是反映各级行政单位的单位预算资金运动的会计。按照预算关系分为一级会计单位、二级会计单位、三级（或基层）会计单位。

3. 事业单位会计

事业单位会计是反映各类事业单位预算资金及经营资金运动的会计。包括高校会计、医院会计、中小学会计、科学事业单位会计、彩票机构会计、其他非营利组织会计等。

政府会计的主要特征是会计核算方法与预算管理要求紧密结合。按照我国《政府会计准则——基本准则》的规定，政府会计可以分为政府预算会计和政府财务会计。其中，政府预算会计可以由政府财政总预算会计、行政事业单位预算会计组成，而政府财务会计主要是由行政单位财务会计和事业单位财务会计组成。

第三节　政府与非营利组织会计规范

一、我国的会计规范体系

会计规范是指人们从事与会计有关的活动时所应遵循的约束性或指导性的行为准则。我国会计法规体系是以会计法律为基础构成的一个比较完整的法规体系，包括会计法律与会计行政法规两部分。

1. 会计相关法律

会计法律是指由全国人民代表大会及其常务委员会经过一定立法程序制定的有关会计工作的法律。目前，我国会计的基本法是《中华人民共和国会计法》（以下简称《会计法》）。最早的《会计法》于 1985 年 1 月 21 日由六届全国人大常委会第九次会议通过，并于 1985 年 5 月 1 日实施。我国的《会计法》经过了三次修订。现行的《会计法》于 2017 年 11 月 4 日第十二届全国人民代表大会常务委员会第三十次会议修订实施。《会计法》作为会计方面的根本大法，无论是对企业或是对政府及非营利组织的会计行为都具有强制的约束力。而政府与事业单位担负着执行各级政府预算的工作，政府与事业单位会计在遵循《会计法》的同时，还需要遵循《中华人民共和国预算法》（以下简称《预算法》），按照《预算法》规定，各级政府需向人民代表大会做本级总预算草案报告，因此，政府与事业单位提供的会计信息应适应预算管理的需要，其财务收支活动必须符合预算法管理的要求，并接受立法机构的监督，这是政府据以解除受托责任的重要标志之一。

2. 会计准则和会计制度

目前，我国政府与非营利组织会计正处于新一轮改革的进程中，在会计规则方面采用"准则＋制度"的模式。会计准则与会计制度都属于行政规范性文件。会计准则是对会计实践活动的规律性总结，是开展会计工作的标准和指导思想，是一个包括普遍性指导意义和具体指导会计业务处理意义在内的具有一定层次结构的会计规范。主要规范会计要素的确认、计量和报告。会计准则包括基本会计准则和具体会计准则，均由财政部制定并公布，均在全国范围内实施，均属于国家统一的会计核算制度的组成部分。而会计制度是以特定行业的单位为对象，着重对会计科目的设置、使用和会计报表的格式及其编制加以详细规范，我国统一的会计准则和制度体系按企业与非企业分类的框架如图 1－1 所示。

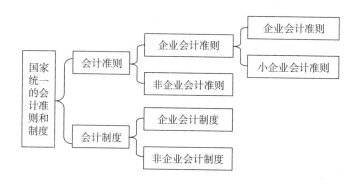

图 1－1　我国统一的会计准则和制度体系

二、我国现行的政府与非营利组织会计准则和制度

政府与非营利组织会计行政法规是指除了企业以外的其他单位适用的会计准则和会计制度，主要包括：《政府会计准则——基本准则》及具体准则、《政府会计制度——行政事业单位会计科目和报表》《政府会计制度——行政单位会计制度衔接规定》《政府会计制度——事业单位会计制度衔接规定》以及《财政总预算会计制度》等。

1. 政府会计准则

目前，政府会计已经颁发了《政府会计基本准则》，并陆续发布了部分具体准则。2015 年 10 月 23 日财政部令第 78 号颁发的《政府会计准则——基本准则》分为总则、政府会计信息质量要求、政府预算会计要素、政府财务会计要素、政府决算报告和财务报告、附则等 6 章共 61 条，自 2017 年 1 月 1 日起施行。财政部发布的《政府会计制度——行政事业单位会计科目和报表》《政府会计制度——行政单位会计制度衔接规定》《政府会计制度——事业单位会计制度衔接规定》等于 2019 年 1 月 1 日起实施。同时，还相继启动了多项具体准则的研究工作。具体会计准则的陆续颁发标志着建立具有中国特色的政府会计准则体系又迈上了一个新的台阶。

2. 政府会计制度

2017 年 10 月财政部颁发了《政府会计制度——行政事业单位会计科目和报表》，并相应颁发了《政府会计制度——行政单位会计制度衔接规定》《政府会计制度——事业单位会计制度衔接规定》。该制度分为总说明、会计科目名称和编号、会计科目使用说明、报表格式、报表编制说明以及附录（主要业务和事项账务处理举例）。自 2019 年 1 月 1 日起施行。

3. 财政总预算会计制度

为了进一步规范各级政府财政总预算会计核算，提高会计信息质量，充分发挥总预算会计的职能作用，2015 年 10 月 23 日财政部以财库〔2015〕192 号印发《财政总预算会计制度》，该制度分为总则、会计信息质量要求、资产、负债、净资产、收入、支出、会计科目、会计结账与结算、总会计报表、信息化管理、会计监督、附则等 13 章共 63 条，本制度自 2016 年 1 月 1 日起执行。1997 年 6 月 25 日发布的《财政总预算会计制度》（财预字〔1997〕）予以废止。

除了上述会计准则和会计制度外，财政部于 2014 年 12 月 12 日，国务院以国发〔2014〕63 号批转财政部《权责发生制政府综合财务报告制度改革方案》。该方案分为建立权责发生制政府综合财务报告制度的重要意义，指导思想、总体目标和基本原则，主要任务，具体内容，配套措施，实施步骤，组织保障七部分。2015 年 12 月 2 日，财政部以财库〔2015〕224 号印发了《政府综合报告编制操作指南（试行）》，以及财政部发布的

暂行规定或者补充规定等，构成国家统一的政府与非营利组织会计规范体系的组成部分。

复习思考题

1. 什么是政府与非营利组织会计？按照《政府会计准则——基本准则》规定的适用范围包括哪几个部分？

2. 我国现行的政府与非营利组织会计规范包括哪些层次？政府会计准则体系包括哪些内容？

3. 目前，我国政府与非营利组织会计执行哪些会计制度？

第一章
政府与非营利组织会计基本理论

【学习目标】

本章以《政府会计准则——基本准则》为依据，按照政府会计与非营利组织基本理论的逻辑框架，阐述了政府与非营利组织会计目标、会计假设、会计信息质量要求、会计要素及其确认基础和计量模式。本章学习的目标在于理解政府与非营利组织会计目标、会计假设、会计信息质量要求及会计确认基础和计量属性模式，掌握预算会计要素和财务会计要素的定义及其主要分类。

政府与非营利组织会计基本理论，要求我们理解这样几个具有递进逻辑关系的问题：政府与非营利组织会计到底为哪些利益相关者提供信息，即主要有哪些群体会关注政府决算报告和财务报告？政府会计主体要提供这些会计信息，客观上要受到一些条件的限制，那么政府会计主体应当在怎样的前提下提供这些会计信息？提供的这些会计信息需要满足哪些质量特征才能对信息使用者的决策是有用的？政府会计主体具体又能够提供哪些内容的会计信息？这些信息又是如何加工出来并报送出去的？上述五个问题依次对应着政府与非营利组织的会计目标、会计核算基本前提、会计信息质量要求、会计要素、会计要素的确认与计量及会计报告等核心理论，这些理论基于上述逻辑关系形成一个有机的框架体系，也构成政府会计与非营利组织基本理论的框架。

第一节　政府与非营利组织会计目标

会计目标是指会计工作所要达到的目的。会计目标是会计信息系统整体运行和发挥其职能的方向和归宿。按照我国《政府会计准则——基本推则》的规定，将其政府会计目标区分为预算会计目标和财务会计目标，即"双目标"模式。

一、政府与非营利组织会计信息使用者

我国《政府会计准则——基本推则》第五条规定：政府决算报告使用者包括各级人

民代表大会及其常务委员会、各级政府及其有关部门、政府会计主体自身、社会公众和其他利益相关者；政府财务报告使用者包括各级人民代表大会常务委员会、债权人、各级政府及其有关部门、政府会计主体自身和其他利益相关者。综上所述，政府会计信息的现在和潜在的使用者主要包括以下几类。

1. 立法和政府监督机构

我国的立法机构是人民代表大会。人民代表大会及其常务委员会是我国立法的最高权力机构，各级人民代表大会需要依据政府相关部门提供的信息来做出立法及修改相关法律的决策；而监督机关，如纪委及监察部门、审计部门，需要政府会计提供的信息检查监督各级政府及相关部门的责任履行情况。

2. 各级政府管理部门

政府机构包括中央政府和地方政府及其职能部门，一方面，政府部门要进行宏观管理和调控，要从宏观上对行业、金融和资本等各类市场进行监督和调节，从而制定正确、合理、有效的调控和管理措施，促进国民经济协调有序发展。这在很大程度上需要会计系统提供的信息，由政府相关部门进行汇总分析，为宏观经济决策服务。另一方面，政府管理层在履行国家赋予的权力，执行预算过程中，作为独立的会计主体，需要随时了解和掌握财务信息，包括资产运用与分布、资金使用情况、政府绩效等信息，管理层不仅需要借助会计信息对日常活动进行管理和控制，还需要借助会计信息进行科学的经营决策和管理决策。

3. 社会公众

我国采取人民代表大会制度，一方面社会公众通过人民代表大会的代表来履行其公众的权利；另一方面社会公众作为纳税人，享有政府资源使用是否合理合法的知情权，即有权通过政府会计信息了解政府履行政府责任和提供公共服务的情况。

4. 债权人或潜在债权人

在《预算法》修改前，我国除中央政府外，是不允许地方政府发行地方债券的。2014年8月通过的新《预算法》从法律层面上打开了地方政府债券发行合法性的大门，《预算法》已于2015年1月1日起生效，新《预算法》第三十五条规定："经国务院批准的省、自治区、直辖市的预算中必需的建设投资的部分资金，可以在国务院确定的限额内，通过发行地方政府债券举借债务的方式筹措。"当政府发行政府债券时，银行及其他等债权人及相关评级机构需要了解和评价各级政府的财务能力和信用等级，需要评价政府的未来现金流量信息，掌握政府是否能够定期付息，是否能够偿还到期贷款本金等有关财务信息，这些都需要债权人借助会计信息来分析。

5. 其他利益相关者

政府及非营利组织是多资源的综合体，其行政管理和提供的公共服务覆盖全社会，政府及非营利组织的内部员工、转移支付方、供应商、接受服务者、捐助者及媒体机构都需要了解会计信息，相关各方还可以通过会计信息了解政府及非营利组织为当地提供就业机会的能力、对环境的保护能力等重要信息。

所有的利益相关者都有权知道政府的预算执行及财务状况。他们需要反映政府受托责任的相关信息及有利于提高政府工作效率的信息。这些利益相关者是政府会计信息现在的或潜在的使用者。

二、政府与非营利组织会计目标

综上所述，可以将政府会计目标进一步理解为：会计目标是利用会计信息系统的加工与生成的会计信息，向立法和政府监督机构、各级政府及相关部门，以及社会公众、债权人、接受服务者等利益相关者提供有关政府及相关部门的决算报告和财务报告方面的对决策有用的会计信息，并客观地反映各级政府及相关部门管理层受托责任的履行情况。政府会计目标强调反映政府公共受托责任的履行情况及评价管理和组织绩效的有关会计信息，有助于政府有关管理部门做出经济、政治和社会决策。按《政府会计准则——基本准则》的规定，政府会计目标具体又分为两大目标：

1. 决算报告目标：反映政府预算执行情况

决算报告目标，也称预算报告目标，是向决算报告使用者提供与政府预算执行情况有关的信息，综合反映政府会计主体预算收支的年度执行结果，有助于决算报告使用者进行监督和管理，并为编制后续年度预算提供参考和依据。决算报告目标实际为预算管理目标，政府会计应该披露预算编制与执行各环节的信息，满足预算管理内部和外部信息使用者的需要。

2. 财务报告目标：反映政府财务状况及运行成本

财务报告的目标是向财务报告使用者提供与政府的财务状况、运行情况（含运行成本）和现金流量等有关信息，反映政府会计主体公共受托责任履行情况，有助于财务报告使用者做出决策或者进行监督和管理。在这一目标下政府会计系统对于政府控制的资产及其消耗情况、政府承担债务的规模与结构以及偿还能力等信息在会计系统中应进行完整的披露，以及实际交易与事件的绩效，主要满足外部信息使用者。

第二节　政府与非营利组织会计假设

会计核算的基本前提通常被称为会计假设，它是会计确认、计量和报告的基本前提，是对会计核算所处时间、空间环境等所做的合理设定。我国《政府会计准则——基本准则》规定的会计核算的基本前提包括会计主体、持续运行、会计分期和货币计量。

一、会计主体

会计主体是指政府会计确认、计量和报告的空间范围。会计核算和财务报告的编制应当集中于反映特定对象的活动,并将其与其他会计实体区别开来,才能实现会计目标。政府会计主体应当对其自身发生的经济业务或者事项进行会计核算。政府会计主体主要包括财政总预算单位、行政事业单位。

二、持续运行

持续运行是指在可以预见的将来,会计主体会按当前的规模和状态持续运行下去。在持续运行前提下,会计确认、计量和报告应当以会计主体持续、正常的活动为前提。政府会计核算应当以政府会计主体持续运行为前提。

会计主体是否持续运行,在会计原则、会计方法的选择上有差别。明确这个基本假设,就意味着会计主体将按照既定用途使用资产,按照既定的合约条件清偿债务,会计人员就可以在此基础上选择会计政策和会计方法。尽管一级政府及行政事业单位可能会随着社会经济的发展需要进行划转或撤并,但在相应财政财务清算之前仍需按照持续运行的假设进行会计核算。

三、会计分期

根据上述持续运行假设,各利益相关者的决策都需要及时的会计信息,都需要将持续运行活动划分为一个个连续的、长短相同的期间,分期确认、计量和报告政府与非营利组织的预算及执行信息以及财务报告信息,这就需要进行会计分期假设。政府会计核算应当划分会计期间,分期结算账目,按规定编制决算报告和财务报告。会计期间至少分为年度和月度。会计年度、月度等会计期间的起讫日期采用公历日期。目前,我国各级政府在每年的人民代表大会上,财政部门都要代表政府做年度预算执行情况的年度报告。

四、货币计量

货币计量是指政府会计在会计确认、计量和报告时以货币计量反映会计主体的活动。政府会计核算应当以人民币作为记账本位币。发生外币业务时,应当将有关外币金额折算为人民币金额计量,同时登记外币金额。

第三节　政府与非营利组织会计信息质量要求

会计信息质量特征是提供会计信息质量的基本要求，是提供会计信息有助于利益相关者的决策所应具备的基本特征，目前我国《政府会计准则——基本准则》规定的会计信息质量特征有七个：可靠性、全面性、相关性、及时性、可比性、可理解性、实质重于形式。

一、可靠性

可靠性要求会计主体应当以实际发生的经济业务或者事项为依据进行确认、计量和报告，如实反映符合确认和计量要求的各项会计要素及其他相关信息，保证会计信息真实可靠、内容完整。政府会计主体应当以实际发生的经济业务或者事项为依据进行会计核算，如实反映各项会计要素的情况和结果，保证会计信息真实可靠。

二、全面性

全面性要求会计主体提供的会计信息应当包括会计主体的全部经济业务或事项。会计主体应当将发生的各项经济业务或者事项统一纳入会计核算，确保会计信息能够全面反映政府会计主体预算执行情况和财务状况、运行情况、现金流量等。

三、相关性

相关性要求会计主体提供的会计信息应当与会计信息使用者的决策需要相关，有助于会计信息使用者对会计主体过去、现在或者未来的情况做出评价或者预测。政府会计主体提供的会计信息，应当与反映政府会计主体公共受托责任履行情况以及报告使用者决策或者监督、管理的需要相关，有助于报告使用者对政府会计主体过去、现在或者未来的情况做出评价或者预测。

四、及时性

及时性要求会计主体对于已经发生的经济业务和事项要及时确认、计量和报告。政府会计主体对已经发生的经济业务或者事项，应当及时进行会计核算，不得提前或者延后。

五、可比性

政府会计主体提供的会计信息应当具有可比性。可比性要求会计主体提供的会计信息应当相互可比。这包括两层含义：其一，同一政府会计主体不同时期发生的相同或者相似的经济业务或者事项，应当采用一致的会计政策，不得随意变更。确需变更的，应当将变更的内容、理由及其影响在附注中予以说明。其二，不同政府会计主体发生的相同或者相似的经济业务或者事项，应当采用一致的会计政策，确保政府会计信息口径一致，相互可比。

六、可理解性

可理解性要求会计主体提供的会计信息应当清晰明了，便于利益相关者等会计报告使用者理解和使用。提供会计信息的目的在于使用，而要有利于使用者有效使用会计信息，应当能让其了解会计信息的内涵，弄懂会计信息的内容，这就要求会计报告所提供的会计信息应当清晰明了，易于理解。政府会计主体提供的会计信息应当清晰明了，便于报告使用者理解和使用。

七、实质重于形式

实质重于形式要求会计主体应当按照经济业务或者事项的经济实质进行会计确认、计量和报告，不仅以经济业务或者事项的法律形式为依据。政府会计主体应当按照经济业务或者事项的经济实质进行会计核算，不限于以经济业务或者事项的法律形式为依据。

第四节　政府与非营利组织会计要素

为了具体实施会计核算，需要对会计核算和监督的内容进行分类。会计要素是指会计对象的具体内容，是会计对象按经济特征所做的最基本分类，也是会计核算对象的具体化。按照《政府会计准则——基本准则》的规定，政府会计分为预算会计和财务会计，其会计要素相应分为政府预算会计要素和财务会计要素，预算会计要素包括预算收入、预算支出和预算结余三个要素，政府财务会计要素包括资产、负债、净资产、收入和费用五个要素。

一、政府预算会计要素

政府预算会计要素包括预算收入、预算支出与预算结余。符合预算收入、预算支出和预算结余定义及其确认条件的项目应当列入政府决算报表。

1. 预算收入

预算收入是指政府会计主体在预算年度内依法取得的并纳入预算管理的现金流入。

2. 预算支出

预算支出是指政府会计主体在预算年度内依法发生并纳入预算管理的现金流出。

3. 预算结余

预算结余是指政府会计主体预算年度内预算收入扣除预算支出后的资金余额，以及历年滚存的资金余额。

预算结余包括结余资金和结转资金。结余资金是指年度预算执行终了，预算收入实际完成数扣除预算支出和结转资金后剩余的资金；结转资金是指预算安排项目的支出年终尚未执行完毕或者因故未执行，且下年需要按原用途继续使用的资金。

政府预算会计要素之间的平衡关系为：

预算收入 – 预算支出 = 预算结余

二、政府财务会计要素

政府财务会计要素包括资产、负债、净资产、收入和费用。符合资产、负债、净资产、收入和费用定义及其确认条件的项目应当列入政府资产负债表和收入费用表。

1. 资产

资产是指政府会计主体过去的经济业务或者事项形成的，由政府会计主体控制的，预期能够产生服务潜力或者带来经济利益流入的经济资源。服务潜力是指政府会计主体利用资产提供公共产品和服务以履行政府职能的潜在能力；而经济利益流入则表现为现金及现金等价物的流入，或者现金及现金等价物流出的减少。

政府会计主体的资产按照流动性，分为流动资产和非流动资产。

流动资产是指预计在 1 年内（含 1 年）耗用或者可以变现的资产，包括货币资金、短期投资、应收及预付款项、存货等。

非流动资产是指流动资产以外的资产，包括固定资产、在建工程、无形资产、长期投资、公共基础设施、政府储备资产、文物文化资产、保障性住房和自然资源资产等。

2. 负债

负债是指政府会计主体过去的经济业务或者事项形成的，预期会导致经济资源流出政府会计主体的现时义务。现时义务是指政府会计主体在现行条件下已承担的义务。未来发生的经济业务或者事项形成的义务不属于现时义务，不应当确认为负债。

政府会计主体的负债按照流动性，分为流动负债和非流动负债。

流动负债是指预计在 1 年内（含 1 年）偿还的负债，包括应付及预收款项、应付职工薪酬、应缴款项等。

非流动负债是指流动负债以外的负债，包括长期应付款、应付政府债券和政府依法担保形成的债务等。

3. 净资产

净资产是指政府会计主体资产扣除负债后的净额。净资产金额取决于资产和负债的计量。净资产项目应当列入资产负债表。

4. 收入

收入是指报告期内导致政府会计主体净资产增加的、含有服务潜力或者经济利益的经济资源的流入。收入的确认应当同时满足以下条件：与收入相关的含有服务潜力或者经济利益的经济资源很可能流入政府会计主体；含有服务潜力或者经济利益的经济资源流入会导致政府会计主体资产增加或者负债减少；流入金额能够可靠地计量。

5. 费用

费用是指报告期内导致政府会计主体净资产减少的、含有服务潜力或者经济利益的经济资源的流出。费用的确认应当同时满足以下条件：与费用相关的含有服务潜力或者经济利益的经济资源很可能流出政府会计主体；含有服务潜力或者经济利益的经济资源流出会导致政府会计主体资产减少或者负债增加；流出金额能够可靠地计量。

政府财务会计要素之间的平衡关系为：

资产 – 负债 = 净资产

收入 – 费用 = 净资产的增加（或减少）

政府会计中的三个预算会计要素，在编制报表时进入政府决算报表或政府预算会计报表；政府会计中的五个财务会计要素，在编制报表时进入政府财务会计报表。

三、会计要素确认基础

会计要素确认又称会计记账基础，是指为编制会计报告而决定在何时确认经济业务或事项的影响。

1. 收付实现制

收付实现制又称现金制，是以款项的实际收付为标准来确定本期收入和支出，计算本期结余的会计处理基础。在现金收付的基础上，凡在本期实际以现款付出的支出均应作为本期应计支出处理；凡在本期实际收到的现款收入均应作为本期应计的收入处理。因政府预算会计以如实预算执行情况为主要会计目标，所以，政府预算会计实行收付实现制，包括财政总预算会计、行政事业单位预算会计。

2. 权责发生制

权责发生制又称应计制，是以应收应付作为标准来确定本期收入和费用以计算本期结余的会计处理基础。即凡是当期已经实现的收入和已经发生或应当负担的费用，不论款项是否收付，都应作为当期的收入或费用处理；凡是不属于当期的收入和费用，即使款项已经在当期收付，都不作为当期的收入和费用。因政府财务会计以如实反映政府财务状况和运行情况为主要会计目标，所以，政府财务会计实行权责发生制。按照新的会计准则和制度要求，行政事业单位会计需要同时采用收付实现制和权责发生制，采取平行记账的核算方法，分别形成预算会计报告和财务会计报告。

四、会计要素计量模式

会计要素计量是指从某一特定方面对经济业务进行的会计计量。我国的《政府会计准则——基本准则》规定的资产计量属性有历史成本、重置成本、现值、公允价值和名义金额五种；负债计量属性有历史成本、现值、公允价值三种。

1. 历史成本

历史成本又称实际成本，是指取得时或制造某项财产物资时所实际支付的现金或现金等价物。历史成本是一种最常用、最基本的计量属性，它是从实际发生的支出方面对经济业务进行的一种会计计量。在历史成本计量下，资产按照取得时支付的现金金额或者支付对价的公允价值计量；负债按照因承担现时义务而实际收到的款项或者资产的金额、承担现时义务的合同金额、为偿还负债预期需要支付的现金计量。

2. 重置成本

重置成本又称现行成本，是指按照当前市场条件，重新取得同样一项资产需支付的现金或现金等价物。在重置成本计量下，资产按照现在购买相同或者相似资产所需支付的现金或现金等价物的金额计量。

3. 现值

现值是指对未来现金流量以恰当的折现率进行折现后的价值，是考虑货币时间价值因素等的一种计量属性，在现值计量下，资产按照预计从其持续使用和最终处置中所产生的未来净现金流入量的折现金额计量；负债按照预计期限内需要偿还的未来净现金流出量的折现金额计量。

4. 公允价值

公允价值是指市场参与者在计量日发生的有序交易中，出售一项资产所能收到或者转移一项负债所需支付的价格。企业以公允价值计量相关资产或负债，应当假定市场参与者在计量日出售资产或者转移负债的交易，是在当前市场条件下的有序交易。在公允价值计量下，资产按照市场参与者在计量日发生的有序交易中，出售资产所能收到的价格计量；负债按照市场参与者在计量日发生的有序交易中，转移负债所需支付的价格计量。

5. 名义金额

无法采用上述计量属性的，采用名义金额（即人民币 1 元）计量。

政府会计主体在对资产进行计量时，一般应当采用历史成本。采用重置成本、现值、公允价值计量的，应当保证所确定的资产金额能够持续、可靠地计量；在对负债进行计量时，一般应当采用历史成本。采用现值、公允价值计量的，应当保证所确定的负债金额能够持续、可靠地计量。

第五节 政府与非营利组织会计报告

政府会计分为预算会计和财务会计，并相应明确了各自的会计目标，因此政府会计报告也分为政府决算报告和财务报告。政府会计主体应当编制政府决算报告和财务报告。

一、政府决算报告

政府决算报告又称政府预算会计报告，是综合反映政府会计主体年度预算收支执行结果的文件。政府决算报告应当包括决算报表和其他应当在决算报告中反映的相关信息和资料。政府决算报告的编制主要以收付实现制为基础，以预算会计核算生成的数据为准。政府决算报告分别由财政总预算会计报表和行政事业单位预算会计报表组成，前者是反映一级政府层面财政预算执行情况，后者是反映行政事业单位预算执行情况。行政事业单位预算会计报表按政府部分汇总后，形成政府部门预算会计报告。

二、政府财务报告

政府财务报告是反映政府会计主体某一特定日期的财务状况和某一会计期间的运行情况及现金流量等信息的文件。政府财务报告应当包括财务报表和其他应当在财务报告中披露的相关信息和资料。政府财务报告包括政府综合财务报告和政府部门财务报告。政府综合财务报告是指由政府财政部门编制的，反映各级政府整体财务状况、运行情况和财政中长期可持续性的报告。政府部门财务报告是指政府各部门、各单位按规定编制的财务报告。政府财务报告的编制主要以权责发生制为基础，以财务会计核算生成的数据为准。

财务报表是对政府会计主体财务状况、运行情况和现金流量等信息的结构性表述。财务报表包括会计报表和附注。会计报表至少应当包括资产负债表、收入费用表和现金流量表。政府会计主体应当根据相关规定编制合并财务报表。

（1）资产负债表是反映政府会计主体在某一特定日期的财务状况的报表。

（2）收入费用表是反映政府会计主体在一定会计期间运行情况的报表。

（3）现金流量表是反映政府会计主体在一定会计期间现金及现金等价物流入和流出情况的报表。

（4）附注是对在资产负债表、收入费用表、现金流量表等报表中列示项目所做的进一步说明，以及对未能在这些报表中列示项目的说明。

 复习思考题

1. 政府与非营利组织会计目标是什么？哪些利益相关者需要政府与非营利组织会计信息？

2. 政府与非营利组织会计核算有哪些会计假设？

3. 政府与非营利组织会计的信息质量要求有哪些？与企业会计比较有什么差异，为什么？

4. 政府与非营利组织会计要素是如何分类的，为什么？

第二篇　行政事业单位会计

第三章
行政事业单位会计概述

本章介绍行政事业单位会计的概念及新旧对比和演变、政府会计制度的相关要求和会计科目。本章的学习目标是了解在政府会计准则和政府会计制度对行政事业单位发生的各项经济业务或事项进行会计核算的要求，熟悉行政事业单位会计科目。

第一节　行政事业单位会计的概念

本轮政府会计改革之前，行政事业单位会计分为行政事业单位会计与事业单位会计两大体系，是各级行政机关、事业单位和其他类似组织核算、反映和监督单位预算执行及各项业务活动的会计专业，是预算会计的组成部分。

在本轮政府会计改革中，为了规范政府的会计核算，财政部于 2015 年 10 月 23 日颁布了《政府会计准则——基本准则》，自 2017 年 1 月 1 日起施行。适用于各级政府、各部门、各单位。这里所称各部门、各单位是指与本级政府财政部门直接或者间接发生预算拨款关系的国家机关、军队、党政组织、社会团体、事业单位和其他单位。

为了规范行政事业单位的会计核算，保证会计信息质量，根据《中华人民共和国会计法》《中华人民共和国预算法》《政府会计准则——基本准则》等法律、行政法规和规章，财政部于 2017 年 10 月 24 日发布了《政府会计制度——行政事业单位会计科目和报表》，并于 2019 年 1 月 1 日起施行。

行政事业单位统称单位，行政事业单位会计也就是政府会计范围内的单位会计。各级各类行政单位和事业单位统一执行《政府会计制度》。

纳入企业财务管理体系执行《企业会计准则》或《小企业会计准则》的单位，不执行《政府会计制度》。《政府会计制度》尚未规范的有关行业事业单位的特殊经济业务或事项的会计处理，由财政部另行规定。

行政事业单位应当根据《政府会计准则》（包括基本准则和具体准则）规定的原则和《政府会计制度》的要求，对其发生的各项经济业务或事项进行会计核算。具体如下：

（1）对基本建设投资应当按照《政府会计制度》规定统一进行会计核算，不再单独建账，但是应当按项目单独核算，并保证项目资料完整。

（2）会计核算应当具备财务会计与预算会计双重功能，实现财务会计与预算会计适度分离并相互衔接，全面、清晰反映单位财务信息和预算执行信息。

（3）财务会计核算实行权责发生制；单位预算会计核算实行收付实现制，国务院另有规定的，依照其规定。

（4）对于纳入部门预算管理的现金收支业务，在采用财务会计核算的同时应当进行预算会计核算；对于其他业务，仅需进行财务会计核算。

（5）会计要素包括财务会计要素和预算会计要素。

财务会计要素包括资产、负债、净资产、收入和费用。

预算会计要素包括预算收入、预算支出和预算结余。

第二节　行政事业单位会计科目

行政事业单位会计科目是对会计要素的进一步分类，是行政事业单位设置账户、对经济业务进行归集和核算的依据和基础。

行政事业单位的会计科目包括财务会计科目和预算会计科目，其中，财务会计科目包括资产类、负债类、净资产类、收入类和费用类；预算会计科目包括预算收入类、预算支出类和预算结余类。《政府会计制度——行政事业单位会计科目和报表》对行政事业单位的会计科目作了统一的规定。具体如下表所示：

会计科目名称和编号

序号	科目编号	科目名称

一、财务会计科目

1. 资产类

1	1001	库存现金
2	1002	银行存款
3	1011	零余额账户用款额度
4	1021	其他货币资金
5	1101	短期投资
6	1201	财政应返还额度
7	1211	应收票据

续表

8	1212	应收账款
9	1214	预付账款
10	1215	应收股利
11	1216	应收利息
12	1218	其他应收款
13	1219	坏账准备
14	1301	在途物品
15	1302	库存物品
16	1303	加工物品
17	1401	待摊费用
18	1501	长期股权投资
19	1502	长期债券投资
20	1601	固定资产
21	1602	固定资产累计折旧
22	1611	工程物资
23	1613	在建工程
24	1701	无形资产
25	1702	无形资产累计摊销
26	1703	研发支出
27	1801	公共基础设施
28	1802	公共基础设施累计折旧（摊销）
29	1811	政府储备物资
30	1821	文物文化资产
31	1831	保障性住房
32	1832	保障性住房累计折旧
33	1891	受托代理资产
34	1901	长期待摊费用
35	1902	待处理财产损溢

2. 负债类

36	2001	短期借款
37	2101	应交增值税
38	2102	其他应交税费
39	2103	应缴财政款
40	2201	应付职工薪酬
41	2301	应付票据
42	2302	应付账款
43	2303	应付政府补贴款
44	2304	应付利息

45	2305	预收账款
46	2307	其他应付款
47	2401	预提费用
48	2501	长期借款
49	2502	长期应付款
50	2601	预计负债
51	2901	受托代理负债

3. 净资产类

52	3001	累计盈余
53	3101	专用基金
54	3201	权益法调整
55	3301	本期盈余
56	3302	本年盈余分配
57	3401	无偿调拨净资产
58	3501	以前年度盈余调整

4. 收入类

59	4001	财政拨款收入
60	4101	事业收入
61	4201	上级补助收入
62	4301	附属单位上缴收入
63	4401	经营收入
64	4601	非同级财政拨款收入
65	4602	投资收益
66	4603	捐赠收入
67	4604	利息收入
68	4605	租金收入
69	4609	其他收入

5. 费用类

70	5001	业务活动费用
71	5101	单位管理费用
72	5201	经营费用

续表

73	5301	资产处置费用
74	5401	上缴上级费用
75	5501	对附属单位补助费用
76	5801	所得税费用
77	5901	其他费用

二、预算会计科目

1. 预算收入类

1	6001	财政拨款预算收入
2	6101	事业预算收入
3	6201	上级补助预算收入
4	6301	附属单位上缴预算收入
5	6401	经营预算收入
6	6501	债务预算收入
7	6601	非同级财政拨款预算收入
8	6602	投资预算收益
9	6609	其他预算收入

2. 预算支出类

10	7101	行政支出
11	7201	事业支出
12	7301	经营支出
13	7401	上缴上级支出
14	7501	对附属单位补助支出
15	7601	投资支出
16	7701	债务还本支出
17	7901	其他支出

3. 预算结余类

18	8001	资金结存
19	8101	财政拨款结转

20	8102	财政拨款结余
21	8201	非财政拨款结转
22	8202	非财政拨款结余
23	8301	专用结余
24	8401	经营结余
25	8501	其他结余
26	8701	非财政拨款结余分配

行政事业单位应当按照下列规定运用会计科目：

（1）按照政府会计制度的规定设置和使用会计科目。在不影响会计处理和编制报表的前提下，单位可以根据实际情况自行增设或减少某些会计科目。

（2）执行政府会计制度统一规定的会计科目编号，以便于填制会计凭证、登记账簿、查阅账目，实行会计信息化管理。

（3）在填制会计凭证、登记会计账簿时，应当填列会计科目的名称，或者同时填列会计科目的名称和编号，不得只填列会计科目编号、不填列会计科目名称。

（4）设置明细科目或进行明细核算，除遵循政府会计制度规定外，还应当满足权责发生制政府部门财务报告和政府综合财务报告编制的其他需要。

 复习思考题

1. 什么是行政事业单位会计？

2. 行政事业单位可否等同于政府单位？

3. 《政府会计准则》和《政府会计制度》对行政事业单位会计核算提出了哪些新要求？

4. 《政府会计制度》设定的科目在运用中有哪些规定？

第四章
行政事业单位的资产

【学习目标】

本章对行政事业单位的资产进行阐述，主要介绍政府单位资产各项目的含义、科目设置及其相关会计处理。本章的学习目标是了解政府单位各项资产及核算特征，理解政府单位各资产项目的内涵及其分类，掌握政府单位各项资产的核算方法。

第一节　流动资产

一、库存现金

1. 库存现金核算及科目设置

（1）本科目核算单位的库存现金。

（2）单位应当严格按照国家有关现金管理的规定收支现金，并按照本制度规定核算现金的各项收支业务。

2. 库存现金账务处理

本科目应当设置"受托代理资产"明细科目，核算单位受托代理、代管的现金。

库存现金的主要账务处理如下：

（1）从银行等金融机构提取现金，按照实际提取的金额，借记本科目，贷记"银行存款"科目；将现金存入银行等金融机构，按照实际存入金额，借记"银行存款"科目，贷记本科目。

从单位零余额账户提取现金，按照实际提取的金额，借记本科目，贷记"零余额账户用款额度"科目。将现金退回单位零余额账户，按照实际退回的金额，借记"零余额账户用款额度"科目，贷记本科目。

【例 4 - 1】某事业单位 1 月开出现金支票从银行提取现金 10 000 元。

借：库存现金   10 000

  贷：银行存款   10 000

【例 4 - 2】某事业单位发生如下有关零余额账户用款额度的业务，从单位零余额账户提取现金 8 000 元。

借：库存现金   8 000

  贷：零余额账户用款额度   8 000

（2）内部职工出差等借出的现金，按照实际借出的现金金额，借记"其他应收款"科目，贷记本科目。

【例 4 - 3】办公室工作人员李某出差借支差旅费 5 000 元，财务部门以现金支付。

借：其他应收款——李某   5 000

  贷：库存现金   5 000

出差人员报销差旅费时，按照实际报销的金额，借记"业务活动费用""单位管理费用"等科目，按照实际借出的现金金额，贷记"其他应收款"科目，按照其差额，借记或贷记本科目。

【例 4 - 4】办公室工作人员李某出差归来，实际报销差旅费 4 800 元。

借：业务活动费用   4 800

  库存现金   200

  贷：其他应收款——李某   5 000

（3）提供服务、物品或者其他事项收到现金，按照实际收到的金额，借记本科目，贷记"事业收入""应收账款"等相关科目。涉及增值税业务的，相关账务处理参见"应交增值税"科目。

【例 4 - 5】某事业单位收到一笔对外提供服务的现金收入 1 000 元。

借：库存现金   1 000

  贷：事业收入   1 000

购买服务、物品或者其他事项支付现金，按照实际支付的金额，借记"业务活动费用""单位管理费用""库存物品"等相关科目，贷记本科目。涉及增值税业务的，相关账务处理参见"应交增值税"科目。以库存现金对外捐赠，按照实际捐出的金额，借记"其他费用"科目，贷记本科目。

【例 4 - 6】某事业单位购买办公用品支付现金 800 元。

借：单位管理费用   800

  贷：库存现金   800

（4）收到受托代理、代管的现金，按照实际收到的金额，借记本科目（受托代理资产），贷记"受托代理负债"科目；支付受托代理、代管的现金，按照实际支付的金额，借记"受托代理负债"科目，贷记本科目（受托代理资产）。

【例 4 - 7】某行政单位 2019 年 3 月接受某委托人支付的委托其保管的现金 6 000 元。

借：库存现金——受托代理资产   6 000

贷：受托代理负债　　　　　　　　　　　　　　　　　　　　　　　　6 000

【例4-8】该行政单位2019年5月将受托的6 000元现金支付给委托人指定的受赠人。

　　　　借：受托代理负债　　　　　　　　　　　　　　　　　　　　　　　　6 000

　　　　　　贷：库存现金——受托代理资产　　　　　　　　　　　　　　　　6 000

3. 库存现金管理制度

（1）单位应当设置"库存现金日记账"，由出纳人员根据收付款凭证，按照业务发生顺序逐笔登记。每日终了，应当计算当日的现金收入合计数、现金支出合计数和结余数，并将结余数与实际库存数相核对，做到账款相符。每日账款核对中发现有待查明原因的现金短缺或溢余的，应当通过"待处理财产损溢"科目核算。属于现金溢余时，应当按照实际溢余的金额，借记本科目，贷记"待处理财产损溢"科目；属于现金短缺时，应当按照实际短缺的金额，借记"待处理财产损溢"科目，贷记本科目。待查明原因后及时进行账务处理，具体内容参见"待处理财产损溢"科目。

（2）现金收入业务繁多、单独设有收款部门的单位，收款部门的收款员应当将每天所收现金连同收款凭据一并交财务部门核收记账，或者将每天所收现金直接送存开户银行后，将收款凭据及向银行送存现金的凭证等一并交财务部门核收记账。

（3）单位有外币现金的，应当分别按照人民币、外币种类设置"库存现金日记账"进行明细核算。有关外币现金业务的账务处理参见"银行存款"科目的相关规定。

（4）本科目期末借方余额，反映单位实际持有的库存现金。

二、银行存款

1. 银行存款核算及科目设置

本科目核算单位存入银行或者其他金融机构的各种存款。

单位应当严格按照国家有关支付结算办法的规定办理银行存款收支业务，并按照本制度规定核算银行存款的各项收支业务。本科目应当设置"受托代理资产"明细科目，核算单位受托代理、代管的银行存款。

2. 银行存款账务处理

银行存款的主要账务处理如下：

（1）将款项存入银行或者其他金融机构，按照实际存入的金额，借记本科目，贷记"库存现金""应收账款""事业收入""经营收入""其他收入"等相关科目。涉及增值税业务的，相关账务处理参见"应交增值税"科目。收到银行存款利息，按照实际收到的金额，借记本科目，贷记"利息收入"科目。

（2）从银行等金融机构提取现金，按照实际提取的金额，借记"库存现金"科目，贷记本科目。

（3）以银行存款支付相关费用，按照实际支付的金额，借记"业务活动费用""单位管理费用""其他费用"等相关科目，贷记本科目。涉及增值税业务的，相关账务处理参见"应交增值税"科目。

【例4-9】某事业单位购买不入库保管的办公用品，以银行存款转账支付3 000元。

  借：单位管理费用   3 000
    贷：银行存款   3 000

以银行存款对外捐赠，按照实际捐出的金额，借记"其他费用"科目，贷记本科目。

（4）收到受托代理、代管的银行存款，按照实际收到的金额，借记本科目（受托代理资产），贷记"受托代理负债"科目；支付受托代理、代管的银行存款，按照实际支付的金额，借记"受托代理负债"科目，贷记本科目（受托代理资产）。

【例4-10】某行政单位2019年3月接受某委托人转账支付的委托其保管的300 000元。

  借：银行存款——受托代理资产   300 000
    贷：受托代理负债   300 000

【例4-11】该行政单位于2019年5月将受托的300 000元支付给委托人指定的受赠人。

  借：受托代理负债   300 000
    贷：银行存款——受托代理资产   300 000

3. 银行存款管理制度

（1）单位发生外币业务的，应当按照业务发生当日的即期汇率，将外币金额折算为人民币金额记账，并登记外币金额和汇率。

期末，各种外币账户的期末余额，应当按照期末的即期汇率折算为人民币，作为外币账户期末人民币余额。调整后的各种外币账户人民币余额与原账面余额的差额，作为汇兑损益计入当期费用。

1）以外币购买物资、设备等，按照购入当日的即期汇率将支付的外币或应支付的外币折算为人民币金额，借记"库存物品"等科目，贷记本科目、"应付账款"等科目的外币账户。涉及增值税业务的，相关账务处理参见"应交增值税"科目。

2）销售物品、提供服务以外币收取相关款项等，按照收入确认当日的即期汇率将收取的外币或应收取的外币折算为人民币金额，借记本科目、"应收账款"等科目的外币账户，贷记"事业收入"等相关科目。

3）期末，根据各外币银行存款账户按照期末汇率调整后的人民币余额与原账面人民币余额的差额，作为汇兑损益，借记或贷记本科目，贷记或借记"业务活动费用""单位管理费用"等科目。

"应收账款""应付账款"等科目有关外币账户期末汇率调整业务的账务处理参照本科目。

（2）单位应当按照开户银行或其他金融机构、存款种类及币种等，分别设置"银行存款日记账"，由出纳人员根据收付款凭证，按照业务的发生顺序逐笔登记，每日终了应结出余额。"银行存款日记账"应定期与"银行对账单"核对，至少每月核对一次。月度终了，单位银行存款日记账账面余额与银行对账单余额之间如有差额，应当逐笔查明原因并进行处理，按月编制"银行存款余额调节表"，调节相符。

（3）本科目期末借方余额，反映单位实际存放在银行或其他金融机构的款项。

三、零余额账户用款额度

本科目核算实行国库集中支付的单位根据财政部门批复的用款计划收到和支用的零余额账户用款额度。

零余额账户用款额度的主要账务处理如下：

1. 收到额度

单位收到"财政授权支付到账通知书"时，根据通知书所列金额，借记本科目，贷记"财政拨款收入"科目。

【例4-12】某行政单位实行国库集中支付制度下的财政授权支付方式。收到代理银行转来的"财政授权支付额度到账通知书"，通知书所列数额为50万元。应编制会计分录：

借：零余额账户用款额度   500 000
    贷：财政拨款收入   500 000

2. 支用额度

（1）支付日常活动费用时，按照支付的金额，借记"业务活动费用""单位管理费用"等科目，贷记本科目。

【例4-13】某行政单位开出授权支付凭证，通知代理银行支付办公经费15 000元。应编制会计分录：

借：单位管理费用   15 000
    贷：零余额账户用款额度   15 000

（2）购买库存物品或购建固定资产，按照实际发生的成本，借记"库存物品""固定资产""在建工程"等科目，按照实际支付或应付的金额，贷记本科目、"应付账款"等科目。涉及增值税业务的，相关账务处理参见"应交增值税"科目。

【例4-14】某事业单位购买入库保管的办公用品，通过财政授权支付6 000元。

借：库存物品   6 000
    贷：零余额账户用款额度   6 000

（3）从零余额账户提取现金时，按照实际提取的金额，借记"库存现金"科目，贷记本科目。

3. 购货退回

因购货退回等发生财政授权支付额度退回的，按照退回的金额，借记本科目，贷记"库存物品"等科目。

【例4-15】接【例4-14】，该事业单位购入的办公用品存在质量问题，通过协商退货，销售方退回前授权支付的金额6 000元。

借：零余额账户用款额度   6 000

  贷：库存物品   6 000

4. 年末处理

年末，根据代理银行提供的对账单作注销额度的相关账务处理，借记"财政应返还额度——财政授权支付"科目，贷记本科目。

【例4-16】年终，某行政单位根据代理银行提供的对账单，本年度已下达财政授权支付用款额度为95万元，该行政单位授权支付实际数为92万元。

借：财政应返还额度——财政授权支付   30 000

  贷：零余额账户用款额度   30 000

年末，单位本年度财政授权支付预算指标数大于零余额账户用款额度下达数的，根据未下达的用款额度，借记"财政应返还额度——财政授权支付"科目，贷记"财政拨款收入"科目。

【例4-17】年终，某行政单位本年度财政授权支付预算指标数为100万元，本年已下达零余额账户用款额度为95万元。

借：财政应返还额度——财政授权支付   50 000

  贷：财政拨款收入   50 000

下年初，根据代理银行提供的上年度注销额度恢复到账通知书作恢复额度的相关账务处理，借记本科目，贷记"财政应返还额度——财政授权支付"科目。单位收到财政部门批复的上年未下达零余额账户用款额度，借记本科目，贷记"财政应返还额度——财政授权支付"科目。

【例4-18】接【例4-16】，次年初，该行政单位根据代理银行提供的上年度注销额度恢复到账通知书作恢复额度的相关账务处理。

借：零余额账户用款额度   30 000

  贷：财政应返还额度——财政授权支付   30 000

【例4-19】接【例4-17】，次年初，该行政单位收到财政部门批复的上年未下达零余额账户用款额度作相关账务处理。

借：零余额账户用款额度   50 000

  贷：财政应返还额度——财政授权支付   50 000

本科目期末借方余额，反映单位尚未支用的零余额账户用款额度。年末注销单位零余额账户用款额度后，本科目应无余额。

四、其他货币资金

1. 其他货币资金核算及科目设置

本科目核算单位的外埠存款、银行本票存款、银行汇票存款、信用卡存款等各种其他货币资金。

本科目应当设置"外埠存款""银行本票存款""银行汇票存款""信用卡存款"等明细科目，进行明细核算。

2. 其他货币资金账务处理

其他货币资金的主要账务处理如下：

（1）单位按照有关规定需要在异地开立银行账户，将款项委托本地银行汇往异地开立账户时，借记本科目，贷记"银行存款"科目。收到采购员交来供应单位发票账单等报销凭证时，借记"库存物品"等科目，贷记本科目。将多余的外埠存款转回本地银行时，根据银行的收账通知，借记"银行存款"科目，贷记本科目。

（2）将款项交存银行取得银行本票、银行汇票，按照取得的银行本票、银行汇票金额，借记本科目，贷记"银行存款"科目。使用银行本票、银行汇票购买库存物品等资产时，按照实际支付金额，借记"库存物品"等科目，贷记本科目。如有余款或因本票、汇票超过付款期等原因而退回款项，按照退款金额，借记"银行存款"科目，贷记本科目。

（3）将款项交存银行取得信用卡，按照交存金额，借记本科目，贷记"银行存款"科目。用信用卡购物或支付有关费用，按照实际支付金额，借记"单位管理费用""库存物品"等科目，贷记本科目。单位信用卡在使用过程中，需向其账户续存资金的，按照续存金额，借记本科目，贷记"银行存款"科目。

3. 其他货币资金的管理

单位应当加强对其他货币资金的管理，及时办理结算，对于逾期尚未办理结算的银行汇票、银行本票等，应当按照规定及时转回，并按照上述规定进行相应账务处理。

本科目期末借方余额，反映单位实际持有的其他货币资金。

五、短期投资

1. 短期投资的核算

本科目核算事业单位按照规定取得的，持有时间不超过 1 年（含 1 年）的投资。
本科目应当按照投资的种类等进行明细核算。

2. 短期投资的主要账务处理

短期投资的主要账务处理如下：

（1）取得短期投资时，按照确定的投资成本，借记本科目，贷记"银行存款"等科目。收到取得投资时实际支付价款中包含的已到付息期但尚未领取的利息，按照实际收到的金额，借记"银行存款"科目，贷记本科目。

【例4-20】2019年3月1日，某事业单位用银行转账支付10万元购入一张半年期面值为11万元的债券，含3 000元已到期但尚未领取的利息。并于3月10日收到利息。

①3月1日购入时：

借：短期投资　　　　　　　　　　　　　　　　　　　　　　　　　100 000

　　贷：银行存款　　　　　　　　　　　　　　　　　　　　　　　　100 000

②3月10日领取利息时：

借：银行存款　　　　　　　　　　　　　　　　　　　　　　　　　3 000

　　贷：短期投资　　　　　　　　　　　　　　　　　　　　　　　　3 000

（2）收到短期投资持有期间的利息，按照实际收到的金额，借记"银行存款"科目，贷记"投资收益"科目。

（3）出售短期投资或到期收回短期投资本息，按照实际收到的金额，借记"银行存款"科目，按照出售或收回短期投资的账面余额，贷记本科目，按照其差额，借记或贷记"投资收益"科目。涉及增值税业务的，相关账务处理参见"应交增值税"科目。

【例4-21】某事业单位出售一张投资成本为50万元的短期债券，售价为48万元，发生1万元交易费用，不考虑增值税。

借：银行存款　　　　　　　　　　　　　　　　　　　　　　　　　470 000

　　投资收益　　　　　　　　　　　　　　　　　　　　　　　　　30 000

　　贷：短期投资　　　　　　　　　　　　　　　　　　　　　　　500 000

本科目期末借方余额，反映事业单位持有短期投资的成本。

六、财政应返还额度

1. 财政应返还额度核算及科目设置

本科目核算实行国库集中支付的单位应收财政返还的资金额度，包括可以使用的以前年度财政直接支付资金额度和财政应返还的财政授权支付资金额度。

本科目应当设置"财政直接支付""财政授权支付"两个明细科目进行明细核算。

2. 财政应返还额度的账务处理

财政应返还额度的主要账务处理如下：

（1）财政直接支付。年末，单位根据本年度财政直接支付预算指标数大于当年财政直接支付实际发生数的差额，借记本科目（财政直接支付），贷记"财政拨款收入"科目。

单位使用以前年度财政直接支付额度支付款项时，借记"业务活动费用""单位管理费用"等科目，贷记本科目（财政直接支付）。

【例4-22】某行政单位本年度财政直接支付预算指标数为80万元，当年财政直接支付实际支出数为75万元。应编制会计分录：

借：财政应返还额度——财政直接支付   50 000

    贷：财政拨款收入   50 000

【例4-23】接【例4-22】，次年初，财政部门恢复该行政单位上年度财政直接支付额度5万元。行政单位经批准支付水电费4 000元。应编制会计分录：

借：单位管理费用   4 000

    贷：财政应返还额度——财政直接支付   4 000

（2）财政授权支付。年末，根据代理银行提供的对账单作注销额度的相关账务处理，借记本科目（财政授权支付），贷记"零余额账户用款额度"科目。

年末，单位本年度财政授权支付预算指标数大于零余额账户用款额度下达数的，根据未下达的用款额度，借记本科目（财政授权支付），贷记"财政拨款收入"科目。

下年初，单位根据代理银行提供的上年度注销额度恢复到账通知书作恢复额度的相关账务处理，借记"零余额账户用款额度"科目，贷记本科目（财政授权支付）。单位收到财政部门批复的上年末下达零余额账户用款额度，借记"零余额账户用款额度"科目，贷记本科目（财政授权支付）。具体账务处理见"零余额账户用款额度"部分内容。

本科目期末借方余额，反映单位应收财政返还的资金额度。

七、应收票据

1. 应收票据的核算

本科目核算事业单位因开展经营活动销售产品、提供有偿服务等而收到的商业汇票，包括银行承兑汇票和商业承兑汇票。

本科目应当按照开出、承兑商业汇票的单位等进行明细核算。

2. 应收票据的账务处理

应收票据的主要账务处理如下：

（1）因销售产品、提供服务等收到商业汇票，按照商业汇票的票面金额，借记本科目，按照确认的收入金额，贷记"经营收入"等科目。涉及增值税业务的，相关账务处理参见"应交增值税"科目。

【例4-24】某事业单位销售一批产品给甲公司，货已发出，价款10 000元，增值税1 700元。甲公司开具该事业单位1张商业承兑汇票，面值11 700元。

借：应收票据   11 700
　　贷：经营收入   10 000
　　　　应缴税费——应缴增值税（销项税额）   1 700

（2）持未到期的商业汇票向银行贴现，按照实际收到的金额（即扣除贴现息后的净额），借记"银行存款"科目，按照贴现息金额，借记"经营费用"等科目，按照商业汇票的票面金额，贷记本科目（无追索权）或"短期借款"科目（有追索权）。附追索权的商业汇票到期未发生追索事项的，按照商业汇票的票面金额，借记"短期借款"科目，贷记本科目。

（3）将持有的商业汇票背书转让以取得所需物资时，按照取得物资的成本，借记"库存物品"等科目，按照商业汇票的票面金额，贷记本科目，如有差额，借记或贷记"银行存款"等科目。涉及增值税业务的，相关账务处理参见"应交增值税"科目。

（4）商业汇票到期时，应当分别以下情况处理：

1）收回票款时，按照实际收到的商业汇票票面金额，借记"银行存款"科目，贷记本科目。

2）因付款人无力支付票款，收到银行退回的商业承兑汇票、委托收款凭证、未付票款通知书或拒付款证明等，按照商业汇票的票面金额，借记"应收账款"科目，贷记本科目。

3. 应收票据的管理

事业单位应当设置"应收票据备查簿"，逐笔登记每一应收票据的种类、号数、出票日期、到期日、票面金额、交易合同号和付款人、承兑人、背书人姓名或单位名称、背书转让日、贴现日期、贴现率和贴现净额、收款日期、收回金额和退票情况等。应收票据到期结清票款或退票后，应当在备查簿内逐笔注销。

本科目期末借方余额，反映事业单位持有的商业汇票票面金额。

八、应收账款

1. 应收账款科目的核算

本科目核算事业单位提供服务、销售产品等应收取的款项，以及单位因出租资产、出售物资等应收取的款项。

本科目应当按照债务单位（或个人）进行明细核算。

2. 应收账款的账务处理

应收账款的主要账务处理如下：

（1）应收账款收回后不需上缴财政。

1）单位发生应收账款时，按照应收未收金额，借记本科目，贷记"事业收入""经营收入""租金收入""其他收入"等科目。涉及增值税业务的，相关账务处理参见"应交增值税"科目。

2）收回应收账款时，按照实际收到的金额，借记"银行存款"等科目，贷记本科目。

【例4-25】 某事业单位于5月5日向A公司提供劳务获得收入5万元，按照合同规定，款项于5月30日支付。

    借：应收账款——A公司   50 000
        贷：经营收入   50 000

5月30日收到款项时的会计分录为：

    借：银行存款   50 000
        贷：应收账款——A公司   50 000

（2）应收账款收回后需上缴财政。

1）单位出租资产发生应收未收租金款项时，按照应收未收金额，借记本科目，贷记"应缴财政款"科目；收回应收账款时，按照实际收到的金额，借记"银行存款"等科目，贷记本科目。

【例4-26】 某事业单位于年初将闲置办公楼出租，根据合同规定，年租金20万元，款项未收。应编制会计分录：

    借：应收账款   200 000
        贷：应缴财政款   200 000

【例4-27】 接【例4-24】，根据合同规定该行政单位于当年12月31日收到年租金20万元。应编制会计分录：

    借：银行存款   200 000
        贷：应收账款   200 000

2）单位出售物资发生应收未收款项时，按照应收未收金额，借记本科目，贷记"应缴财政款"科目；收回应收账款时，按照实际收到的金额，借记"银行存款"等科目，贷记本科目。涉及增值税业务的，相关账务处理参见"应交增值税"科目。

（3）对不能收回应收账款的处理。事业单位应当于每年末，对收回后不需上缴财政的应收账款进行全面检查，如发生不能收回的迹象，应当计提坏账准备。

1）对于账龄超过规定年限、确认无法收回的应收账款，按照规定报经批准后予以核销。按照核销金额，借记"坏账准备"科目，贷记本科目。核销的应收账款应在备查簿中保留登记。

【例4-28】 某事业单位经确定，一笔3年前的应收款项2万元无法收回，按规定报经批准后予以核销。应编制会计分录：

    借：坏账准备   20 000
        贷：应收账款   20 000

2）已核销的应收账款在以后期间又收回的，按照实际收回金额，借记本科目，贷记"坏账准备"科目；同时，借记"银行存款"等科目，贷记本科目。

【例4-29】 接【例4-28】，债务单位财务状况好转，原已核销2万元应收账款得以收回。应编制会计分录：

借：应收账款   20 000
　　贷：坏账准备   20 000
借：银行存款   20 000
　　贷：应收账款   20 000

（4）单位应当于每年末，对收回后应当上缴财政的应收账款进行全面检查。

1）对于账龄超过规定年限、确认无法收回的应收账款，按照规定报经批准后予以核销。按照核销金额，借记"应缴财政款"科目，贷记本科目。核销的应收账款应当在备查簿中保留登记。

2）已核销的应收账款在以后期间又收回的，按照实际收回金额，借记"银行存款"等科目，贷记"应缴财政款"科目。

本科目期末借方余额，反映单位尚未收回的应收账款。

九、预付账款

1. 预付账款的核算及科目设置

本科目核算单位按照购货、服务合同或协议规定预付给供应单位（或个人）的款项，以及按照合同规定向承包工程的施工企业预付的备料款和工程款。

本科目应当按照供应单位（或个人）及具体项目进行明细核算；对于基本建设项目发生的预付账款，还应当在本科目所属基建项目明细科目下设置"预付备料款""预付工程款""其他预付款"等明细科目，进行明细核算。

2. 预付账款的账务处理

预付账款的主要账务处理如下：

（1）根据购货、服务合同或协议规定预付款项时，按照预付金额，借记本科目，贷记"财政拨款收入""零余额账户用款额度""银行存款"等科目。

【例4-30】某行政单位于3月5日向盛达公司购入材料，通过财政直接支付方式预付3万元的材料款。当日收到"财政直接支付入账通知书"及相关原始凭证。应编制会计分录：

借：预付账款   30 000
　　贷：财政拨款收入   30 000

（2）收到所购资产或服务时，按照购入资产或服务的成本，借记"库存物品""固定资产""无形资产""业务活动费用"等相关科目，按照相关预付账款的账面余额，贷记本科目，按照实际补付的金额，贷记"财政拨款收入""零余额账户用款额度""银行存款"等科目。涉及增值税业务的，相关账务处理参见"应交增值税"科目。

【例4-31】接【例4-30】，3月25日，收到材料验收入库，材料总价款为8万元，通过财政直接支付剩余款项。应编制会计分录：

> 借：库存物品　　　　　　　　　　　　　　　　　　　80 000
> 　　贷：预付账款　　　　　　　　　　　　　　　　　30 000
> 　　　　财政拨款收入　　　　　　　　　　　　　　　50 000

（3）根据工程进度结算工程价款及备料款时，按照结算金额，借记"在建工程"科目，按照相关预付账款的账面余额，贷记本科目，按照实际补付的金额，贷记"财政拨款收入""零余额账户用款额度""银行存款"等科目。

（4）发生预付账款退回的，按照实际退回金额，借记"财政拨款收入"（本年直接支付）、"财政应返还额度"（以前年度直接支付）、"零余额账户用款额度""银行存款"等科目，贷记本科目。

单位应当于每年末，对预付账款进行全面检查。如果有确凿证据表明预付账款不再符合预付款项性质，或者因供应单位破产、撤销等原因可能无法收到所购货物、服务的，应当先将其转入其他应收款，再按照规定进行处理。将预付账款账面余额转入其他应收款时，借记"其他应收款"科目，贷记本科目。

本科目期末借方余额，反映单位实际预付但尚未结算的款项。

十、应收股利

1. 应收股利的核算

本科目核算事业单位持有长期股权投资应当收取的现金股利或应当分得的利润。
本科目应当按照被投资单位等进行明细核算。

2. 应收股利的账务处理

应收股利的主要账务处理如下：

（1）取得时，按照支付的价款中所包含的已宣告但尚未发放的现金股利，借记本科目，按照确定的长期股权投资成本，借记"长期股权投资"科目，按照实际支付的金额，贷记"银行存款"等科目。

收到取得投资时实际支付价款中所包含的已宣告但尚未发放的现金股利时，按照收到的金额，借记"银行存款"科目，贷记本科目。

（2）长期股权投资持有期间，被投资单位宣告发放现金股利或利润的，按照应享有的份额，借记本科目，贷记"投资收益"（成本法下）或"长期股权投资"（权益法下）科目。

（3）实际收到现金股利或利润时，按照收到的金额，借记"银行存款"等科目，贷记本科目。

本科目期末借方余额，反映事业单位应当收取但尚未收到的现金股利或利润。
例题见"长期股权投资"部分内容。

十一、应收利息

1. 应收利息的核算

本科目核算事业单位长期债券投资应当收取的利息。事业单位购入的到期一次还本付息的长期债券投资持有期间的利息，应当通过"长期债券投资——应计利息"科目核算，不通过本科目核算。

本科目应当按照被投资单位等进行明细核算。

2. 应收利息的账务处理

应收利息的主要账务处理如下：

（1）取得长期债券投资，按照确定的投资成本，借记"长期债券投资"科目，按照支付的价款中包含的已到付息期但尚未领取的利息，借记本科目，按照实际支付的金额，贷记"银行存款"等科目。收到取得投资时实际支付价款中所包含的已到付息期但尚未领取的利息时，按照收到的金额，借记"银行存款"等科目，贷记本科目。

（2）按期计算确认长期债券投资利息收入时，对于分期付息、一次还本的长期债券投资，按照以票面金额和票面利率计算确定的应收未收利息金额，借记本科目，贷记"投资收益"科目。

（3）实际收到应收利息时，按照收到的金额，借记"银行存款"等科目，贷记本科目。

本科目期末借方余额，反映事业单位应收未收的长期债券投资利息。

例题见"长期债券投资"部分内容。

十二、其他应收款

1. 其他应收款的核算

本科目核算单位除财政应返还额度、应收票据、应收账款、预付账款、应收股利、应收利息以外的其他各项应收及暂付款项，如职工预借的差旅费、已经偿还银行尚未报销的本单位公务卡欠款、拨付给内部有关部门的备用金、应向职工收取的各种垫付款项、支付的可以收回的定金或押金、应收的上级补助和附属单位上缴款项等。

本科目应当按照其他应收款的类别以及债务单位（或个人）进行明细核算。

2. 其他应收款的账务处理

其他应收款的主要账务处理如下：

（1）发生其他各种应收及暂付款项时，按照实际发生金额，借记本科目，贷记"零余额账户用款额度""银行存款""库存现金""上级补助收入""附属单位上缴收入"等科目。涉及增值税业务的，相关账务处理参见"应交增值税"科目。

【例4-32】某行政单位职员徐涵外出培训，通过财政授权支付代理银行支付培训费28 000元。另预借现金5 000元。应编制会计分录：

  借：其他应收款——徐涵   33 000

    贷：零余额账户用款额度   28 000

      库存现金   5 000

（2）收回其他各种应收及暂付款项时，按照收回的金额，借记"库存现金""银行存款"等科目，贷记本科目。

【例4-33】接【例4-32】徐涵培训结束，归来报销差旅费30 000元。应编制会计分录：

  借：业务活动费用   30 000

    库存现金   3 000

    贷：其他应收款——徐涵   33 000

（3）单位内部实行备用金制度的，有关部门使用备用金以后应当及时到财务部门报销并补足备用金。财务部门核定并发放备用金时，按照实际发放金额，借记本科目，贷记"库存现金"等科目。根据报销金额用现金补足备用金定额时，借记"业务活动费用""单位管理费用"等科目，贷记"库存现金"等科目，报销数和拨补数都不再通过本科目核算。

（4）偿还尚未报销的本单位公务卡欠款时，按照偿还的款项，借记本科目，贷记"零余额账户用款额度""银行存款"等科目；持卡人报销时，按照报销金额，借记"业务活动费用""单位管理费用"等科目，贷记本科目。

（5）将预付账款账面余额转入其他应收款时，借记本科目，贷记"预付账款"科目。具体说明参见"预付账款"科目。

（6）事业单位应当于每年末，对其他应收款进行全面检查，如发生不能收回的迹象，应当计提坏账准备。

1）对于账龄超过规定年限、确认无法收回的其他应收款，按照规定报经批准后予以核销。按照核销金额，借记"坏账准备"科目，贷记本科目。核销的其他应收款应当在备查簿中保留登记。

2）已核销的其他应收款在以后期间又收回的，按照实际收回金额，借记本科目，贷记"坏账准备"科目；同时，借记"银行存款"等科目，贷记本科目。

（7）行政单位应当于每年末，对其他应收款进行全面检查。对于超过规定年限、确认无法收回的其他应收款，应当按照有关规定报经批准后予以核销。核销的其他应收款应在备查簿中保留登记。

1）经批准核销其他应收款时，按照核销金额，借记"资产处置费用"科目，贷记本科目。

2）已核销的其他应收款在以后期间又收回的，按照收回金额，借记"银行存款"等科目，贷记"其他收入"科目。

本科目期末借方余额，反映单位尚未收回的其他应收款。

十三、坏账准备

1. 坏账准备的核算

本科目核算事业单位对收回后不需上缴财政的应收账款和其他应收款提取的坏账准备。

本科目应当分别对应收账款和其他应收款进行明细核算。

事业单位应当于每年末，对收回后不需上缴财政的应收账款和其他应收款进行全面检查，分析其可收回性，对预计可能产生的坏账损失计提坏账准备、确认坏账损失。

事业单位可以采用应收款项余额百分比法、账龄分析法、个别认定法等方法计提坏账准备。坏账准备计提方法一经确定，不得随意变更。如需变更，应当按照规定报经批准，并在财务报表附注中予以说明。

当期应补提或冲减的坏账准备金额的计算公式如下：

当期应补提或冲减的坏账准备 = 按照期末应收账款和其他应收款计算应计提的坏账准备金额 − 本科目期末贷方余额（或 + 本科目期末借方余额）

2. 坏账准备的账务处理

坏账准备的主要账务处理如下：

（1）提取坏账准备时，借记"其他费用"科目，贷记本科目；冲减坏账准备时，借记本科目，贷记"其他费用"科目。

【例 4 – 34】某事业单位按照相关规定于 2018 年末计提 10 万元的坏账准备。应编制会计分录：

  借：其他费用   100 000

    贷：坏账准备   100 000

（2）对于账龄超过规定年限并确认无法收回的应收账款、其他应收款，应当按照有关规定报经批准后，按照无法收回的金额，借记本科目，贷记"应收账款""其他应收款"科目。已核销的应收账款、其他应收款在以后期间又收回的，按照实际收回金额，借记"应收账款""其他应收款"科目，贷记本科目；同时，借记"银行存款"等科目，贷记"应收账款""其他应收款"科目。

【例 4 – 35】接【例 4 – 34】，2019 年 5 月，该事业单位经确定，一笔 3 年前的应收款项 3 万元无法收回，按规定报经批准后予以核销。应编制会计分录：

  借：坏账准备   30 000

    贷：应收账款   30 000

【例 4 – 36】接【例 4 – 35】，债务单位财务状况好转，原已核销 3 万元应收账款得以收回。应编制会计分录：

借：应收账款	30 000
贷：坏账准备	30 000
借：银行存款	30 000
贷：应收账款	30 000

本科目期末贷方余额，反映事业单位提取的坏账准备金额。

十四、在途物品

1. 在途物品科目的核算

本科目核算单位采购材料等物资时货款已付或已开出商业汇票但尚未验收入库的在途物品的采购成本。

本科目可按照供应单位和物品种类进行明细核算。

2. 在途物品的账务处理

在途物品的主要账务处理如下：

（1）单位购入材料等物品，按照确定的物品采购成本的金额，借记本科目，按照实际支付的金额，贷记"财政拨款收入""零余额账户用款额度""银行存款"等科目。涉及增值税业务的，相关账务处理参见"应交增值税"科目。

【例 4-37】某事业单位购入材料物资，通过财政直接支付方式已支付货款 30 000 元，收到结算凭证，材料未到达。应编制会计分录：

| 借：在途物品 | 30 000 |
| 贷：财政拨款收入 | 30 000 |

（2）所购材料等物品到达验收入库，按照确定的库存物品成本金额，借记"库存物品"科目，按照物品采购成本金额，贷记本科目，按照使得入库物品达到目前场所和状态所发生的其他支出，贷记"银行存款"等科目。

【例 4-38】接【例 4-37】，材料到达验收入库，另现金支付运杂费 500 元。应编制会计分录：

借：库存物品	30 500
贷：在途物品	30 000
库存现金	500

本科目期末借方余额，反映单位在途物品的采购成本。

十五、库存物品

1. 库存物品的核算

本科目核算单位在开展业务活动及其他活动中为耗用或出售而储存的各种材料、产品、包装物、低值易耗品，以及达不到固定资产标准的用具、装具、动植物等的成本。已完成的测绘、地质勘查、设计成果等的成本，也通过本科目核算。

单位随买随用的零星办公用品，可以在购进时直接列作费用，不通过本科目核算。

单位控制的政府储备物资，应当通过"政府储备物资"科目核算，不通过本科目核算。

单位受托存储保管的物资和受托转赠的物资，应当通过"受托代理资产"科目核算，不通过本科目核算。

单位为在建工程购买和使用的材料物资，应当通过"工程物资"科目核算，不通过本科目核算。

本科目应当按照库存物品的种类、规格、保管地点等进行明细核算。

单位储存的低值易耗品、包装物较多的，可以在本科目（低值易耗品、包装物）下按照"在库""在用"和"摊销"等进行明细核算。

2. 库存物品的账务处理

库存物品的主要账务处理如下：

（1）取得的库存物品，应当按照其取得时的成本入账。

1）外购的库存物品验收入库，按照确定的成本，借记本科目，贷记"财政拨款收入""零余额账户用款额度""银行存款""应付账款""在途物品"等科目。涉及增值税业务的，相关账务处理参见"应交增值税"科目。

【例4-39】某事业单位购入材料一批，价值10 000元，材料验收入库，货款通过财政直接支付方式支付。应编制会计分录：

借：库存物品   10 000

  贷：财政拨款收入   10 000

【例4-40】某行政单位购入入库保管的办公用品8 500元，款项通过单位零余额账户支付，另通过现金支付装卸费100元。办公用品已入库。应编制会计分录：

借：库存物品   8 600

  贷：零余额账户用款额度   8 500

    库存现金   100

2）自制的库存物品加工完成并验收入库，按照确定的成本，借记本科目，贷记"加工物品——自制物品"科目。

【例4-41】某事业单位自制的库存物品完工收回并验收入库，成本为5 000元。应编制会计分录：

借：库存物品   5 000

  贷：加工物品——自制物品   5 000

3）委托外单位加工收回的库存物品验收入库，按照确定的成本，借记本科目，贷记"加工物品——委托加工物品"等科目。

【例4-42】某事业单位委托外单位加工的库存物品完工收回并验收入库，成本为

13 000元。应编制会计分录：

  借：库存物品   13 000

    贷：加工物品——委托加工物品   13 000

  4）接受捐赠的库存物品验收入库，按照确定的成本，借记本科目，按照发生的相关税费、运输费等，贷记"银行存款"等科目，按照其差额，贷记"捐赠收入"科目。接受捐赠的库存物品按照名义金额入账的，按照名义金额，借记本科目，贷记"捐赠收入"科目；同时，按照发生的相关税费、运输费等，借记"其他费用"科目，贷记"银行存款"等科目。

  【例4-43】某事业单位接受甲公司捐赠材料一批，材料验收入库。甲公司提供发票注明金额为60 000元，该事业单位用银行存款支付运输费800元。应编制会计分录：

  借：库存物品   60 800

    贷：捐赠收入   60 000

      银行存款   800

  【例4-44】某事业单位接受甲公司捐赠材料一批，材料验收入库。甲公司没有提供该批材料的相关凭证，在市场上也无法获取与该批材料同类或类似的商品价格，按名义金额入账。该事业单位用银行存款支付运输费800元。应编制会计分录：

  借：库存物品   1

    贷：捐赠收入   1

  借：其他费用   800

    贷：银行存款   800

  5）无偿调入的库存物品验收入库，按照确定的成本，借记本科目，按照发生的相关税费、运输费等，贷记"银行存款"等科目，按照其差额，贷记"无偿调拨净资产"科目。

  【例4-45】某中学接受教育部门无偿调入教学用耗材一批，验收入库。该批耗材成本为20 000元，另该中学用现金支付运杂费500元。应编制会计分录：

  借：库存物品   20 500

    贷：库存现金   500

      无偿调拨净资产   20 000

  6）置换换入的库存物品验收入库，按照确定的成本，借记本科目，按照换出资产的账面余额，贷记相关资产科目（换出资产为固定资产、无形资产的，还应当借记"固定资产累计折旧""无形资产累计摊销"科目），按照置换过程中发生的其他相关支出，贷记"银行存款"等科目，按照借贷方差额，借记"资产处置费用"科目或贷记"其他收入"科目。涉及补价的，分别以下情况处理：

  其一，支付补价的。按照确定的成本，借记本科目，按照换出资产的账面余额，贷记相关资产科目（换出资产为固定资产、无形资产的，还应当借记"固定资产累计折旧""无形资产累计摊销"科目），按照支付的补价和置换过程中发生的其他相关支出，贷记"银行存款"等科目，按照借贷方差额，借记"资产处置费用"科目或贷记"其他收入"

科目。

【例4-46】某事业单位与外单位发生资产置换业务，换出一台仪器设备，原价30万元，已计提折旧12万元，另通过银行转账向对方单位支付补价3万元。获得该事业单位急需的科研用耗材并验收入库，其市场售价为25万元。应编制会计分录：

借：库存物品	250 000
固定资产累计折旧	120 000
贷：固定资产	300 000
银行存款	30 000
其他收入	40 000

其二，收到补价的。按照确定的成本，借记本科目，按照收到的补价，借记"银行存款"等科目，按照换出资产的账面余额，贷记相关资产科目（换出资产为固定资产、无形资产的，还应当借记"固定资产累计折旧""无形资产累计摊销"科目），按照置换过程中发生的其他相关支出，贷记"银行存款"等科目，按照补价扣减其他相关支出后的净收入，贷记"应缴财政款"科目，按照借贷方差额，借记"资产处置费用"科目或贷记"其他收入"科目。

【例4-47】某事业单位与外单位发生资产置换业务，换出一台仪器设备，原价50万元，已计提折旧12万元。获得该事业单位急需的科研用耗材并验收入库，其市场售价为25万元，并收到对方单位支付补价3万元。应编制会计分录：

借：库存物品	250 000
固定资产累计折旧	120 000
银行存款	30 000
资产处置费用	100 000
贷：固定资产	500 000

（2）库存物品在发出时，分别以下情况处理：

1）单位开展业务活动等领用、按照规定自主出售发出或加工发出库存物品，按照领用、出售等发出物品的实际成本，借记"业务活动费用""单位管理费用""经营费用""加工物品"等科目，贷记本科目。

采用一次转销法摊销低值易耗品、包装物的，在首次领用时将其账面余额一次性摊销计入有关成本费用，借记有关科目，贷记本科目。

采用五五摊销法摊销低值易耗品、包装物的，首次领用时，将其账面余额的50%摊销计入有关成本费用，借记有关科目，贷记本科目；使用完时，将剩余的账面余额转销计入有关成本费用，借记有关科目，贷记本科目。

2）经批准对外出售的库存物品（不含可自主出售的库存物品）发出时，按照库存物品的账面余额，借记"资产处置费用"科目，贷记本科目；同时，按照收到的价款，借记"银行存款"等科目，按照处置过程中发生的相关费用，贷记"银行存款"等科目，按照其差额，贷记"应缴财政款"科目。

【例4-48】某事业单位出售不需用的库存材料，其账面价值为35 000元，售价

32 000元，同时由银行转账支付处置过程中发生的相关费用1 000元。应编制会计分录：

  借：资产处置费用   35 000

    贷：库存物品   35 000

  借：银行存款   32 000

    贷：银行存款   1 000

      应缴财政款   31 000

  3）经批准对外捐赠的库存物品发出时，按照库存物品的账面余额和对外捐赠过程中发生的归属于捐出方的相关费用合计数，借记"资产处置费用"科目，按照库存物品账面余额，贷记本科目，按照对外捐赠过程中发生的归属于捐出方的相关费用，贷记"银行存款"等科目。

  【例4-49】某事业单位对外捐赠不需用的库存材料，其账面价值20 000元，捐赠过程中发生的归属于该事业单位的相关费用1 000元，通过银行转账支付。应编制会计分录：

  借：资产处置费用   21 000

    贷：库存物品   20 000

      银行存款   1 000

  4）经批准无偿调出的库存物品发出时，按照库存物品的账面余额，借记"无偿调拨净资产"科目，贷记本科目；同时，按照无偿调出过程中发生的归属于调出方的相关费用，借记"资产处置费用"科目，贷记"银行存款"等科目。

  【例4-50】某事业单位经批准无偿调出一批库存物品，其账面价值28 000元，调出过程中发生的归属于该事业单位的相关费用1 000元，通过银行转账支付。应编制会计分录：

  借：无偿调拨净资产   28 000

    贷：库存物品   28 000

  借：资产处置费用   1 000

    贷：银行存款   1 000

  5）经批准置换换出的库存物品，参照本科目有关置换换入库存物品的规定进行账务处理。

  （3）单位应当定期对库存物品进行清查盘点，每年至少盘点一次。对于发生的库存物品盘盈、盘亏或者报废、毁损，应当先计入"待处理财产损溢"科目，按照规定报经批准后及时进行后续账务处理。

  1）盘盈的库存物品，其成本按照有关凭证注明的金额确定；没有相关凭证但按照规定经过资产评估的，其成本按照评估价值确定；没有相关凭证也未经过评估的，其成本按照重置成本确定。如无法采用上述方法确定盘盈的库存物品成本的，按照名义金额入账。

  盘盈的库存物品，按照确定的入账成本，借记本科目，贷记"待处理财产损溢"科目。

  【例4-51】某事业单位年终盘点库存物品，盘盈甲材料缺失10件，确定的重置成本为 2 000 元。应编制会计分录：

　　借：库存物品——甲材料　　　　　　　　　　　　　　　　　　　　　2 000

　　　　贷：待处理财产损溢　　　　　　　　　　　　　　　　　　　　　　2 000

　　2）盘亏或者毁损、报废的库存物品，按照待处理库存物品的账面余额，借记"待处理财产损溢"科目，贷记本科目。

　　【例 4 - 52】某事业单位年终盘点库存物品，发现丙材料缺失 5 件，其账面余额为 1 000 元。应编制会计分录：

　　借：待处理财产损溢　　　　　　　　　　　　　　　　　　　　　　　1 000

　　　　贷：库存物品——丙材料　　　　　　　　　　　　　　　　　　　　1 000

　　属于增值税一般纳税人的单位，若因非正常原因导致的库存物品盘亏或毁损，还应当将与该库存物品相关的增值税进项税额转出，按照其增值税进项税额，借记"待处理财产损溢"科目，贷记"应交增值税——应交税金（进项税额转出）"科目。

　　本科目期末借方余额，反映单位库存物品的实际成本。

十六、加工物品

　　1. 加工物品的核算及科目设置

　　本科目核算单位自制或委托外单位加工的各种物品的实际成本。未完成的测绘、地质勘察、设计成果的实际成本，也通过本科目核算。

　　本科目应当设置"自制物品""委托加工物品"两个一级明细科目，并按照物品类别、品种、项目等设置明细账，进行明细核算。本科目"自制物品"一级明细科目下应当设置"直接材料""直接人工""其他直接费用"等二级明细科目归集自制物品发生的直接材料、直接人工（专门从事物品制造人员的人工费）等直接费用；对于自制物品发生的间接费用，应当在本科目"自制物品"一级明细科目下单独设置"间接费用"二级明细科目予以归集，期末，再按照一定的分配标准和方法，分配计入有关物品的成本。

　　2. 加工物品的账务处理

　　加工物品的主要账务处理如下：

　　（1）自制物品。

　　1）为自制物品领用材料等，按照材料成本，借记本科目（自制物品——直接材料），贷记"库存物品"科目。

　　【例 4 - 53】某事业单位自制工具，领用一批材料甲，其成本为 10 000 元。应编制会计分录：

　　借：加工物品（自制物品——直接材料）　　　　　　　　　　　　　10 000

　　　　贷：库存物品——甲材料　　　　　　　　　　　　　　　　　　　10 000

　　2）专门从事物品制造的人员发生的直接人工费用，按照实际发生的金额，借记本科目（自制物品——直接人工），贷记"应付职工薪酬"科目。

【例4-54】接【例4-53】，该事业单位自制工具过程中，发生加工人工费用2 000元。应编制会计分录：

借：加工物品（自制物品——直接人工）　　　　　　　　　　　　　2 000
　　贷：应付职工薪酬　　　　　　　　　　　　　　　　　　　　　　　2 000

3）自制物品发生的其他直接费用，按照实际发生的金额，借记本科目（自制物品——其他直接费用），贷记"零余额账户用款额度""银行存款"等科目。

【例4-55】接【例4-53】，该事业单位自制工具过程中，发生运输费用1 000元，通过财政授权支付。应编制会计分录：

借：加工物品（自制物品——其他直接费用）　　　　　　　　　　　1 000
　　贷：零余额账户用款额度　　　　　　　　　　　　　　　　　　　　1 000

4）自制物品发生的间接费用，按照实际发生的金额，借记本科目（自制物品——间接费用），贷记"零余额账户用款额度""银行存款""应付职工薪酬""固定资产累计折旧""无形资产累计摊销"等科目。间接费用一般按照生产人员工资、生产人员工时、机器工时、耗用材料的数量或成本、直接费用（直接材料和直接人工）或产品产量等进行分配。单位可根据具体情况自行选择间接费用的分配方法。分配方法一经确定，不得随意变更。

5）已经制造完成并验收入库的物品，按照所发生的实际成本（包括耗用的直接材料费用、直接人工费用、其他直接费用和分配的间接费用），借记"库存物品"科目，贷记本科目（自制物品）。

【例4-56】接【例4-53】【例4-54】【例4-55】，自制工具完工验收入库。应编制会计分录：

借：库存物品　　　　　　　　　　　　　　　　　　　　　　　　　13 000
　　贷：加工物品（自制物品）　　　　　　　　　　　　　　　　　　13 000

（2）委托加工物品。

1）发给外单位加工的材料等，按照其实际成本，借记本科目（委托加工物品），贷记"库存物品"科目。

2）支付加工费、运输费等费用，按照实际支付的金额，借记本科目（委托加工物品），贷记"零余额账户用款额度""银行存款"等科目。涉及增值税业务的，相关账务处理参见"应交增值税"科目。

3）委托加工完成的材料等验收入库，按照加工前发出材料的成本和加工、运输成本等，借记"库存物品"等科目，贷记本科目（委托加工物品）。

【例4-57】某事业单位委托A公司加工一批材料甲，其成本为7 000元。加工费和相关运输费3 000元，通过财政直接支付。应编制会计分录：

存货出库时：

借：加工物品——委托加工物品　　　　　　　　　　　　　　　　　7 000
　　贷：库存物品　　　　　　　　　　　　　　　　　　　　　　　　　7 000

支付加工费和相关运输费时：

借：加工物品——委托加工物品　　　　　　　　　　　　　　　　　3 000

　　贷：财政拨款收入　　　　　　　　　　　　　　　　　　　　　　3 000

【例4-58】接【例4-57】，委托加工的材料甲完工收回并验收入库。应编制会计分录：

借：库存物品　　　　　　　　　　　　　　　　　　　　　　　　10 000

　　贷：加工物品——委托加工物品　　　　　　　　　　　　　　　10 000

本科目期末借方余额，反映单位自制或委托外单位加工但尚未完工的各种物品的实际成本。

十七、待摊费用

1. 待摊费用科目核算

本科目核算单位已经支付，但应当由本期和以后各期分别负担的分摊期在1年以内（含1年）的各项费用，如预付航空保险费、预付租金等。

摊销期限在1年以上的租入固定资产改良支出和其他费用，应当通过"长期待摊费用"科目核算，不通过本科目核算。待摊费用应当在其受益期限内分期平均摊销，如预付航空保险费应在保险期的有效期内、预付租金应在租赁期内分期平均摊销，计入当期费用。

本科目应当按照待摊费用种类进行明细核算。

2. 待摊费用账务处理

待摊费用的主要账务处理如下：

（1）发生待摊费用时，按照实际预付的金额，借记本科目，贷记"财政拨款收入""零余额账户用款额度""银行存款"等科目。

【例4-59】某事业单位因开展业务需要，租用甲单位办公场所，租期1年，该事业单位通过财政授权支付方式，向甲单位预付1年租金12万元。应编制会计分录：

借：待摊费用　　　　　　　　　　　　　　　　　　　　　　　120 000

　　贷：零余额账户用款额度　　　　　　　　　　　　　　　　　120 000

（2）按照受益期限分期平均摊销时，按照摊销金额，借记"业务活动费用""单位管理费用""经营费用"等科目，贷记本科目。

【例4-60】接【例4-59】，该事业单位按月摊销租金。应编制会计分录：

借：业务活动费用　　　　　　　　　　　　　　　　　　　　　　10 000

　　贷：待摊费用　　　　　　　　　　　　　　　　　　　　　　10 000

（3）如果某项待摊费用已经不能使单位受益，应当将其摊余金额一次全部转入当期费用。按照摊销金额，借记"业务活动费用""单位管理费用""经营费用"等科目，贷记本科目。

本科目期末借方余额，反映单位各种已支付但尚未摊销的分摊期在1年以内（含1年）的费用。

第二节 长期资产、固定资产和无形资产

一、长期股权投资

1. 长期股权投资的核算

本科目核算事业单位按照规定取得的，持有时间超过1年（不含1年）的股权性质的投资。

本科目应当按照被投资单位和长期股权投资取得方式等进行明细核算。长期股权投资采用权益法核算的，还应当按照"成本""损益调整""其他权益变动"设置明细科目，进行明细核算。

2. 长期股权投资的账务处理

长期股权投资的主要账务处理如下：

（1）长期股权投资在取得时，应当按照其实际成本作为初始投资成本。

1）以现金取得的长期股权投资，按照确定的投资成本，借记本科目或"长期股权投资（成本）"科目，按照支付的价款中包含的已宣告但尚未发放的现金股利，借记"应收股利"科目，按照实际支付的全部价款，贷记"银行存款"等科目。

【例4-61】某事业单位于2019年1月5日，以每股10元（包含已宣告但尚未发放的现金股利0.5元）的价格，购入甲单位股权10万股，该事业单位打算作为长期权益性投资。应编制会计分录：

借：长期股权投资　　　　　　　　　　　　　　　　　　　　950 000

　　应收股利　　　　　　　　　　　　　　　　　　　　　　 50 000

　　贷：银行存款　　　　　　　　　　　　　　　　　　　 1 000 000

实际收到取得投资时所支付价款中包含的已宣告但尚未发放的现金股利时，借记"银行存款"科目，贷记"应收股利"科目。

【例4-62】接【例4-61】，甲单位于2月10日发放上年度现金股利。应编制会计分录：

借：银行存款　　　　　　　　　　　　　　　　　　　　　　50 000

　　贷：应收股利　　　　　　　　　　　　　　　　　　　　 50 000

2）以现金以外的其他资产置换取得的长期股权投资，参照"库存物品"科目中置换

取得库存物品的相关规定进行账务处理。

3）以未入账的无形资产取得的长期股权投资，按照评估价值加相关税费作为投资成本，借记本科目，按照发生的相关税费，贷记"银行存款""其他应交税费"等科目，按其差额，贷记"其他收入"科目。

4）接受捐赠的长期股权投资，按照确定的投资成本，借记本科目或"长期股权投资（成本）"科目，按照发生的相关税费，贷记"银行存款"等科目，按照其差额，贷记"捐赠收入"科目。

5）无偿调入的长期股权投资，按照确定的投资成本，借记本科目或"长期股权投资（成本）"科目，按照发生的相关税费，贷记"银行存款"等科目，按照其差额，贷记"无偿调拨净资产"科目。

（2）长期股权投资持有期间，应当按照规定采用成本法或权益法进行核算。

1）采用成本法核算。被投资单位宣告发放现金股利或利润时，按照应收的金额，借记"应收股利"科目，贷记"投资收益"科目。

收到现金股利或利润时，按照实际收到的金额，借记"银行存款"等科目，贷记"应收股利"科目。

【例4-63】接【例4-61】，假设该事业单位拥有甲单位60%的股权份额，对该笔长期股权投资采取成本法核算。甲单位于2019年12月31日，宣告每股发放现金股利0.2元，并于2020年2月10日实际发放。应编制会计分录：

2019年12月31日宣告发放时：

借：应收股利　　　　　　　　　　　　　　　　　　　　　　　　20 000

　　贷：投资收益　　　　　　　　　　　　　　　　　　　　　　20 000

2020年2月10日实际发放时：

借：银行存款　　　　　　　　　　　　　　　　　　　　　　　　20 000

　　贷：应收股利　　　　　　　　　　　　　　　　　　　　　　20 000

2）采用权益法核算。被投资单位实现净利润的，按照应享有的份额，借记"长期股权投资（损益调整）"科目，贷记"投资收益"科目。

【例4-64】接【例4-61】，假设该事业单位拥有甲单位30%的股权份额，对该笔长期股权投资采取权益法核算。甲单位2019年实现净利润200万元。应编制会计分录：

借：长期股权投资（损益调整）——甲单位　　　　　　　　　　600 000

　　贷：投资收益　　　　　　　　　　　　　　　　　　　　　　600 000

被投资单位发生净亏损的，按照应分担的份额，借记"投资收益"科目，贷记"长期股权投资（损益调整）"科目，但以本科目的账面余额减记至零为限。发生亏损的被投资单位以后年度又实现净利润的，按照收益分享额弥补未确认的亏损分担额等后的金额，借记"长期股权投资（损益调整）"，贷记"投资收益"科目。

【例4-65】接【例4-61】，假设该事业单位拥有甲单位30%的股权份额，对该笔长期股权投资采取权益法核算。甲单位2019年发生净亏损200万元。应编制会计分录：

借：投资收益　　　　　　　　　　　　　　　　　　　　　　　　600 000

贷：长期股权投资（损益调整）——甲单位 600 000

【例4-66】接【例4-61】，假设该事业单位拥有甲单位30%的股权份额，对该笔长期股权投资采取权益法核算。甲单位2019年发生净亏损400万元。应编制会计分录：

　　　　借：投资收益 9 500 000
　　　　　　贷：长期股权投资（损益调整）——甲单位 9 500 000
　　　　　　　　（长期股权投资账面余额减记至零为限）

被投资单位宣告分派现金股利或利润的，按照应享有的份额，借记"应收股利"科目，贷记"长期股权投资（损益调整）"科目。

【例4-67】接【例4-61】，假设该事业单位拥有甲单位30%的股权份额，对该笔长期股权投资采取权益法核算。甲单位宣告分派现金股利100万元。应编制会计分录：

　　　　借：应收股利 300 000
　　　　　　贷：长期股权投资（损益调整）——甲单位 300 000

被投资单位发生除净损益和利润分配以外的所有者权益变动的，按照应享有或应分担的份额，借记或贷记"权益法调整"科目，贷记或借记"长期股权投资（其他权益变动）"科目。

3）成本法与权益法的转换。单位因处置部分长期股权投资等原因而对处置后的剩余股权投资由权益法改按成本法核算的，应当按照权益法下本科目账面余额作为成本法下本科目账面余额（成本）。其后，被投资单位宣告分派现金股利或利润时，属于单位已计入投资账面余额的部分，按照应分得的现金股利或利润份额，借记"应收股利"科目，贷记本科目。

单位因追加投资等原因对长期股权投资的核算从成本法改为权益法的，应当按照成本法下本科目账面余额与追加投资成本的合计金额，借记"长期股权投资（成本）"科目，按照成本法下本科目账面余额，贷记本科目，按照追加投资的成本，贷记"银行存款"等科目。

（3）按照规定报经批准处置长期股权投资。

1）按照规定报经批准出售（转让）长期股权投资时，应当区分长期股权投资取得方式分别进行处理。

处置以现金取得的长期股权投资，按照实际取得的价款，借记"银行存款"等科目，按照被处置长期股权投资的账面余额，贷记本科目，按照尚未领取的现金股利或利润，贷记"应收股利"科目，按照发生的相关税费等支出，贷记"银行存款"等科目，按照借贷方差额，借记或贷记"投资收益"科目。

处置以现金以外的其他资产取得的长期股权投资，按照被处置长期股权投资的账面余额，借记"资产处置费用"科目，贷记本科目；同时，按照实际取得的价款，借记"银行存款"等科目，按照尚未领取的现金股利或利润，贷记"应收股利"科目，按照发生的相关税费等支出，贷记"银行存款"等科目，按照贷方差额，贷记"应缴财政款"科目。按照规定将处置时取得的投资收益纳入本单位预算管理的，应当按照所取得价款大于被处置长期股权投资账面余额、应收股利账面余额和相关税费支出合计的差额，贷记

"投资收益"科目。

2）因被投资单位破产清算等原因，有确凿证据表明长期股权投资发生损失，按照规定报经批准后予以核销时，按照予以核销的长期股权投资的账面余额，借记"资产处置费用"科目，贷记本科目。

3）报经批准置换转出长期股权投资时，参照"库存物品"科目中置换换入库存物品的规定进行账务处理。

4）采用权益法核算的长期股权投资的处置，除进行上述账务处理外，还应结转原直接计入净资产的相关金额，借记或贷记"权益法调整"科目，贷记或借记"投资收益"科目。

本科目期末借方余额，反映事业单位持有的长期股权投资的价值。

二、长期债券投资

1. 长期债券投资的核算及科目设置

本科目核算事业单位按照规定取得的，持有时间超过1年（不含1年）的债券投资。

本科目应当设置"成本"和"应计利息"明细科目，并按照债券投资的种类进行明细核算。

2. 长期债券投资的账务处理

长期债券投资的主要账务处理如下：

（1）长期债券投资在取得时，应当按照其实际成本作为投资成本。取得的长期债券投资，按照确定的投资成本，借记"长期股权投资（成本）"科目，按照支付的价款中包含的已到付息期但尚未领取的利息，借记"应收利息"科目，按照实际支付的金额，贷记"银行存款"等科目。实际收到取得债券时所支付价款中包含的已到付息期但尚未领取的利息时，借"银行存款"科目，贷记"应收利息"科目。

【例4-68】2019年1月5日，某事业单位以银行存款102 000元（包含已到付息期但尚未领取的利息4 000元）购入2018年1月1日发行的，面值为100 000元的3年期国债，年利率为4%，每年付息一次。应编制会计分录：

借：长期债券投资——成本 98 000
　　应收利息 4 000
　　贷：银行存款 102 000

【例4-69】接【例4-68】，国债利息于1月10日实际发放。应编制会计分录：

借：银行存款 4 000
　　贷：应收利息 4 000

（2）长期债券投资持有期间，按期以债券票面金额与票面利率计算确认利息收入时，如为到期一次还本付息的债券投资，借记本科目（应计利息），贷记"投资收益"科目；

如为分期付息、到期一次还本的债券投资，借记"应收利息"科目，贷记"投资收益"科目。收到分期支付的利息时，按照实收的金额，借记"银行存款"等科目，贷记"应收利息"科目。

【例4-70】接【例4-68】，2019年12月31日，事业单位按期计算确认国债利息收入。应编制会计分录：

借：应收利息 4 000

　　贷：投资收益 4 000

如果该国债是到期一次还本付息的债券，事业单位按期计算确认国债利息收入。应编制会计分录：

借：长期债券投资——应计利息 4 000

　　贷：投资收益 4 000

（3）到期收回长期债券投资，按照实际收到的金额，借记"银行存款"科目，按照长期债券投资的账面余额，贷记本科目，按照相关应收利息金额，贷记"应收利息"科目，按照其差额，贷记"投资收益"科目。

【例4-71】接【例4-68】，2020年12月31日，事业单位到期收回本息。应编制会计分录：

借：银行存款 104 000

　　贷：长期债券投资 98 000

　　　　应收利息 4 000

　　　　投资收益 2 000

（4）对外出售长期债券投资，按照实际收到的金额，借记"银行存款"科目，按照长期债券投资的账面余额，贷记本科目；按照已计入"应收利息"科目但尚未收取的金额，贷记"应收利息"科目；按照其差额，贷记或借记"投资收益"科目。涉及增值税业务的，相关账务处理参见"应交增值税"科目。

【例4-72】接【例4-68】，2020年5月10日，事业单位以97 000元出售该国债。应编制会计分录：

借：银行存款 97 000

　　投资收益 1 000

　　贷：长期债券投资 98 000

本科目期末借方余额，反映事业单位持有的长期债券投资的价值。

三、固定资产

1. 固定资产的核算

本科目核算单位固定资产的原值。

本科目应当按照固定资产类别和项目进行明细核算。

固定资产一般分为以下六类：房屋及构筑物；专用设备；通用设备；文物和陈列品；图书、档案；家具、用具、装具及动植物。

2. 固定资产核算时应当考虑以下情况

（1）购入需要安装的固定资产，应当先通过"在建工程"科目核算，安装完毕交付使用时再转入本科目核算。

（2）以借入、经营租赁租入方式取得的固定资产，不通过本科目核算，应当设置备查簿进行登记。

（3）采用融资租入方式取得的固定资产，通过本科目核算，并在本科目下设置"融资租入固定资产"明细科目。

（4）经批准在境外购买具有所有权的土地，作为固定资产，通过本科目核算；单位应当在本科目下设置"境外土地"明细科目，进行相应明细核算。

3. 固定资产的主要账务处理

（1）固定资产在取得时，应当按照成本进行初始计量。

1）购入不需安装的固定资产验收合格时，按照确定的固定资产成本，借记本科目，贷记"财政拨款收入""零余额账户用款额度""应付账款""银行存款"等科目。购入需要安装的固定资产，在安装完毕交付使用前通过"在建工程"科目核算，安装完毕交付使用时再转入本科目。

【例4-73】某行政单位购入不需安装的办公用电脑20台，每台单价4 000元，通过单位零余额账户支付，电脑到达单位确认验收。应编制会计分录：

借：固定资产　　　　　　　　　　　　　　　　　　　　　　　　　80 000
　　贷：零余额账户用款额度　　　　　　　　　　　　　　　　　　　80 000

购入固定资产扣留质量保证金的，应当在取得固定资产时，按照确定的固定资产成本，借记本科目（不需安装）或"在建工程"科目（需安装），按照实际支付或应付的金额，贷记"财政拨款收入""零余额账户用款额度""应付账款"（不含质量保证金）、"银行存款"等科目，按照扣留的质量保证金数额，贷记"其他应付款"[扣留期在1年以内（含1年）]或"长期应付款"（扣留期超过1年）科目。质保期满支付质量保证金时，借记"其他应付款""长期应付款"科目，贷记"财政拨款收入""零余额账户用款额度""银行存款"等科目。

【例4-74】接【例4-73】，购入电脑时扣留质保金10 000元，扣留期6个月。应编制会计分录：

借：固定资产　　　　　　　　　　　　　　　　　　　　　　　　　80 000
　　贷：零余额账户用款额度　　　　　　　　　　　　　　　　　　　70 000
　　　　其他应付款　　　　　　　　　　　　　　　　　　　　　　　10 000

2）自行建造的固定资产交付使用时，按照在建工程成本，借记本科目，贷记"在建工程"科目。已交付使用但尚未办理竣工决算手续的固定资产，按照估计价值入账，待办理竣工决算后再按照实际成本调整原来的暂估价值。

3）融资租赁取得的固定资产，其成本按照租赁协议或者合同确定的租赁价款、相关税费以及固定资产交付使用前所发生的可归属于该项资产的运输费、途中保险费、安装调试费等确定。融资租入的固定资产，按照确定的成本，借记本科目（不需安装）或"在建工程"科目（需安装），按照租赁协议或者合同确定的租赁付款额，贷记"长期应付款"科目，按照支付的运输费、途中保险费、安装调试费等金额，贷记"财政拨款收入""零余额账户用款额度""银行存款"等科目。定期支付租金时，按照实际支付金额，借记"长期应付款"科目，贷记"财政拨款收入""零余额账户用款额度""银行存款"等科目。

【例4-75】某事业单位融资租入一台仪器设备，价款100万元，设备到达验收合格。通过财政直接支付运杂费等相关费用5万元。假设该批电脑价款分4年，于每年末财政授权支付。应编制会计分录：

租入时：

借：固定资产   1 050 000

  贷：长期应付款   1 000 000

    财政拨款收入   50 000

按年支付租金时：

借：长期应付款   250 000

  贷：零余额账户用款额度   250 000

4）按照规定跨年度分期付款购入固定资产的账务处理，参照融资租入固定资产。

5）接受捐赠的固定资产，按照确定的固定资产成本，借记本科目（不需安装）或"在建工程"科目（需安装），按照发生的相关税费、运输费等，贷记"零余额账户用款额度""银行存款"等科目，按照其差额，贷记"捐赠收入"科目。

接受捐赠的固定资产按照名义金额入账的，按照名义金额，借记本科目，贷记"捐赠收入"科目；按照发生的相关税费、运输费等，借记"其他费用"科目，贷记"零余额账户用款额度""银行存款"等科目。

【例4-76】某事业单位接受甲公司捐赠科研设备一台。甲公司提供发票注明金额为200 000元，该事业单位用银行存款支付运输费5 000元。应编制会计分录：

借：固定资产   205 000

  贷：捐赠收入   200 000

    银行存款   5 000

【例4-77】某事业单位接受甲公司捐赠科研设备一台。甲公司没有提供该设备相关凭证，在市场上也无法获取与该设备同类或类似的商品价格，按名义金额入账。该事业单位用银行存款支付运输费5 000元。应编制会计分录：

借：固定资产   1

  贷：捐赠收入   1

借：其他费用   5 000

贷：银行存款　　　　　　　　　　　　　　　　　　　　　　　　　　5 000

　　6）无偿调入的固定资产，按照确定的固定资产成本，借记本科目（不需安装）或"在建工程"科目（需安装），按照发生的相关税费、运输费等，贷记"零余额账户用款额度""银行存款"等科目，按照其差额，贷记"无偿调拨净资产"科目。

　　【例4-78】某中学接受教育部门无偿调入教学用设备一台。该设备成本为50 000元，另该中学用现金支付运杂费1 000元。应编制会计分录：

　　借：固定资产　　　　　　　　　　　　　　　　　　　　　　　　　　51 000

　　　　贷：库存现金　　　　　　　　　　　　　　　　　　　　　　　　　1 000

　　　　　　无偿调拨净资产　　　　　　　　　　　　　　　　　　　　　　50 000

　　7）置换取得的固定资产，参照"库存物品"科目中置换取得库存物品的相关规定进行账务处理。固定资产取得时涉及增值税业务的，相关账务处理参见"应交增值税"科目。

　　（2）与固定资产有关的后续支出。

　　1）符合固定资产确认条件的后续支出。通常情况下，将固定资产转入改建、扩建时，按照固定资产的账面价值，借记"在建工程"科目，按照固定资产已计提折旧，借记"固定资产累计折旧"科目，按照固定资产的账面余额，贷记本科目。

　　为增加固定资产使用效能或延长其使用年限而发生的改建、扩建等后续支出，借记"在建工程"科目，贷记"财政拨款收入""零余额账户用款额度""银行存款"等科目。

　　固定资产改建、扩建等完成交付使用时，按照在建工程成本，借记本科目，贷记"在建工程"科目。

　　例题参见"在建工程"核算。

　　2）不符合固定资产确认条件的后续支出。为保证固定资产正常使用发生的日常维修等支出，借记"业务活动费用""单位管理费用"等科目，贷记"财政拨款收入""零余额账户用款额度""银行存款"等科目。

　　（3）按照规定报经批准处置固定资产。

　　1）报经批准出售、转让固定资产，按照被出售、转让固定资产的账面价值，借记"资产处置费用"科目，按照固定资产已计提的折旧，借记"固定资产累计折旧"科目，按照固定资产账面余额，贷记本科目；同时，按照收到的价款，借记"银行存款"等科目，按照处置过程中发生的相关费用，贷记"银行存款"等科目，按照其差额，贷记"应缴财政款"科目。

　　【例4-79】某事业单位报经批准出售设备一台。该设备账面原值300万元，已计提折旧180万元，取得100万元的出售转让收入，出售过程中发生了2万元的相关费用。应编制会计分录：

　　借：资产处置费用　　　　　　　　　　　　　　　　　　　　　　　1 200 000

　　　　固定资产累计折旧　　　　　　　　　　　　　　　　　　　　　1 800 000

　　　　贷：固定资产　　　　　　　　　　　　　　　　　　　　　　　3 000 000

　　借：银行存款　　　　　　　　　　　　　　　　　　　　　　　　　1 000 000

贷：银行存款　　20 000

应缴财政款　　980 000

2）报经批准对外捐赠的固定资产，按照固定资产已计提的折旧，借记“固定资产累计折旧”科目，按照被处置固定资产账面余额，贷记本科目，按照捐赠过程中发生的归属于捐出方的相关费用，贷记“银行存款”等科目，按照其差额，借记“资产处置费用”科目。

【例4-80】 某事业单位报经批准对外捐赠设备一台。该设备账面原值300万元，已计提折旧180万元，捐赠过程中发生的归属于捐出方的相关费用2万元，通过银行转账支付。应编制会计分录：

借：资产处置费用　　1 220 000

固定资产累计折旧　　1 800 000

贷：固定资产　　3 000 000

银行存款　　20 000

3）报经批准无偿调出固定资产，按照固定资产已计提的折旧，借记“固定资产累计折旧”科目，按照被处置固定资产账面余额，贷记本科目，按照其差额，借记“无偿调拨净资产”科目；同时，按照无偿调出过程中发生的归属于调出方的相关费用，借记“资产处置费用”科目，贷记“银行存款”等科目。

【例4-81】 某事业单位报经批准无偿调出设备一台。该设备账面原值300万元，已计提折旧180万元，调出过程中发生的归属于调出方的相关费用2万元，通过银行转账支付。应编制会计分录：

借：无偿调拨净资产　　1 200 000

固定资产累计折旧　　1 800 000

贷：固定资产　　3 000 000

借：资产处置费用　　20 000

贷：银行存款　　20 000

4）报经批准置换换出固定资产，参照“库存物品”中置换换入库存物品的规定进行账务处理。固定资产处置时涉及增值税业务的，相关账务处理参见“应交增值税”科目。

（4）固定资产清查。单位应当定期对固定资产进行清查，每年至少盘点一次。对于发生的固定资产盘盈、盘亏或毁损、报废，应当先计入“待处理财产损溢”科目，按照规定报经批准后及时进行后续账务处理。

1）盘盈的固定资产，其成本按照有关凭据注明的金额确定；没有相关凭据但按照规定经过资产评估的，其成本按照评估价值确定；没有相关凭据也未经过评估的，其成本按照重置成本确定。如无法采用上述方法确定盘盈固定资产成本的，按照名义金额（人民币1元）入账。

盘盈的固定资产，按照确定的入账成本，借记本科目，贷记“待处理财产损溢”科目。

2）盘亏、毁损或报废的固定资产，按照待处理固定资产的账面价值，借记“待处理财产损溢"科目，按照已计提折旧，借记"固定资产累计折旧"科目，按照固定资产的账面余额，贷记本科目。

本科目期末借方余额，反映单位固定资产的原值。

四、固定资产累计折旧

1. 固定资产累计折旧的核算

本科目核算计提的固定资产累计折旧。公共基础设施和保障性住房计提的累计折旧，应当分别通过"公共基础设施累计折旧（摊销）"科目和"保障性住房累计折旧"科目核算，不通过本科目核算。

本科目应当按照对应固定资产的明细分类进行明细核算。

单位计提融资租入固定资产折旧时，应当采用与自有固定资产相一致的折旧政策。能够合理确定租赁期届满时将会取得租入固定资产所有权的，应当在租入固定资产尚可使用年限内计提折旧；无法合理确定租赁期届满时能够取得租入固定资产所有权的，应当在租赁期与租入固定资产尚可使用年限两者中较短的期间内计提折旧。

2. 固定资产累计折旧的主要账务处理

（1）按月计提固定资产折旧时，按照应计提折旧金额，借记"业务活动费用""单位管理费用""经营费用""加工物品""在建工程"等科目，贷记本科目。

【例4-82】某行政单位本月应计提折旧情况为：业务活动专用设备折旧额5 000元，办公楼房屋折旧额20 000元。应编制会计分录：

借：业务活动费用   5 000

  单位管理费用   20 000

 贷：固定资产累计折旧   25 000

（2）经批准处置或处理固定资产时，按照所处置或处理固定资产的账面价值，借记"资产处置费用""无偿调拨净资产""待处理财产损溢"等科目，按照已计提折旧，借记本科目，按照固定资产的账面余额，贷记"固定资产"科目。

本科目期末贷方余额，反映单位计提的固定资产折旧累计数。

五、工程物资

1. 工程物资的核算及分类

本科目核算单位为在建工程准备的各种物资的成本，包括工程用材料、设备等。

本科目可按照"库存材料""库存设备"等工程物资类别进行明细核算。

2. 工程物资的主要账务处理

（1）购入为工程准备的物资，按照确定的物资成本，借记本科目，贷记"财政拨款收入""零余额账户用款额度""银行存款""应付账款"等科目。

（2）领用工程物资，按照物资成本，借记"在建工程"科目，贷记本科目。工程完工后将领出的剩余物资退库时做相反的会计分录。

（3）工程完工后将剩余的工程物资转作本单位存货等的，按照物资成本，借记"库存物品"等科目，贷记本科目。涉及增值税业务的，相关账务处理参见"应交增值税"科目。

【例4-83】某事业单位通过财政直接支付方式购入办公楼修建工程用材料一批，价款1 000 000元，增值税额160 000元，同时购入工程修建专用设备，价款200 000元，增值税额32 000元。应编制会计分录：

借：工程物资——库存材料   1 000 000

         ——库存设备   200 000

    应交增值税——应交税金（进项税额）   192 000

   贷：财政拨款收入   1 392 000

【例4-84】接【例4-83】，修建工程领用购入的全部材料和设备。应编制会计分录：

借：在建工程   1 200 000

   贷：工程物资——库存材料   1 000 000

            ——库存设备   200 000

本科目期末借方余额，反映单位为在建工程准备的各种物资的成本。

六、在建工程

1. 在建工程核算及科目设置

本科目核算单位在建的建设项目工程的实际成本。

单位在建的信息系统项目工程、公共基础设施项目工程、保障性住房项目工程的实际成本，也通过本科目核算。

本科目应当设置"建筑安装工程投资""设备投资""待摊投资""其他投资""待核销基建支出""基建转出投资"等明细科目，并按照具体项目进行明细核算。

（1）"建筑安装工程投资"明细科目，核算单位发生的构成建设项目实际支出的建筑工程和安装工程的实际成本，不包括被安装设备本身的价值以及按照合同规定支付给施工单位的预付备料款和预付工程款。本明细科目应当设置"建筑工程"和"安装工程"两个明细科目进行明细核算。

（2）"设备投资"明细科目，核算单位发生的构成建设项目实际支出的各种设备的实际成本。

（3）"待摊投资"明细科目，核算单位发生的构成建设项目实际支出的、按照规定应当分摊计入有关工程成本和设备成本的各项间接费用和税费支出。本明细科目的具体核算内容包括以下方面：

1）勘察费、设计费、研究试验费、可行性研究费及项目其他前期费用。

2）土地征用及迁移补偿费、土地复垦及补偿费、森林植被恢复费及其他为取得土地使用权、租用权而发生的费用。

3）土地使用税、耕地占用税、契税、车船税、印花税及按照规定缴纳的其他税费。

4）项目建设管理费、代建管理费、临时设施费、监理费、招投标费、社会中介审计（审查）费及其他管理性质的费用。

项目建设管理费是指项目建设单位从项目筹建之日起至办理竣工财务决算之日止发生的管理性质的支出，包括不在原单位发工资的工作人员工资及相关费用、办公费、办公场地租用费、差旅交通费、劳动保护费、工具用具使用费、固定资产使用费、招募生产工人费、技术图书资料费（含软件）、业务招待费、施工现场津贴、竣工验收费等。

5）项目建设期间发生的各类专门借款利息支出或融资费用。

6）工程检测费、设备检验费、负荷联合试车费及其他检验检测类费用。

7）固定资产损失、器材处理亏损、设备盘亏及毁损、单项工程或单位工程报废、毁损净损失及其他损失。

8）系统集成等信息工程的费用支出。

9）其他待摊性质支出。

本明细科目应当按照上述费用项目进行明细核算，其中有些费用（如项目建设管理费等）还应当按照更具体的费用项目进行明细核算。

（4）"其他投资"明细科目，核算单位发生的构成建设项目实际支出的房屋购置支出，基本畜禽、林木等购置、饲养、培育支出，办公生活用家具、器具购置支出，软件研发和不能计入设备投资的软件购置等支出。单位为进行可行性研究而购置的固定资产，以及取得土地使用权支付的土地出让金也通过本明细科目核算。本明细科目应当设置"房屋购置""基本畜禽支出""林木支出""办公生活用家具、器具购置""可行性研究固定资产购置""无形资产"等明细科目。

（5）"待核销基建支出"明细科目，核算建设项目发生的江河清障、航道清淤、飞播造林、补助群众造林、水土保持、城市绿化、取消项目的可行性研究费以及项目整体报废等不能形成资产部分的基建投资支出。本明细科目应按照待核销基建支出的类别进行明细核算。

（6）"基建转出投资"明细科目，核算为建设项目配套而建成的、产权不归属本单位的专用设施的实际成本。本明细科目应按照转出投资的类别进行明细核算。

2. 在建工程的主要账务处理

（1）建筑安装工程投资。

1）将固定资产等资产转入改建、扩建等时，按照固定资产等的账面价值，借记"在建工程（建筑安装工程投资）"科目，按照已计提的折旧或摊销，借记"固定资产累计折旧"等科目，按照固定资产等资产的原值，贷记"固定资产"等科目。

固定资产等资产改建、扩建过程中涉及替换（或拆除）原资产的某些组成部分的，按照被替换（或拆除）部分的账面价值，借记"待处理财产损溢"科目，贷记"在建工程（建筑安装工程投资）"科目。

【例4-85】某行政单位对办公楼进行更新改造，有关情况如下：

该厂房原价为 10 000 000 元，已计提折旧 6 000 000 元，将办公楼转入更新改造。应编制会计分录：

借：在建工程——建筑安装工程投资 4 000 000
    固定资产累计折旧 6 000 000
    贷：固定资产——办公楼 10 000 000

拆除部分办公楼设备，该部分价值为 200 000 元。应编制会计分录：

借：待处理财产损溢 200 000
    贷：在建工程——建筑安装工程投资 200 000

2）单位对于发包建筑安装工程，根据建筑安装工程价款结算账单与施工企业结算工程价款时，按照应承付的工程价款，借记"在建工程（建筑安装工程投资）"科目，按照预付工程款余额，贷记"预付账款"科目，按照其差额，贷记"财政拨款收入""零余额账户用款额度""银行存款""应付账款"等科目。

【例4-86】某事业单位与承建本单位办公楼的甲单位结算工程尾款，通过财政授权支付方式支付甲单位 300 000 元，工程开建期初已预付甲单位 700 000 元。应编制会计分录：

借：在建工程——建筑安装工程投资 1 000 000
    贷：预付账款 700 000
        零余额账户用款额度 300 000

3）单位自行施工的小型建筑安装工程，按照发生的各项支出金额，借记"在建工程（建筑安装工程投资）"科目，贷记"工程物资""零余额账户用款额度""银行存款""应付职工薪酬"等科目。

【例4-87】某事业单位自行改造实验室，改造过程中领用工程物资成本 50 000 元，财政授权支付相关费用 6 000 元，结算工人工资 9 000 元。应编制会计分录：

借：在建工程——建筑安装工程投资 65 000
    贷：工程物资 50 000
        零余额账户用款额度 6 000
        应付职工薪酬 9 000

4）工程竣工，办妥竣工验收交接手续交付使用时，按照建筑安装工程成本（含应分摊的待摊投资），借记"固定资产"等科目，贷记"在建工程（建筑安装工程投资）"科目。

（2）设备投资。

1）购入设备时，按照购入成本，借记"在建工程（设备投资）"科目，贷记"财政拨款收入""零余额账户用款额度""银行存款"等科目；采用预付款方式购入设备的，有关预付款的账务处理参照本科目有关"建筑安装工程投资"明细科目的规定。

2）设备安装完毕，办妥竣工验收交接手续交付使用时，按照设备投资成本（含设备安装工程成本和分摊的待摊投资），借记"固定资产"等科目，贷记"在建工程（设备投资、建筑安装工程投资——安装工程）"科目。

将不需要安装的设备和达不到固定资产标准的工具、器具交付使用时，按照相关设备、工具、器具的实际成本，借记"固定资产""库存物品"科目，贷记"在建工程（设备投资）"科目。

【例4-88】某行政单位为新建办公楼购入需要安装的电梯一部，有关情况如下：

电梯购入价款为3 000 000元，运输费等相关费用200 000元，通过财政授权支付。

应编制会计分录：

借：在建工程——设备投资　　　　　　　　　　　　　　　　3 200 000
　　贷：零余额账户用款额度　　　　　　　　　　　　　　　　3 200 000

安装过程中，通过财政直接支付方式支付安装费用100 000元。应编制会计分录：

借：在建工程——设备投资　　　　　　　　　　　　　　　　100 000
　　贷：财政拨款收入　　　　　　　　　　　　　　　　　　　100 000

电梯安装完工，检验合格交付使用。应编制会计分录：

借：固定资产——电梯　　　　　　　　　　　　　　　　　　3 300 000
　　贷：在建工程——设备投资　　　　　　　　　　　　　　　3 300 000

（3）待摊投资。建设工程发生的构成建设项目实际支出的、按照规定应当分摊计入有关工程成本和设备成本的各项间接费用和税费支出，先在本明细科目中归集；建设工程办妥竣工验收手续交付使用时，按照合理的分配方法，摊入相关工程成本、在安装设备成本等。

1）单位发生的构成待摊投资的各类费用，按照实际发生额，借记"在建工程（待摊投资）"科目，贷记"财政拨款收入""零余额账户用款额度""银行存款""应付利息""长期借款""其他应交税费""固定资产累计折旧""无形资产累计摊销"等科目。

2）对于建设过程中试生产、设备调试等产生的收入，按照取得的收入金额，借记"银行存款"等科目，按照依据有关规定应当冲减建设工程成本的部分，贷记"在建工程（待摊投资）"科目，按照其差额贷记"应缴财政款"或"其他收入"科目。

3）由于自然灾害、管理不善等造成的单项工程或单位工程报废或毁损，扣除残料价值和过失人或保险公司等赔款后的净损失，报经批准后计入继续施工的工程成本的，按照工程成本扣除残料价值和过失人或保险公司等赔款后的净损失，借记"在建工程（待摊投资）"科目，按照残料变价收入、过失人或保险公司赔款等，借记"银行存款""其他应收款"等科目，按照报废或毁损的工程成本，贷记"在建工程（建筑安装工程投资）"科目。

4）工程交付使用时，按照合理的分配方法分配待摊投资，借记"在建工程（建筑安装工程投资、设备投资）"科目，贷记"在建工程（待摊投资）"科目。

5）待摊投资的分配方法，可按照下列公式计算：

其一，按照实际分配率分配。适用于建设工期较短、整个项目的所有单项工程一次竣工的建设项目。

实际分配率＝待摊投资明细科目余额÷（建筑工程明细科目余额＋安装工程明细科目余额＋设备投资明细科目余额）×100％

其二，按照概算分配率分配。适用于建设工期长、单项工程分期分批建成投入使用的建设项目。

概算分配率＝（概算中各待摊投资项目的合计数－其中可直接分配部分）÷（概算中建筑工程、安装工程和设备投资合计）×100％

其三，某项固定资产应分配的待摊投资＝该项固定资产的建筑工程成本或该项固定资产（设备）的采购成本和安装成本合计×分配率

（4）其他投资。

1）单位为建设工程发生的房屋购置支出，基本畜禽、林木等的购置、饲养、培育支出，办公生活用家具、器具购置支出，软件研发和不能计入设备投资的软件购置等支出，按照实际发生金额，借记"在建工程（其他投资）"科目，贷记"财政拨款收入""零余额账户用款额度""银行存款"等科目。

2）工程完成将形成的房屋、基本畜禽、林木等各种财产以及无形资产交付使用时，按照其实际成本，借记"固定资产""无形资产"等科目，贷记"在建工程（其他投资）"科目。

（5）待核销基建支出。

1）建设项目发生的江河清障、航道清淤、飞播造林、补助群众造林、水土保持、城市绿化等不能形成资产的各类待核销基建支出，按照实际发生金额，借记"在建工程（待核销基建支出）"科目，贷记"财政拨款收入""零余额账户用款额度""银行存款"等科目。

2）取消的建设项目发生的可行性研究费，按照实际发生额，借记"在建工程（待核销基建支出）"科目，贷记"在建工程（待摊投资）"科目。

3）由于自然灾害等原因发生的建设项目整体报废所形成的净损失，报经批准后转入待核销基建支出，按照项目整体报废所形成的净损失，借记"在建工程（待核销基建支出）"科目，按照报废工程回收的残料变价收入、保险公司赔款等，借记"银行存款""其他应收款"等科目，按照报废的工程成本，贷记"在建工程（建筑安装工程投资等）"科目。

4）建设项目竣工验收交付使用时，对发生的待核销基建支出进行冲销，借记"资产处置费用"科目，贷记"在建工程（待核销基建支出）"科目。

（6）基建转出投资。为建设项目配套而建成的、产权不归属本单位的专用设施，在项目竣工验收交付使用时，按照转出的专用设施的成本，借记"在建工程（基建转出投

资）"科目，贷记"在建工程（建筑安装工程投资）"科目；同时，借记"无偿调拨净资产"科目，贷记"在建工程（基建转出投资）"科目。

本科目期末借方余额，反映单位尚未完工的建设项目工程发生的实际成本。

七、无形资产

1. 无形资产的科目核算

本科目核算单位无形资产的原值。

非大批量购入、单价小于 1 000 元的无形资产，可以于购买的当期将其成本直接计入当期费用。

本科目应当按照无形资产的类别、项目等进行明细核算。

2. 无形资产的主要账务处理

（1）无形资产在取得时，应当按照成本进行初始计量。

1）外购的无形资产，按照确定的成本，借记本科目，贷记"财政拨款收入""零余额账户用款额度""应付账款""银行存款"等科目。

【例 4-89】某政府部门本月购入一项专利技术，价款 20 万元，款项通过财政授权支付方式支付。应编制会计分录：

借：无形资产——专利　　　　　　　　　　　　　　　　　　　　200 000
　　贷：零余额账户用款额度　　　　　　　　　　　　　　　　　　200 000

2）委托软件公司开发软件，视同外购无形资产进行处理。

合同中约定预付开发费用的，按照预付金额，借记"预付账款"科目，贷记"财政拨款收入""零余额账户用款额度""银行存款"等科目。软件开发完成交付使用并支付剩余或全部软件开发费用时，按照软件开发费用总额，借记本科目，按照相关预付账款金额，贷记"预付账款"科目，按照支付的剩余金额，贷记"财政拨款收入""零余额账户用款额度""银行存款"等科目。

【例 4-90】某行政单位与软件开发公司签订合同，委托该公司开发一套系统软件，合同规定开发费用共计 50 万元，并通过财政直接支付方式预付软件公司开发费用 20 万元。应编制会计分录：

借：预付账款　　　　　　　　　　　　　　　　　　　　　　　　200 000
　　贷：财政拨款收入　　　　　　　　　　　　　　　　　　　　　200 000

【例 4-91】接【例 4-90】，软件开发完成交付行政单位使用，同时剩余款项通过财政授权支付。应编制会计分录：

借：无形资产　　　　　　　　　　　　　　　　　　　　　　　　500 000
　　贷：零余额账户用款额度　　　　　　　　　　　　　　　　　　300 000
　　　　预付账款　　　　　　　　　　　　　　　　　　　　　　　200 000

3）自行研究开发形成的无形资产，按照研究开发项目进入开发阶段后至达到预定用途前所发生的支出总额，借记本科目，贷记"研发支出——开发支出"科目。自行研究开发项目尚未进入开发阶段，或者确实无法区分研究阶段支出和开发阶段支出，但按照法律程序已申请取得无形资产的，按照依法取得时发生的注册费、聘请律师费等费用，借记本科目，贷记"财政拨款收入""零余额账户用款额度""银行存款"等科目；按照依法取得前所发生的研究开发支出，借记"业务活动费用"等科目，贷记"研发支出"科目。

【例4-92】某行政单位自行研发成功一套自用软件系统，并成功申请取得专利，发生注册费20万元，聘请律师费3万元，均以单位零余额账户支付。取得专利前发生研发费用2万元，以财政直接支付方式支付。应编制会计分录：

取得专利时：

借：无形资产   230 000

  贷：零余额账户用款额度   230 000

前期支付研发费用时：

借：业务活动费用   20 000

  贷：财政拨款收入   20 000

4）接受捐赠的无形资产，按照确定的无形资产成本，借记本科目，按照发生的相关税费等，贷记"零余额账户用款额度""银行存款"等科目，按照其差额，贷记"捐赠收入"科目。接受捐赠的无形资产按照名义金额入账的，按照名义金额，借记本科目，贷记"捐赠收入"科目；同时，按照发生的相关税费等，借记"其他费用"科目，贷记"零余额账户用款额度""银行存款"等科目。

【例4-93】某事业单位接受甲公司捐赠专利技术一项。甲公司提供专利价值凭据为500 000元，该事业单位用银行存款支付接受专利相关费用20 000元。应编制会计分录：

借：无形资产   520 000

  贷：捐赠收入   500 000

    银行存款   20 000

【例4-94】某事业单位接受甲公司捐赠专利技术一项。甲公司没有提供专利技术价值凭证，在市场上也无此专利技术的价格，按名义金额入账。该事业单位用银行存款支付接受专利相关费用20 000元。应编制会计分录：

借：无形资产   1

  贷：捐赠收入   1

借：其他费用   20 000

  贷：银行存款   20 000

5）无偿调入的无形资产，按照确定的无形资产成本，借记本科目；按照发生的相关税费等，贷记"零余额账户用款额度""银行存款"等科目；按照其差额，贷记"无偿调拨净资产"科目。

【例4-95】某事业单位接受上级单位无偿调入专利技术一项。该专利技术价值为150 000元，另该事业单位用单位零余额账户支付相关税费3 000元。应编制会计分录：

借：无形资产	153 000
贷：零余额账户用款额度	3 000
无偿调拨净资产	150 000

6）置换取得的无形资产，参照"库存物品"科目中置换取得库存物品的相关规定进行账务处理。

无形资产取得时涉及增值税业务的，相关账务处理参见"应交增值税"科目。

（2）与无形资产有关的后续支出。

1）符合无形资产确认条件的后续支出。为增加无形资产的使用效能对其进行升级改造或扩展其功能时，如需暂停对无形资产进行摊销的，按照无形资产的账面价值，借记"在建工程"科目，按照无形资产已摊销金额，借记"无形资产累计摊销"科目，按照无形资产的账面余额，贷记本科目。

无形资产后续支出符合无形资产确认条件的，按照支出的金额，借记本科目（无须暂停摊销的）或"在建工程"（需暂停摊销的）科目，贷记"财政拨款收入""零余额账户用款额度""银行存款"等科目。

暂停摊销的无形资产升级改造或扩展功能等完成交付使用时，按照在建工程成本，借记本科目，贷记"在建工程"科目。

2）不符合无形资产确认条件的后续支出。为保证无形资产正常使用发生的日常维护等支出，借记"业务活动费用""单位管理费用"等科目，贷记"财政拨款收入""零余额账户用款额度""银行存款"等科目。

（3）无形资产的处置。按照规定报经批准处置无形资产，应当分别以下情况处理：

1）报经批准出售、转让无形资产，按照被出售、转让无形资产的账面价值，借记"资产处置费用"科目，按照无形资产已计提的摊销，借记"无形资产累计摊销"科目，按照无形资产账面余额，贷记本科目；同时，按照收到的价款，借记"银行存款"等科目，按照处置过程中发生的相关费用，贷记"银行存款"等科目，按照其差额，贷记"应缴财政款"（按照规定应上缴无形资产转让净收入的）或"其他收入"（按照规定将无形资产转让收入纳入本单位预算管理的）科目。

【例4-96】某事业单位报经批准出售专利技术一项。该专利技术账面原值100万元，已计提摊销40万元，取得70万元的出售转让收入，出售过程中发生了2万元的相关费用。按照规定该专利技术转让收入纳入本单位预算管理。应编制会计分录：

借：资产处置费用	600 000
无形资产累计摊销	400 000
贷：无形资产	1 000 000
借：银行存款	700 000
贷：银行存款	20 000
其他收入	680 000

2）报经批准对外捐赠无形资产，按照无形资产已计提的摊销，借记"无形资产累计摊销"科目；按照被处置无形资产账面余额，贷记本科目；按照捐赠过程中发生的归属

于捐出方的相关费用，贷记"银行存款"等科目；按照其差额，借记"资产处置费用"科目。

【例4-97】某事业单位报经批准对外捐赠专利技术一项。该专利技术账面原值100万元，已计提摊销40万元，捐赠过程中发生的归属于捐出方的相关费用2万元，通过银行转账支付。应编制会计分录：

借：资产处置费用 620 000
　　无形资产累计摊销 400 000
　　贷：无形资产 1 000 000
　　　　银行存款 20 000

3）报经批准无偿调出无形资产，按照无形资产已计提的摊销，借记"无形资产累计摊销"科目，按照被处置无形资产账面余额，贷记本科目，按照其差额，借记"无偿调拨净资产"科目；同时，按照无偿调出过程中发生的归属于调出方的相关费用，借记"资产处置费用"科目，贷记"银行存款"等科目。

【例4-98】某事业单位报经批准无偿调出专利技术一项。该专利技术账面原值100万元，已计提摊销40万元，调出过程中发生的归属于调出方的相关费用2万元，通过银行转账支付。应编制会计分录：

借：无偿调拨净资产 600 000
　　无形资产累计摊销 400 000
　　贷：无形资产 1 000 000
借：资产处置费用 20 000
　　贷：银行存款 20 000

4）报经批准置换换出无形资产，参照"库存物品"科目中置换换入库存物品的规定进行账务处理。

5）无形资产预期不能为单位带来服务潜力或经济利益，在规定报经批准核销时，按照待核销无形资产的账面价值，借记"资产处置费用"科目，按照已计提摊销，借记"无形资产累计摊销"科目，按照无形资产的账面余额，贷记本科目。

无形资产处置时涉及增值税业务的，相关账务处理参见"应交增值税"科目。

（4）无形资产的清查。单位应当定期对无形资产进行清查盘点，每年至少盘点一次。单位资产清查盘点过程中发现的无形资产盘盈、盘亏等，参照"固定资产"科目相关规定进行账务处理。

本科目期末借方余额，反映单位无形资产的成本。

八、无形资产累计摊销

1. 无形资产累计摊销的科目核算

本科目核算单位对使用年限有限的无形资产计提的累计摊销。

本科目应当按照所对应无形资产的明细分类进行明细核算。

2. 无形资产累计摊销的主要账务处理

（1）按月对无形资产进行摊销时，按照应摊销金额，借记"业务活动费用""单位管理费用""加工物品""在建工程"等科目，贷记本科目。

【例4－99】某行政单位本月应计提业务活动用专利技术摊销金额3 000元。应编制会计分录：

借：业务活动费用   3 000

   贷：无形资产累计摊销   3 000

（2）经批准处置无形资产时，按照所处置无形资产的账面价值，借记"资产处置费用""无偿调拨净资产""待处理财产损溢"等科目，按照已计提摊销，借记本科目，按照无形资产的账面余额，贷记"无形资产"科目。

具体账务处理见"无形资产"部分内容。

本科目期末贷方余额，反映单位计提的无形资产摊销累计数。

九、研发支出

1. 研发支出的科目核算

本科目核算单位自行研究开发项目研究阶段和开发阶段发生的各项支出。建设项目中的软件研发支出，应当通过"在建工程"科目核算，不通过本科目核算。

本科目应当按照自行研究开发项目，分别"研究支出""开发支出"进行明细核算。

2. 研发支出的主要账务处理

（1）自行研究开发项目研究阶段的支出，应当先在本科目归集。

按照从事研究及其辅助活动人员计提的薪酬，研究活动领用的库存物品，发生的与研究活动相关的管理费、间接费和其他各项费用，借记"研发支出（研究支出）"科目，贷记"应付职工薪酬""库存物品""财政拨款收入""零余额账户用款额度""固定资产累计折旧""银行存款"等科目。期（月）末，应当将本科目归集的研究阶段的支出金额转入当期费用，借记"业务活动费用"等科目，贷记"研发支出（研究支出）"科目。

（2）自行研究开发项目开发阶段的支出，先通过本科目进行归集。按照从事开发及其辅助活动人员计提的薪酬，开发活动领用的库存物品，发生的与开发活动相关的管理费、间接费和其他各项费用，借记"研发支出（开发支出）"科目，贷记"应付职工薪酬""库存物品""财政拨款收入""零余额账户用款额度""固定资产累计折旧""银行存款"等科目。自行研究开发项目完成，达到预定用途形成无形资产的，按照本科目归集的开发阶段的支出金额，借记"无形资产"科目，贷记"研发支出（开发支出）"科目。

单位应于每年度终了评估研究开发项目是否能达到预定用途，如预计不能达到预定用途（如无法最终完成开发项目并形成无形资产的），应当将已发生的开发支出金额全部转入当期费用，借记"业务活动费用"等科目，贷记"研发支出（开发支出）"科目。

具体账务处理见"无形资产"部分内容。

自行研究开发项目时涉及增值税业务的，相关账务处理参见"应交增值税"科目。

本科目期末借方余额，反映单位预计能达到预定用途的研究开发项目在开发阶段发生的累计支出数。

第三节　公共基础设施和政府储备物资

一、公共基础设施

1. 公共基础设施的科目核算

本科目核算单位控制的公共基础设施的原值。

本科目应当按照公共基础设施的类别、项目等进行明细核算。

单位应当根据行业主管部门对公共基础设施的分类规定，制定适合于本单位管理的公共基础设施目录、分类方法，作为进行公共基础设施核算的依据。

2. 公共基础设施的主要账务处理

（1）公共基础设施在取得时，应当按照其成本入账。

1）自行建造的公共基础设施完工交付使用时，按照在建工程的成本，借记本科目，贷记"在建工程"科目。已交付使用但尚未办理竣工决算手续的公共基础设施，按照估计价值入账，待办理竣工决算后再按照实际成本调整原来的暂估价值。

【例4-100】某行政单位在市政规划中自行建造一处群众休闲广场雕塑。发生全部必要支出10万元，现完工交付使用。应编制会计分录：

借：公共基础设施　　　　　　　　　　　　　　　　　　　　　100 000
　　贷：在建工程　　　　　　　　　　　　　　　　　　　　　　100 000

2）接受其他单位无偿调入的公共基础设施，按照确定的成本，借记本科目，按照发生的归属于调入方的相关费用，贷记"财政拨款收入""零余额账户用款额度""银行存款"等科目，按照其差额，贷记"无偿调拨净资产"科目。无偿调入的公共基础设施成本无法可靠取得的，按照发生的相关税费、运输费等金额，借记"其他费用"科目，贷记"财政拨款收入""零余额账户用款额度""银行存款"等科目。

【例4-101】某行政单位接受上级单位无偿调入一项公共基础设施。该公共基础设施价值为200 000元，另该行政单位用单位零余额账户支付相关税费5 000元。应编制会计分录：

    借：公共基础设施   205 000

        贷：零余额账户用款额度   5 000

            无偿调拨净资产   200 000

【例 4 - 102】 接【例 4 - 101】，假设上级单位没有提供该公共基础设施相关价值凭据，也无法通过其他方式获得。应编制会计分录：

    借：其他费用   5 000

        贷：零余额账户用款额度   5 000

3）接受捐赠的公共基础设施，按照确定的成本，借记本科目，按照发生的相关费用，贷记"财政拨款收入""零余额账户用款额度""银行存款"等科目，按照其差额，贷记"捐赠收入"科目。

接受捐赠的公共基础设施成本无法可靠取得的，按照发生的相关税费、运输费等金额，借记"其他费用"科目，贷记"财政拨款收入""零余额账户用款额度""银行存款"等科目。

【例 4 - 103】 某行政单位接受甲公司捐赠公共基础设施一项。甲公司提供价值凭据为 5 000 000 元，该行政单位通过财政直接支付接受捐赠过程中的相关费用 30 000 元。应编制会计分录：

    借：公共基础设施   5 030 000

        贷：财政拨款收入   30 000

           捐赠收入   5 000 000

【例 4 - 104】 某行政单位接受甲公司捐赠公共基础设施一项。甲公司没有提供公共基础设施的相关价值凭证，该行政单位通过财政授权支付方式支付接受捐赠过程中的相关费用 30 000 元。应编制会计分录：

    借：其他费用   30 000

        贷：零余额账户用款额度   30 000

4）外购的公共基础设施，按照确定的成本，借记本科目，贷记"财政拨款收入""零余额账户用款额度""银行存款"等科目。

5）对于成本无法可靠取得的公共基础设施，单位应当设置备查簿进行登记，待成本能够可靠确定后再按照规定及时入账。

（2）与公共基础设施有关的后续支出。将公共基础设施转入改建、扩建时，按照公共基础设施的账面价值，借记"在建工程"科目，按照公共基础设施已计提折旧，借记"公共基础设施累计折旧（摊销）"科目，按照公共基础设施的账面余额，贷记本科目。

为增加公共基础设施使用效能或延长其使用年限而发生的改建、扩建等后续支出，借记"在建工程"科目，贷记"财政拨款收入""零余额账户用款额度""银行存款"等科目。

公共基础设施改建、扩建完成，竣工验收交付使用时，按照在建工程成本，借记本科目，贷记"在建工程"科目。

为保证公共基础设施正常使用发生的日常维修等支出，借记"业务活动费用""单位管理费用"等科目，贷记"财政拨款收入""零余额账户用款额度""银行存款"等科目。

（3）公共基础设施的处置。按照规定报经批准处置公共基础设施，分别以下情况处理：

1）报经批准对外捐赠公共基础设施，按照公共基础设施已计提的折旧或摊销，借记"公共基础设施累计折旧（摊销）"科目，按照被处置公共基础设施账面余额，贷记本科目，按照捐赠过程中发生的归属于捐出方的相关费用，贷记"银行存款"等科目，按照其差额，借记"资产处置费用"科目。

【例4-105】某行政单位报经批准对外捐赠公共基础设施一项。该公共基础设施账面原值200万元，已计提折旧50万元，捐赠过程中发生的归属于捐出方的相关费用5万元。应编制会计分录：

借：资产处置费用　　　　　　　　　　　　　　　　　　　　1 550 000
　　公共基础设施累计折旧　　　　　　　　　　　　　　　　　　500 000
　　贷：公共基础设施　　　　　　　　　　　　　　　　　　　2 000 000
　　　　银行存款　　　　　　　　　　　　　　　　　　　　　　50 000

2）报经批准无偿调出公共基础设施，按照公共基础设施已计提的折旧或摊销，借记"公共基础设施累计折旧（摊销）"科目，按照被处置公共基础设施账面余额，贷记本科目，按照其差额，借记"无偿调拨净资产"科目；同时，按照无偿调出过程中发生的归属于调出方的相关费用，借记"资产处置费用"科目，贷记"银行存款"等科目。

【例4-106】某行政单位报经批准向下级单位无偿调出公共基础设施一项。该公共基础设施账面原值200万元，已计提折旧50万元，调出过程中发生的归属于调出方的相关费用5万元，通过银行转账支付。应编制会计分录：

借：无偿调拨净资产　　　　　　　　　　　　　　　　　　　1 500 000
　　公共基础设施累计折旧　　　　　　　　　　　　　　　　　　500 000
　　贷：公共基础设施　　　　　　　　　　　　　　　　　　　2 000 000
借：资产处置费用　　　　　　　　　　　　　　　　　　　　　　50 000
　　贷：银行存款　　　　　　　　　　　　　　　　　　　　　　50 000

（4）公共基础设施的清查。单位应当定期对公共基础设施进行清查盘点。对于发生的公共基础设施盘盈、盘亏、毁损或报废，应当先计入"待处理财产损溢"科目，按照规定报经批准后及时进行后续账务处理。

1）盘盈的公共基础设施，其成本按照有关凭据注明的金额确定；没有相关凭据但按照规定经过资产评估的，其成本按照评估价值确定；没有相关凭据也未经过评估的，其成本按照重置成本确定。盘盈的公共基础设施成本无法可靠取得的，单位应当设置备查簿进行登记，待成本确定后按照规定及时入账。盘盈的公共基础设施，按照确定的入账成本，借记本科目，贷记"待处理财产损溢"科目。

2）盘亏、毁损或报废的公共基础设施，按照待处置公共基础设施的账面价值，借记

"待处理财产损溢"科目，按照已计提折旧或摊销，借记"公共基础设施累计折旧（摊销）"科目，按照公共基础设施的账面余额，贷记本科目。

本科目期末借方余额，反映公共基础设施的原值。

二、公共基础设施累计折旧（摊销）

1. 公共基础设施累计折旧（摊销）的核算

本科目核算计提的公共基础设施累计折旧和累计摊销。
本科目应当按照所对应公共基础设施的明细分类进行明细核算。

2. 公共基础设施累计折旧（摊销）的主要账务处理

（1）按月计提公共基础设施折旧时，按照应计提的折旧额，借记"业务活动费用"科目，贷记本科目。

（2）按月对确认为公共基础设施的单独计价入账的土地使用权进行摊销时，按照应计提的摊销额，借记"业务活动费用"科目，贷记本科目。

（3）处置公共基础设施时，按照所处置公共基础设施的账面价值，借记"资产处置费用""无偿调拨净资产""待处理财产损溢"等科目，按照已提取的折旧和摊销，借记本科目，按照公共基础设施账面余额，贷记"公共基础设施"科目。

本科目期末贷方余额，反映单位提取的公共基础设施折旧和摊销的累计数。

三、政府储备物资

1. 政府储备物资的核算

本科目核算单位控制的政府储备物资的成本。对政府储备物资不负有行政管理职责但接受委托具体负责执行其存储保管等工作的单位，其受托代储的政府储备物资应当通过"受托代理资产"科目核算，不通过本科目核算。

本科目应当按照政府储备物资的种类、品种、存放地点等进行明细核算。单位根据需要，可在本科目下设置"在库""发出"等明细科目进行明细核算。

2. 政府储备物资的主要账务处理

（1）政府储备物资取得时，应当按照其成本入账。

1）购入的政府储备物资验收入库，按照确定的成本，借记本科目，贷记"财政拨款收入""零余额账户用款额度""银行存款"等科目。

【例4－107】某行政单位购入救灾储备物资一批，价值为80万元，物资验收入库。发生运输费2万元，款项通过单位零余额账户支付。应编制会计分录：

借：政府储备物资　　　　　　　　　　　　　　　　　　　820 000

　　　　贷：零余额账户用款额度　　　　　　　　　　　　　　　820 000

　　2）涉及委托加工政府储备物资业务的，相关账务处理参照"加工物品"科目。

　　3）接受捐赠的政府储备物资验收入库，按照确定的成本，借记本科目，按照单位承担的相关税费、运输费等，贷记"零余额账户用款额度""银行存款"等科目，按照其差额，贷记"捐赠收入"科目。

　　【例 4 - 108】某行政单位接受甲公司捐赠政府储备物资一批。甲公司提供价值凭据为300 000 元，该行政单位通过财政直接支付接受捐赠过程中的相关费用 2 000 元。应编制会计分录：

　　借：政府储备物资　　　　　　　　　　　　　　　　　　　302 000

　　　　贷：财政拨款收入　　　　　　　　　　　　　　　　　　　 2 000

　　　　　　捐赠收入　　　　　　　　　　　　　　　　　　　　300 000

　　4）接受无偿调入的政府储备物资验收入库，按照确定的成本，借记本科目，按照单位承担的相关税费、运输费等，贷记"零余额账户用款额度""银行存款"等科目，按照其差额，贷记"无偿调拨净资产"科目。

　　【例 4 - 109】某行政单位接受上级单位无偿调入政府储备物资一批，价值为 100 000 元，另该行政单位用单位零余额账户支付相关税费 2 000 元。应编制会计分录：

　　借：政府储备物资　　　　　　　　　　　　　　　　　　　102 000

　　　　贷：零余额账户用款额度　　　　　　　　　　　　　　　　 2 000

　　　　　　无偿调拨净资产　　　　　　　　　　　　　　　　　100 000

　　（2）政府储备物资发出时的处理。

　　1）因动用而发出无须收回的政府储备物资的，按照发出物资的账面余额，借记"业务活动费用"科目，贷记本科目。

　　【例 4 - 110】某行政单位对外发出救灾储备物资一批，该批物资不再收回，价值为50 万元。应编制会计分录：

　　借：业务活动费用　　　　　　　　　　　　　　　　　　　500 000

　　　　贷：政府储备物资　　　　　　　　　　　　　　　　　　500 000

　　2）因动用而发出需要收回或者预期可能收回的政府储备物资的，在发出物资时，按照发出物资的账面余额，借记本科目（发出），贷记本科目（在库）；按照规定的质量验收标准收回物资时，按照收回物资原账面余额，借记本科目（在库），按照未收回物资的原账面余额，借记"业务活动费用"科目，按照物资发出时登记在本科目所属"发出"明细科目中的余额，贷记本科目（发出）。

　　【例 4 - 111】某行政单位对外发出救灾储备物资一批，该批物资使用结束需要收回，价值为 50 万元。救灾结束后收回价值 30 万元的物资，其余在救灾活动中损耗掉。应编制会计分录：

　　借：政府储备物资——发出　　　　　　　　　　　　　　　500 000

　　　　贷：政府储备物资——在库　　　　　　　　　　　　　　500 000

借：政府储备物资——在库	300 000
业务活动费用	200 000
贷：政府储备物资——发出	500 000

3）因行政管理主体变动等将政府储备物资调拨给其他主体的，按照无偿调出政府储备物资的账面余额，借记"无偿调拨净资产"科目，贷记本科目。

4）对外销售政府储备物资并将销售收入纳入单位预算统一管理的，发出物资时，按照发出物资的账面余额，借记"业务活动费用"科目，贷记本科目；实现销售收入时，按照确认的收入金额，借记"银行存款""应收账款"等科目，贷记"事业收入"等科目。

【例 4 - 112】某行政单位报经批准对外销售政府储备物资，售价为 20 万元，款项已收取，该批物资账面余额为 25 万元。应编制会计分录：

借：业务活动费用	250 000
贷：政府储备物资	250 000
借：银行存款	200 000
贷：事业收入	200 000

对外销售政府储备物资并按照规定将销售净收入上缴财政的，发出物资时，按照发出物资的账面余额，借记"资产处置费用"科目，贷记本科目；取得销售价款时，按照实际收到的款项金额，借记"银行存款"等科目，按照发生的相关税费，贷记"银行存款"等科目，按照销售价款大于所承担的相关税费后的差额，贷记"应缴财政款"科目。

【例 4 - 113】某行政单位报经批准对外销售政府储备物资，售价为 20 万元，款项已收取；出售过程中发生相关费用 1 万元；该批物资账面余额为 25 万元。应编制会计分录：

借：资产处置费用	250 000
贷：政府储备物资	250 000
借：银行存款	200 000
贷：银行存款	10 000
应缴财政款	190 000

（3）政府储备物资的清查。单位应当定期对政府储备物资进行清查，每年至少盘点一次。对于发生的政府储备物资盘盈、盘亏或者报废、毁损，应当先记入"待处理财产损溢"科目，按照规定报经批准后及时进行后续账务处理。

1）盘盈的政府储备物资，按照确定的入账成本，借记本科目，贷记"待处理财产损溢"科目。

2）盘亏或者毁损、报废的政府储备物资，按照待处理政府储备物资的账面余额，借记"待处理财产损溢"科目，贷记本科目。

本科目期末借方余额，反映政府储备物资的成本。

第四节 文物文化资产和保障性住房

一、文物文化资产

1. 文物文化资产的核算及科目设置

本科目核算单位为满足社会公共需求而控制的文物文化资产的成本。单位为满足自身开展业务活动或其他活动需要而控制的文物和陈列品，应当通过"固定资产"科目核算，不通过本科目核算。

本科目应当按照文物文化资产的类别、项目等进行明细核算。

2. 文物文化资产的主要账务处理

（1）文物文化资产在取得时，应当按照其成本入账。

1）外购的文物文化资产，其成本包括购买价款、相关税费以及可归属于该项资产达到预定用途前所发生的其他支出（如运输费、安装费、装卸费等）。

外购的文物文化资产，按照确定的成本，借记本科目，贷记"财政拨款收入""零余额账户用款额度""银行存款"等科目。

2）接受其他单位无偿调入的文物文化资产，其成本按照该项资产在调出方的账面价值加上归属于调入方的相关费用确定。

调入的文物文化资产，按照确定的成本，借记本科目，按照发生的归属于调入方的相关费用，贷记"零余额账户用款额度""银行存款"等科目，按照其差额，贷记"无偿调拨净资产"科目。

【例4-114】某行政单位接受上级单位无偿调入一项文物文化资产。上级单位提供凭据该公共基础设施价值为600 000元，另该行政单位用单位零余额账户支付相关税费5 000元。应编制会计分录：

借：文物文化资产   60 5000

    贷：零余额账户用款额度   5 000

        无偿调拨净资产   600 000

无偿调入的文物文化资产成本无法可靠取得的，按照发生的归属于调入方的相关费用，借记"其他费用"科目，贷记"零余额账户用款额度""银行存款"等科目。

【例4-115】接【例4-114】，假设上级单位没有提供该文物文化资产相关价值凭据，也无法通过其他方式获得。应编制会计分录：

借：其他费用   5 000

    贷：零余额账户用款额度   5 000

3）接受捐赠的文物文化资产，其成本按照有关凭据注明的金额加上相关费用确定；没有相关凭据可供取得，但按照规定经过资产评估的，其成本按照评估价值加上相关费用确定；没有相关凭据可供取得也未经评估的，其成本比照同类或类似资产的市场价格加上相关费用确定。

接受捐赠的文物文化资产，按照确定的成本，借记本科目，按照发生的相关税费、运输费等金额，贷记"零余额账户用款额度""银行存款"等科目，按照其差额，贷记"捐赠收入"科目。

接受捐赠的文物文化资产成本无法可靠取得的，按照发生的相关税费、运输费等金额，借记"其他费用"科目，贷记"零余额账户用款额度""银行存款"等科目。

【例 4 - 116】某行政单位接受甲公司捐赠文物文化资产一批。甲公司提供价值凭据为 1 000 000 元，该行政单位通过财政授权支付接受捐赠过程中的相关费用 20 000 元。应编制会计分录：

借：文物文化资产	1 020 000
贷：零余额账户用款额度	20 000
捐赠收入	1 000 000

4）对于成本无法可靠取得的文物文化资产，单位应当设置备查簿进行登记，待成本能够可靠确定后按照规定及时入账。

（2）后续支出。与文物文化资产有关的后续支出，参照"公共基础设施"科目相关规定进行处理。

（3）文物文化资产的处置。按照规定报经批准处置文物文化资产，应当分别以下情况处理：

1）报经批准对外捐赠文物文化资产，按照被处置文物文化资产账面余额和捐赠过程中发生的归属于捐出方的相关费用合计数，借记"资产处置费用"科目，按照被处置文物文化资产账面余额，贷记本科目，按照捐赠过程中发生的归属于捐出方的相关费用，贷记"银行存款"等科目。

【例 4 - 117】某事业单位报经批准对外捐赠一项文物文化资产。该资产账面原值 40 万元，捐赠过程中发生的归属于捐出方的相关费用 2 万元，通过银行转账支付。应编制会计分录：

借：资产处置费用	420 000
贷：文物文化资产	400 000
银行存款	20 000

2）报经批准无偿调出文物文化资产，按照被处置文物文化资产账面余额，借记"无偿调拨净资产"科目，贷记本科目；同时，按照无偿调出过程中发生的归属于调出方的相关费用，借记"资产处置费用"科目，贷记"银行存款"等科目。

【例 4 - 118】某事业单位报经批准无偿调出一项文物文化资产。该资产账面余额 40 万元，调出过程中发生的归属于调出方的相关费用 2 万元，通过银行转账支付。应编制会计分录：

借：无偿调拨净资产　　　　　　　　　　　　　　　　　　　400 000

　　贷：文物文化资产　　　　　　　　　　　　　　　　　　　400 000

借：资产处置费用　　　　　　　　　　　　　　　　　　　　20 000

　　贷：银行存款　　　　　　　　　　　　　　　　　　　　　20 000

（4）文物文化资产的清查。单位应当定期对文物文化资产进行清查，每年至少盘点一次。对于发生的文物文化资产盘盈、盘亏、毁损或报废等，参照"公共基础设施"科目相关规定进行账务处理。

本科目期末借方余额，反映文物文化资产的成本。

二、保障性住房

1. 保障性住房的科目核算

本科目核算为满足社会公共需求而控制的保障性住房的原值。

本科目应当按照保障性住房的类别、项目等进行明细核算。

2. 保障性住房的主要账务处理

（1）保障性住房在取得时，应当按其成本入账。

1）外购的保障性住房，其成本包括购买价款、相关税费以及可归属于该项资产达到预定用途前所发生的其他支出。

外购的保障性住房，按照确定的成本，借记本科目，贷记"财政拨款收入""零余额账户用款额度""银行存款"等科目。

2）自行建造的保障性住房交付使用时，按照在建工程成本，借记本科目，贷记"在建工程"科目。

已交付使用但尚未办理竣工决算手续的保障性住房，按照估计价值入账，待办理竣工决算后再按照实际成本调整原来的暂估价值。

3）接受其他单位无偿调入的保障性住房，其成本按照该项资产在调出方的账面价值加上归属于调入方的相关费用确定。

无偿调入的保障性住房，按照确定的成本，借记本科目，按照发生的归属于调入方的相关费用，贷记"零余额账户用款额度""银行存款"等科目，按照其差额，贷记"无偿调拨净资产"科目。

4）接受捐赠、融资租赁取得的保障性住房，参照"固定资产"科目相关规定进行处理。

（2）后续支出。与保障性住房有关的后续支出，参照"固定资产"科目相关规定进行处理。

（3）出租收入。按照规定出租保障性住房并将出租收入上缴同级财政，按照收取的租金金额，借"银行存款"等科目，贷记"应缴财政款"科目。

（4）保障性住房的处置。按照规定报经批准处置保障性住房，应当分别以下情况处理：

1）报经批准无偿调出保障性住房，按照保障性住房已计提的折旧，借记"保障性住房累计折旧"科目，按照被处置保障性住房账面余额，贷记本科目，按照其差额，借记"无偿调拨净资产"科目；同时，按照无偿调出过程中发生的归属于调出方的相关费用，借记"资产处置费用"科目，贷记"银行存款"等科目。

【例4-119】某省公租房管理中心经批准无偿调出保障性住房一批。该批房屋账面余额2000万元，已计提折旧300万元，调出过程中发生的归属于调出方的相关费用20万元，通过银行转账支付。应编制会计分录：

借：无偿调拨净资产　　　　　　　　　　　　　　　　17 000 000
　　保障性住房累计折旧　　　　　　　　　　　　　　　3 000 000
　　贷：保障性住房　　　　　　　　　　　　　　　　　　20 000 000
借：资产处置费用　　　　　　　　　　　　　　　　　　200 000
　　贷：银行存款　　　　　　　　　　　　　　　　　　　200 000

2）报经批准出售保障性住房，按照被出售保障性住房的账面价值，借记"资产处置费用"科目，按照保障性住房已计提的折旧，借记"保障性住房累计折旧"科目，按照保障性住房账面余额，贷记本科目；同时，按照收到的价款，借记"银行存款"等科目，按照出售过程中发生的相关费用，贷记"银行存款"等科目，按照其差额，贷记"应缴财政款"科目。

【例4-120】某行政单位报经批准出售保障性住房，售价为120万元，其账面余额100万元，已计提的折旧20万元，出售过程中发生相关费用3万元。应编制会计分录：

借：资产处置费用　　　　　　　　　　　　　　　　　　800 000
　　保障性住房累计折旧　　　　　　　　　　　　　　　　200 000
　　贷：保障性住房　　　　　　　　　　　　　　　　　　1 000 000
借：银行存款　　　　　　　　　　　　　　　　　　　1 200 000
　　贷：银行存款　　　　　　　　　　　　　　　　　　　30 000
　　　　应缴财政款　　　　　　　　　　　　　　　　　1 170 000

（5）保障性住房的清查。单位应当定期对保障性住房进行清查盘点。对于发生的保障性住房盘盈、盘亏、毁损或报废等，参照"固定资产"科目相关规定进行账务处理。

本科目期末借方余额，反映保障性住房的原值。

三、保障性住房累计折旧

1. 保障性住房累计折旧的科目核算

本科目核算单位计提的保障性住房的累计折旧。

本科目应当按照所对应保障性住房的类别进行明细核算。

单位应当参照《企业会计准则第 3 号——固定资产》及其应用指南的相关规定，按月对其控制的保障性住房计提折旧。

2. 保障性住房累计折旧的主要账务处理

（1）按月计提保障性住房折旧时，按照应计提的折旧额，借记"业务活动费用"科目，贷记本科目。

（2）报经批准处置保障性住房时，按照所处置保障性住房的账面价值，借记"资产处置费用""无偿调拨净资产""待处理财产损溢"等科目，按照已计提折旧，借记本科目，按照保障性住房的账面余额，贷记"保障性住房"科目。

本科目期末贷方余额，反映单位计提的保障性住房折旧累计数。

第五节 受托代理资产、长期待摊费用和待处理财产损溢

一、受托代理资产

1. 委托代理资产的核算

本科目核算单位接受委托方委托管理的各项资产，包括受托指定转赠的物资、受托存储保管的物资等的成本。单位管理的罚没物资也应当通过本科目核算。单位收到的受托代理资产为现金和银行存款的，不通过本科目核算，应当通过"库存现金""银行存款"科目进行核算。

本科目应当按照资产的种类和委托人进行明细核算；属于转赠资产的，还应当按照受赠人进行明细核算。

2. 受托代理资产的主要账务处理

（1）受托转赠物资。

1）接受委托人委托需要转赠给受赠人的物资，其成本按照有关凭据注明的金额确定。接受委托转赠的物资验收入库，按照确定的成本，借记本科目，贷记"受托代理负债"科目。

受托协议约定由受托方承担相关税费、运输费等的，还应当按照实际支付的相关税费、运输费等金额，借记"其他费用"科目，贷记"银行存款"等科目。

【例 4-121】某行政单位接受委托转赠一批定向捐赠物资，其价值为 50 万元；其间发生相关税费 3 万元，按受托协议约定由受托方承担。应编制会计分录：

借：受托代理资产 500 000
　贷：受托代理负债 500 000

借：其他费用	30 000
贷：银行存款	30 000

2）将受托转赠物资交付受赠人时，按照转赠物资的成本，借记"受托代理负债"科目，贷记本科目。

【例4-122】接【例4-121】，按照委托方要求，将其捐赠给某贫困区。应编制会计分录：

借：受托代理负债	500 000
贷：受托代理资产	500 000

3）转赠物资的委托人取消了对捐赠物资的转赠要求，且不再收回捐赠物资的，应当将转赠物资转为单位的存货、固定资产等。按照转赠物资的成本，借记"受托代理负债"科目，贷记本科目；同时，借记"库存物品""固定资产"等科目，贷记"其他收入"科目。

【例4-123】接【例4-121】，委托人取消了对捐赠物资的转赠要求，且不再收回捐赠物资，该批物资属存货类资产。应编制会计分录：

借：受托代理负债	500 000
贷：受托代理资产	500 000
借：库存物品	500 000
贷：其他收入	500 000

（2）受托存储保管物资。

1）接受委托人委托存储保管的物资，其成本按照有关凭据注明的金额确定。接受委托储存的物资验收入库，按照确定的成本，借记本科目，贷记"受托代理负债"科目。

2）发生由受托单位承担的与受托存储保管的物资相关的运输费、保管费等费用时，按照实际发生的费用金额，借记"其他费用"等科目，贷记"银行存款"等科目。

3）根据委托人要求交付或发出受托存储保管的物资时，按照发出物资的成本，借记"受托代理负债"科目，贷记本科目。

（3）罚没物资。

1）取得罚没物资时，其成本按照有关凭据注明的金额确定。罚没物资验收（入库）时，按照确定的成本，借记本科目，贷记"受托代理负债"科目。罚没物资成本无法可靠确定的，应当设置备查簿进行登记。

2）按照规定处置或移交罚没物资时，按照罚没物资的成本，借记"受托代理负债"科目，贷记本科目。处置时取得款项的，按照实际取得的款项金额，借记"银行存款"等科目，贷记"应缴财政款"等科目。单位受托代理的其他实物资产，参照本科目有关受托转赠物资、受托存储保管物资的规定进行账务处理。

本科目期末借方余额，反映单位受托代理实物资产的成本。

二、长期待摊费用

1. 长期待摊费用的核算

本科目核算单位已经支出，但应由本期和以后各期负担的分摊期限在 1 年以上（不含 1 年）的各项费用，如以经营租赁方式租入的固定资产发生的改良支出等。

本科目应当按照费用项目进行明细核算。

2. 长期待摊费用的主要账务处理

（1）发生长期待摊费用时，按照支出金额，借记本科目，贷记"财政拨款收入""零余额账户用款额度""银行存款"等科目。

【例 4 – 124】某事业单位因开展业务需要，租用甲单位办公场所，租期 3 年，该事业单位通过财政授权支付方式，向甲单位预付 3 年租金 12 万元。应编制会计分录：

借：长期待摊费用　　　　　　　　　　　　　　　　　　　　　　120 000

　　贷：零余额账户用款额度　　　　　　　　　　　　　　　　　　　120 000

（2）受益期间摊销长期待摊费用时，按照摊销金额，借记"业务活动费用""单位管理费用""经营费用"等科目，贷记本科目。

【例 4 – 125】接【例 4 – 124】，该事业单位按年摊销租金。应编制会计分录：

借：业务活动费用　　　　　　　　　　　　　　　　　　　　　　10 000

　　贷：长期待摊费用　　　　　　　　　　　　　　　　　　　　　　10 000

（3）如果某项长期待摊费用已经不能使单位受益，应当将其摊余金额一次全部转入当期费用。按照摊销金额，借记"业务活动费用""单位管理费用""经营费用"等科目，贷记本科目。

本科目期末借方余额，反映单位尚未摊销完毕的长期待摊费用。

三、待处理财产损溢

1. 待处理财产损溢的核算

本科目核算单位在资产清查过程中查明的各种资产盘盈、盘亏和报废、毁损的价值。

本科目应当按照待处理的资产项目进行明细核算；对于在资产处理过程中取得收入或发生相关费用的项目，还应当设置"待处理财产价值""处理净收入"明细科目，进行明细核算。

单位资产清查中查明的资产盘盈、盘亏、报废和毁损，一般应当先计入本科目，按照规定报经批准后及时进行账务处理。年末结账前一般应处理完毕。

2. 待处理财产损溢的主要账务处理

（1）账款核对时发现的库存现金短缺或溢余。

1）每日账款核对中发现现金短缺或溢余，属于现金短缺，按照实际短缺的金额，借记本科目，贷记"库存现金"科目；属于现金溢余，按照实际溢余的金额，借记"库存现金"科目，贷记本科目。

2）如为现金短缺，属于应由责任人赔偿或向有关人员追回的，借记"其他应收款"科目，贷记本科目；属于无法查明原因的，报经批准核销后，借记"资产处置费用"科目，贷记本科目。

3）如为现金溢余，属于应支付给有关人员或单位的，借记本科目，贷记"其他应付款"科目；属于无法查明原因的，报经批准后，借记本科目，贷记"其他收入"科目。

（2）资产清查过程中发现的存货、固定资产、无形资产、公共基础设施、政府储备物资、文物文化资产、保障性住房等各种资产盘盈、盘亏或报废、毁损。

1）盘盈的各类资产。转入待处理资产时，按照确定的成本，借记"库存物品""固定资产""无形资产""公共基础设施""政府储备物资""文物文化资产""保障性住房"等科目，贷记本科目。

按照规定报经批准后处理时，对于盘盈的流动资产，借记本科目，贷记"单位管理费用"（事业单位）或"业务活动费用"（行政单位）科目。对于盘盈的非流动资产，如属于本年度取得的，按照当年新取得相关资产进行账务处理；如属于以前年度取得的，按照前期差错处理，借记本科目，贷记"以前年度盈余调整"科目。

2）盘亏或者毁损、报废的各类资产。转入待处理资产时，借记本科目（待处理财产价值）[盘亏、毁损、报废固定资产、无形资产、公共基础设施、保障性住房的，还应借记"固定资产累计折旧""无形资产累计摊销""公共基础设施累计折旧（摊销）""保障性住房累计折旧"科目]，贷记"库存物品""固定资产""无形资产""公共基础设施""政府储备物资""文物文化资产""保障性住房""在建工程"等科目。涉及增值税业务的，相关账务处理参见"应交增值税"科目。

报经批准处理时，借记"资产处置费用"科目，贷记本科目（待处理财产价值）。

处理毁损、报废实物资产过程中取得的残值或残值变价收入、保险理赔和过失人赔偿等，借记"库存现金""银行存款""库存物品""其他应收款"等科目，贷记本科目（处理净收入）；处理毁损、报废实物资产过程中发生的相关费用，借记本科目（处理净收入），贷记"库存现金""银行存款"等科目。

处理收支结清，如果处理收入大于相关费用的，按照处理收入减去相关费用后的净收入，借记本科目（处理净收入），贷记"应缴财政款"等科目；如果处理收入小于相关费用的，按照相关费用减去处理收入后的净支出，借记"资产处置费用"科目，贷记本科目（处理净收入）。

本科目期末如为借方余额，反映尚未处理完毕的各种资产的净损失；期末如为贷方余额，反映尚未处理完毕的各种资产净溢余。年末，经批准处理后，本科目一般应无余额。

📎 复习思考题

1. 政府资产的定义发生了变化，为什么？

2. 行政事业单位资产增加的核算不再双分录，为什么？

3. 对行政事业单位来说，零余额账户用款额度与银行存款有什么区别？

4. 以名义金额记账时，资产获取过程中发生的相关费用如何处理？

5. 行政事业单位如何区分固定资产与政府储备物资？

6. 行政事业单位如何区分固定资产与公共基础设施？

第五章
行政事业单位的负债

【学习目标】

本章主要介绍行政事业单位负债的概念及内容、确认与计量，负债会计科目的设置及相关账务处理。本章的学习目标是熟悉行政事业单位的负债业务，掌握各项负债的确认及账务处理。

负债是行政事业单位过去的经济业务或者事项形成的，预期会导致经济利益流出行政事业单位的现时业务，该义务是需要以金额能够可靠计量的资产偿还的债务。行政事业单位的负债应当按照承担的相关合同金额或实际发生额（即历史成本）进行计量。按照流动性划分，行政事业单位的负债可分为流动性负债和非流动性负债。行政事业单位负债类会计科目共有 16 个。

第一节　流动负债

流动负债是指预计在 1 年内（含 1 年）偿还的负债，包括短期借款、应交增值税、其他应交税费、应缴财政款、应付职工薪酬、应付票据、应付账款、应付政府补贴款、应付利息、预收款项、其他应付款、预提费用。

一、短期借款

1. 短期借款的确认

短期借款是指事业单位经批准向银行或其他金融机构借入的期限在 1 年以内（含 1 年）的各种借款。短期借款是有偿使用的资金，需要按期偿还借款本金和借款利息（注意：行政单位无短期借款业务）。

2. 短期借款的计量

事业单位为核算短期借款业务，设置了"短期借款"总账科目。其主要的账务处理如下：

（1）借入短期借款。按实际借入金额，借记"银行存款"科目，贷记本科目。

（2）计算短期借款利息。资产负债表日，计提短期借款利息时，借记"其他费用"科目，贷记"应付利息"科目。

（3）利息支付。支付短期借款利息时，借记"应付利息"科目，贷记"银行存款"科目。

（4）归还借款。归还短期借款时，借记本科目，贷记"银行存款"科目。

（5）无力承兑到期银行承兑汇票。银行承兑汇票到期，本单位无力支付票款的，按照银行承兑汇票的票面金额，借记"应付票据"科目，贷记本科目。

【例5-1】10月1日，某事业单位经批准向中国工商银行借入一笔短期借款，借款金额为100 000元，借款期限为6个月，年利率为6%，到期一次偿还借款本金100 000元并支付借款利息。该事业单位应编制如下会计分录：

（1）取得借款时：

借：银行存款 　　　　　　　　　　　　　　　　　　　　　　　100 000

　　贷：短期借款 　　　　　　　　　　　　　　　　　　　　　　100 000

（2）资产负债表日计提利息时：

借：其他费用 　　　　　　　　　　　　1 500（100 000×6%×3/12）

　　贷：应付利息 　　　　　　　　　　　　　　　　　　　　　　1 500

（3）到期还本付息时：

借：短期借款 　　　　　　　　　　　　　　　　　　　　　　　100 000

　　其他费用 　　　　　　　　　　　　　　　　　　　　　　　　1 500

　　应付利息 　　　　　　　　　　　　　　　　　　　　　　　　1 500

　　贷：银行存款 　　　　　　　　　　　　　　　　　　　　　　103 000

二、应交增值税

应交增值税是指行政事业单位按照税法规定计算应缴纳的增值税。增值税是以商品、应税劳务和应税服务在流转过程中产生的增值额作为计税依据而征收的一种流转税。根据我国增值税法规的相关规定，在我国境内销售货物或者加工、修理修配劳务，销售服务、无形资产、不动产以及进口货物的单位和个人为增值税的纳税人。

根据规定，纳税人销售货物、劳务、服务、无形资产、不动产（可统称为应税销售行为）除了规定的进项税额不得从销项税额中抵扣的情形外，应纳税额为当期销项税额抵扣当期进项税额后的余额。

《中华人民共和国增值税暂行条例》将纳税人按其经营规模大小以及会计核算是否健全划分为一般纳税人和小规模纳税人。

1. 一般纳税人资格认定

一般纳税人是指年应税销售额超过财政部、国家税务总局规定的小规模纳税人标准的企业和企业性单位。具体判断条件如下：

（1）生产货物或者提供应税劳务的纳税人，以及生产货物或者提供应税劳务为主（即纳税人的货物生产或者提供应税劳务的年销售额占应税销售额的比重在 50% 以上）并兼营货物批发或者零售的纳税人，年应税销售额超过 50 万元的。

（2）从事货物批发或者零售经营，年应税销售额超过 80 万元的。

（3）发生应税行为的纳税人年销售额超过 500 万元的。

2. 小规模纳税人资格认定

小规模纳税人是指年销售额在规定标准以下，并且会计核算不健全，不能按规定报送有关税务资料的增值税纳税人（会计核算不健全是指不能正确核算增值税的销项税额、进项税额和应纳税额）。具体判断条件如下：

（1）从事货物生产或者提供应税劳务的纳税人，以及从事货物生产或者提供应税劳务为主（即纳税人的货物生产或者提供应税劳务的年销售额占应税销售额的比重在 50% 以上）并兼营货物批发或者零售的纳税人，年应征增值税销售额（简称应税销售额）在 50 万元以下（含本数）的。

（2）对上述规定以外的纳税人，年应税销售额在 80 万元以下的。

（3）年应税销售额超过小规模纳税人标准的其他个人按小规模纳税人纳税。

（4）非企业性单位、不经常发生应税行为的企业可选择按小规模纳税人纳税。

3. 增值税税率及征收率

按照财政部、国家税务总局的要求，自 2018 年 5 月 1 日起，执行调整后的增值税率。按照确定增值税率的基本原则，我国增值税设置了 1 档基本税率和 2 档低税率，对出口货物和财政部、国家税务总局规定的跨境应税行为实行零税率。小规模纳税人不适用税率而适用征收率。具体税率及征收率如表 5－1 所示。

表 5－1　税率及征收率

按纳税人划分	税率（%）	适用范围	是否可抵扣进项税
一般纳税人	16	销售或进口货物，提供应税劳务，提供有形动产租赁服务	是
	10	销售或进口税法列举的货物，购进农产品，提供交通运输服务、邮政服务、基础电信服务	
	6	金融服务、现代服务（有形动产租赁服务之外）、增值电信服务	
	5	一般纳税人采用简易计税方法计税的不动产销售	否
	3	除适用 5% 征收率以外的一般纳税人采用简易办法征税，如免税商店零售免税品	否
	0	纳税人出口货物、跨境销售国务院规定范围内的服务	是

按纳税人划分	税率（%）	适用范围	是否可抵扣进项税
小规模纳税人	3	2014 年 7 月 1 日起，一律调整为 3%	否
	5	销售自建或者取得的不动产；出租（经营租赁）其取得的不动产（不含个人出租房屋）	否

一般纳税人选择简易办法计算缴纳增值税后，36 个月内不得变更。

（一）应交增值税核算科目的设置

为核算应交增值税业务，行政事业单位应设置"应交增值税"总账科目。

属于增值税一般纳税人的单位，应当在该科目下设置"应交税金""未交税金""预交税金""待抵扣进项税额""待认证进项税额""待转销项税额""简易计税""转让金融商品应交增值税"和"代扣代交增值税"等明细科目。属于增值税小规模纳税人的单位只需在本科目下设置"转让金融商品应交增值税""代扣代交增值税"明细科目。相关明细科目的核算内容如下：

1. "应交税金"明细科目

该明细科目内应当设置"进项税额""已交税金""转出未交增值税""减免税款""销项税额""进项税额转出"和"转出多交增值税"等专栏。

（1）"进项税额"专栏，记录单位购进货物、加工修理修配服务、无形资产或不动产而支付或负担的，准予从当期销项税额中抵扣的增值税额。

（2）"已交税金"专栏，记录单位当月已缴纳的应交增值税额。

（3）"转出未交增值税"和"转出多交增值税"专栏，分别记录一般纳税人月度终了转出当月应交未交或多交的增值税额。

（4）"减免税款"专栏，记录单位按照现行增值税制度规定准予减免的增值税额。

（5）"销项税额"专栏，记录单位销售货物、加工修理修配劳务、服务、无形资产或不动产应收取的增值税额。

（6）"进项税额转出"专栏，记录单位购进货物、加工修理修配劳务、服务、无形资产或不动产等发生非正常损失以及其他原因而不应从销项税额中抵扣、按照规定转出的进项税额。

2. "未交税金"明细科目

该明细科目核算单位月度终了从"应交税金"或"预交税金"明细科目转入当月应交未交、多交或预缴的增值税额，以及当月缴纳以前期间未交的增值税额。

3. "预交税金"明细科目

该明细科目核算单位转让不动产、提供不动产经营租赁服务等，以及其他按照增值税制度规定应预缴的增值税额。

4．"待抵扣进项税额"明细科目

该明细科目核算单位已取得增值税扣税凭证并经税务机关认证，按照增值税制度规定准予以后期间从销项税额中抵扣的进项税额。

5．"待认证进项税额"明细科目

该明细科目核算单位由于未经税务机关认证而不得从当期销项税额中抵扣的进项税额。包括一般纳税人已取得增值税扣税凭证并按规定准予从销项税额中抵扣，但尚未经税务机关认证的进项税额；一般纳税人已申请稽核但尚未取得稽核相符结果的海关缴款书进项税额。

6．"待转销项税额"明细科目

该明细科目核算单位销售货物、加工修理修配劳务、服务、无形资产或不动产已确认相关收入（或利得）但尚未发生增值税纳税义务而需于以后期间确认为销项税额的增值税额。

7．"简易计税"明细科目

该明细科目核算单位采用简易计税方法发生的增值税计提、扣减、预缴、缴纳等业务。

8．"转让金融商品应交增值税"明细科目

该明细科目核算单位转让金融商品发生的增值税额。

9．"代扣代交增值税"明细科目

该明细科目核算单位购进在境内未设经营机构的境外单位或个人在境内的应税行为代扣代缴的增值税。

（二）应交增值税的主要账务处理

应交增值税的主要账务处理主要介绍以下四种情况。如无特殊说明，其中的"单位"均指一般纳税人。

1．单位取得资产或接受劳务等业务

（1）采购等业务进项税额允许抵扣。单位购买用于增值税应税项目的资产或服务等时，按照应计入相关成本费用或资产的金额，借记"业务活动费用""在途物品""库存物品""工程物资""在建工程""固定资产"和"无形资产"等科目；按照当月已认证的可抵扣增值税额，借记"应交增值税（应交税金——进项税额）"科目，按照当月未认证的可抵扣增值税额,借记"应交增值税(待认证进项税额)"科目,按照应付或实际支付的金额,贷记"应付账款""应付票据""银行存款"和"零余额账户用款额度"等科目。

发生退货的,如原增值税专用发票已经认证,应根据税务机关开具的红字增值税专用发票做相反的会计分录;如原增值税专用发票未做认证,应将发票退回并做相反的会计分录。

小规模纳税人购买资产或服务等时不能抵扣增值税,发生的增值税计入资产成本或相关成本费用。

(2)采购等业务进项税额不得抵扣。单位购进资产或服务等,用于简易计税办法计税项目、免征增值税项目、集体福利或个人消费等,其进项税额按照增值税制度规定不得从销项税额中抵扣的,取得增值税专用发票时,应按照增值税发票注明的金额,借记相关成本费用或资产科目,按照待认证的增值税进项税额,借记"应交增值税(待认证进项税额)"科目,按照实际支付或应付的金额,贷记"银行存款""应付账款"和"零余额账户用款额度"等科目。

经税务机关认证为不可抵扣进项税额时,借记"应交增值税(应交税金——进项税额)"科目,贷记"应交增值税(待认证进项税额)"科目,同时,将进项税额转出,借记相关成本费用科目,贷记"应交增值税(应交税金——进项税额转出)"科目。

(3)购进不动产或不动产在建工程按照规定进项税额分年抵扣。单位取得应税项目为不动产或者不动产在建工程,其进项税额按照增值税制度规定自取得之日起分 2 年从销项税额中抵扣的,应当按照取得成本,借记"固定资产""在建工程"等科目,按照当期可抵扣的增值税额,借记"应交增值税(应交税金——进项税额)"科目,按照以后期间可抵扣的增值税额,借记"应交增值税(待抵扣进项税额)"科目,按照应付或实际支付的金额,贷记"应付账款""应付票据""银行存款"和"零余额账户用款额度"等科目。

尚未抵扣的进项税额待以后期间允许抵扣时,按照允许抵扣的金额,借记"应交增值税(应交税金——进项税额)"科目,贷记"应交增值税(待抵扣进项税额)"科目。

(4)进项税额抵扣情况发生改变。单位因发生非正常损失或改变用途等,原已计入进项税额、待抵扣进项税额或待认证进项税额,但按照现行增值税制度规定不得从销项税额中抵扣的,借记"待处理财产损溢""固定资产"和"无形资产"等科目,贷记"应交增值税(应交税金——进项税额转出)"科目、"应交增值税(待抵扣进项税额)"科目或"应交增值税(待认证进项税额)"科目。

原不得抵扣且未抵扣进项税额的固定资产、无形资产等,因改变用途等用于允许抵扣进项税额应税项目的,应按照允许抵扣的进项税额,借记"应交增值税(应交税金——进项税额)"科目,贷记"固定资产""无形资产"等科目。固定资产、无形资产等经上述调整后,应按照调整后的账面价值在剩余尚可使用年限内计提折旧或摊销。

单位购进时已全额计入进项税额的货物或服务等转用于不动产在建工程的,对于结转以后期间的进项税额,应借记"应交增值税(待抵扣进项税额)"科目,贷记"应交增值税（应交税金——进项税额转出）"科目。

（5）购买方为扣缴义务人。按照现行增值税制度规定，境外单位或个人在境内发生应税行为，在境内未设有经营机构的，以购买方为增值税扣缴义务人。境内一般纳税人购进服务或资产时，按照应计入相关成本费用或资产的金额，借记"业务活动费用""在途物品""库存物品""工程物资""在建工程""固定资产"和"无形资产"等科目。按照可抵扣的增值税额，借记"应交增值税（应交税金——进项税额）"科目（小规模纳税人应借记相关成本费用或资产科目），按照应付或实际支付的金额，贷记"银行存款""应付账款"等科目，按照应代扣代缴的增值税额，贷记"应交增值税（代扣代交增值税）"科目。

实际缴纳代扣代缴增值税时，按照代扣代缴的增值税额，借记"应交增值税（代扣代交增值税）"科目，贷记"银行存款""零余额账户用款额度"等科目。

2. 单位销售资产或提供服务等业务

（1）销售资产或提供服务业务。单位销售货物或提供服务，应当按照应收或已收的金额，借记"应收账款""应收票据"和"银行存款"等科目，按照确认的收入金额，贷记"经营收入""事业收入"等科目，按照增值税制度规定计算的销项税额（或采用简易计税方法计算的应纳增值税额），贷记"应交增值税（应交税金——销项税额）"科目或"应交增值税（简易计税）"科目（小规模纳税人应贷记"应交增值税"科目）。

发生销售退回的，应根据按照规定开具的红字增值税专用发票做相反的会计分录。

按照相关《政府会计准则》或《政府会计制度》确认收入的时点早于按照增值税制度确认增值税纳税义务发生时点的，应将相关销项税额记入"应交增值（待转销项税额）"科目，待实际发生纳税义务时再转入"应交增值税（应交税金——销项税额）"科目或"应交增值税（简易计税）"科目。

按照增值税制度确认增值税纳税义务发生时点早于按照相关《政府会计准则》或《政府会计制度》确认收入的时点的，应按照应纳增值税额，借记"应收账款"科目，贷记"应交增值税（应交税金——销项税额）"科目或"应交增值税（简易计税）"科目。

（2）金融商品转让按照规定以盈亏相抵后的余额作为销售额。金融商品实际转让的月末，如产生转让收益，则按照应纳税额，借记"投资收益"科目，贷记"应交增值税（转让金融商品应交增值税）"科目；如产生转让损失，则按照可结转下月抵扣税额，借记"应交增值税（转让金融商品应交增值税）"科目，贷记"投资收益"科目。

缴纳增值税时，应借记"应交增值税（转让金融商品应交增值税）"科目，贷记"银行存款"等科目。年末，"应交增值税（转让金融商品应交增值税）"科目如有借方余额，则借记"投资收益"科目，贷记"应交增值税（转让金融商品应交增值税）"科目。

3. 月末转出多交增值税和未交增值税

月度终了，单位应将当月应交未交或多交的增值税自"应交税金"明细科目转入"未交税金"明细科目。

对于当月应交未交的增值税，借记"应交增值税（应交税金——转出未交增值税）"科目，贷记"应交增值税（未交税金）"科目；对于当月多交的增值税，借记"应交增值税（未交税金）"科目，贷记"应交增值税（应交税金——转出多交增值税）"科目。

4. 缴纳增值税

（1）缴纳当月应交增值税。单位缴纳当月应交的增值税，借记"应交增值税（应交税金——已交税金）"科目（小规模纳税人借记"应交增值税"科目），贷记"银行存款"等科目。

（2）缴纳以前期间未交增值税。单位缴纳以前期间未交的增值税，借记"应交增值税（未交税金）"科目（小规模纳税人借记"应交增值税"科目），贷记"银行存款"等科目。

（3）预交增值税。单位预交增值税时，借记"应交增值税（预交税金）"科目，贷记"银行存款"等科目。月末，单位应将"预交税金"明细科目余额转入"未交税金"明细科目，借记"应交增值税（未交税金）"科目，贷记"应交增值税（预交税金）"科目。

（4）减免增值税。对于当期直接减免的增值税，借记"应交增值税（应交税金——减免税款）"科目，贷记"业务活动费用""经营费用"等科目。按照现行增值税制度规定，单位初次购买增值税税控系统专用设备支付的费用以及缴纳的技术维护费允许在增值税应纳税额中全额抵减的，按照规定抵减的增值税应纳税额，借记"应交增值税（应交税金——减免税款）"科目（小规模纳税人借记"应交增值税"科目），贷记"业务活动费用""经营费用"等科目。

【例 5 - 2】某事业单位（增值税一般纳税人）初次购入增值税税控系统专用设备一台，实际支付金额 200 000 元。

借：固定资产　　　　　　　　　　　　　　　　　　　　　　　　200 000
　　贷：银行存款　　　　　　　　　　　　　　　　　　　　　　200 000

按规定全额抵减增值税应纳税额：

借：应交增值税——应交税金（减免税款）　　　　　　　　　　　200 000
　　贷：业务活动费用　　　　　　　　　　　　　　　　　　　　200 000

【例 5 - 3】某事业单位（增值税一般纳税人）在开展非独立核算经营活动中购入一批货品，取得的增值税专用发票注明金额为 1 000 000 元，税额 160 000 元，款项已用银行存款支付，货品已验收入库。

该事业单位在开展非独立核算经营活动中还销售一批货品，取得经营收入 2 000 000 元，按 16% 税率计算的销项税额为 320 000 元，款项已收到并存入开户银行。

当月末，该事业单位上交增值税 159 000 元，后将当月应交未交的增值税 1 000 元自"应交税金"明细科目转入"未交税金"明细科目。

次月，该事业单位以银行存款缴纳上月未交的增值税 1 000 元。该事业单位应编制如下会计分录：

（1）购入货品时：

借：库存物品 1 000 000

　　应交增值税——应交税金（进项税额） 160 000

　　贷：银行存款 1 160 000

（2）销售货品时：

借：银行存款 2 320 000

　　贷：经营收入 2 000 000

　　　　应交增值税——应交税金（销项税额） 320 000

（3）月末，将当月应交未交的增值税自"应交税金"明细科目转入"未交税金"明细科目时：

借：应交增值税——应交税金（转出未交增值税） 1 000

　　贷：应交增值税——未交税金 1 000

（4）次月，以银行存款缴纳上月未交的增值税时：

借：应交增值税——未交税金 1 000

　　贷：银行存款 1 000

三、其他应交税费

其他应交税费是指行政事业单位按照税法等规定计算应缴纳的除增值税以外的各种税费，包括城市维护建设税、教育费附加、地方教育费附加、车船税、房产税、城镇土地使用税和企业所得税等。

为核算其他应交税费业务，行政事业单位应设置"其他应交税费"总账科目。如为贷方余额，反映单位应交未交的除增值税以外的税费金额；如为借方余额，反映单位多缴纳的除增值税以外的税费金额。

单位代扣代缴的个人所得税也通过该科目核算。单位应缴纳的印花税不需要预提应交税费，直接通过"业务活动费用""单位管理费用"和"经营费用"等科目核算，不通过该科目核算。

该科目应当按照应缴纳的税费种类进行明细核算。具体的账务处理如下：

（1）单位发生城市维护建设税、教育费附加、地方教育费附加、车船税、房产税、城镇土地使用税等纳税义务的，按照税法规定计算的应缴税费金额，借记"业务活动费用""单位管理费用"和"经营费用"等科目，贷记该科目（应交城市维护建设税、应交教育费附加、应交地方教育费附加、应交车船税、应交房产税、应交城镇土地使用税等）。

（2）单位按照税法规定计算应代扣代缴职工（含长期聘用人员）的个人所得税时，借记"应付职工薪酬"科目，贷记"其他应交税费（应交个人所得税）"科目。

按照税法规定计算应代扣代缴支付给职工（含长期聘用人员）以外人员劳务费的个人所得税，借记"业务活动费用""单位管理费用"等科目，贷记"其他应交税费（应交个人所得税）"科目。

（3）单位发生企业所得税纳税义务的，按照税法规定计算的应交所得税额，借记"所得税费用"科目，贷记"其他应交税费（单位应交所得税）"科目。事业单位的企业所得税业务主要涉及经营活动，行政单位没有企业所得税业务。

（4）单位实际缴纳上述各种税费时，借记"其他应交税费（应交城市维护建设税、应交教育费附加、应交地方教育费附加、应交车船税、应交房产税、应交城镇土地使用税、应交个人所得税、单位应交所得税等）"科目，贷记"财政拨款收入""零余额账户用款额度""银行存款"等科目。

【例5-4】某事业单位在开展专业业务活动中按税法规定发生应交城市维护建设税600元，教育费附加350元，两项税费按规定均计入业务活动费用。月末，该事业单位足额缴纳上述费用。编制如下会计分录：

（1）计算税费时：

借：业务活动费用	950
贷：其他应交税费——应交城市维护建设税	600
——应交教育费附加	350

（2）实际缴纳时：

借：其他应交税费——应交城市维护建设税	600
——应交教育费附加	350
贷：银行存款	950

【例5-5】某事业单位（增值税一般纳税人）本月计算应代扣代缴职工的个人所得税金额3 640元，其中本单位职工3 000元，外用人员640元。账务处理如下：

（1）计算应代扣代缴个人所得税金额时：

借：应付职工薪酬（职工）	3 000
业务活动费用/单位管理费用等（非职工人员）	640
贷：其他应交税费——应交个人所得税	3 640

（2）实际缴纳代扣代缴个人所得税时：

借：其他应交税费——应交个人所得税	3 640
贷：财政款收入/零余额账户用款额度/银行存款等	3 640

【例5-6】某事业单位（增值税一般纳税人）经营活动取得一定收入，本月按照税法规定计算的应缴所得税为960元。

（1）计算税费时：

借：所得税费用	960
贷：其他应交税费——单位应交所得税	960

（2）实际缴纳时：

借：其他应交税费——单位应交所得税	960
贷：银行存款等	960

四、应缴财政款

应缴财政款是指行政事业单位取得或应收的按照规定应当上缴财政的款项，包括应缴国库的款项和应缴财政专户的款项。单位按照国家税法等有关规定应当缴纳的各种税费不属于应缴财政款，而属于应交税费，通过"应交增值税""其他应交税费"核算。

为核算应缴财政款业务，行政事业单位应设置"应缴财政款"总账科目。本科目应当按照应缴财政款项的类别进行明细核算，主要账务处理如下：

（1）单位取得或应收按照规定应缴财政的款项时，借记"银行存款""应收账款"等科目，贷记"应缴财政款"科目。

（2）单位处置资产取得应上缴财政的处置净收入时，借记"待处理财产损溢（处理净收入）"科目，贷记"应缴财政款"科目。

（3）单位上缴应缴财政的款项时，按照实际上缴的金额，借记"应缴财政款"科目，贷记"银行存款"科目。

该科目期末贷方余额，反映单位应当上缴财政但尚未缴纳的款项。年终清缴后，该科目一般应无余额。

在财政国库集中收付制度下，缴款人应将应缴财政的款项直接缴入财政国库或财政专户，不通过行政事业单位的银行存款账户过渡。在这种情况下，行政事业单位的职责是监督缴款人依法将应缴财政的款项及时上缴财政，单位不需要对相应的业务做正式的会计分录。对于一些零星的难以实行国库集中收缴的政府非税收入，行政事业单位在直接收取后，应当及时上缴财政。

【例5-7】某事业单位经财政部门批准，将一处闲置的房屋对外出租，取得租金收入12 000元，存入单位的银行账户，该租金按规定应当上缴财政。数日后，该事业单位将收到的租金上缴财政。

（1）收到租金时：

借：银行存款   12 000

  贷：应缴财政款   12 000

（2）租金上缴财政时：

借：应缴财政款   12 000

  贷：银行存款   12 000

五、应付职工薪酬

1. 应付职工薪酬的核算

应付职工薪酬是指行政事业单位按照有关规定应付给职工（含长期聘用人员）及为职工支付的各种薪酬，包括基本工资、国家统一规定的津贴补贴、规范津贴补贴（绩效工资）、改革性补贴、社会保险费（如职工基本养老保险费、基本医疗保险费等）、住房公积金等。

为核算应付职工薪酬业务，行政事业单位应设置"应付职工薪酬"总账科目。该科目应当根据国家有关规定按照"基本工资（含离退休费）""国家统一规定的津贴补贴""规范津贴补贴（绩效工资）""改革性补贴""社会保险费""住房公积金"和"其他个人收入"等进行明细核算。

其中，"社会保险费""住房公积金"明细科目的核算内容包括单位从职工工资中代扣代缴的社会保险费、住房公积金，以及单位为职工计算缴纳的社会保险费、住房公积金。

2. 应付职工薪酬的账务处理

该科目一般为贷方余额，反映单位应付未付的职工薪酬。主要账务处理如下：

（1）单位计算确认当期应付职工薪酬（含单位为职工计算缴纳的社会保险费、住房公积金）时。

1）计提从事专业及其辅助活动人员的职工薪酬，借记"业务活动费用""单位管理费用"科目，贷记"应付职工薪酬"科目。

2）计提应由在建工程、加工物品、自行研发无形资产负担的职工薪酬，借记"在建工程""加工物品"和"研发支出"等科目，贷记"应付职工薪酬"科目。

3）计提从事专业及其辅助活动之外的经营活动人员的职工薪酬，借记"经营费用"科目，贷记"应付职工薪酬"科目。

4）因解除与职工的劳动关系而给予的补偿，借记"单位管理费用"等科目，贷记"应付职工薪酬"科目。

（2）单位向职工支付工资、津贴补贴等薪酬时，按照实际支付的金额，借记"应付职工薪酬"科目，贷记"财政拨款收入""零余额账户用款额度"和"银行存款"等科目。

（3）单位按照税法规定代扣职工个人所得税时，借记"应付职工薪酬（基本工资）"科目，贷记"其他应交税费——应交个人所得税"科目。

（4）从应付职工薪酬中代扣为职工垫付的水电费、房租等费用时，按照实际扣除的金额，借记该科目（基本工资），贷记"其他应收款"等科目。

（5）从应付职工薪酬中代扣社会保险费和住房公积金，按照代扣的金额，借记"应付职工薪酬（基本工资）"科目，贷记"应付职工薪酬（社会保险费、住房公积金）"科目。

单位按照国家有关规定缴纳职工社会保险费和住房公积金时，按照实际支付的金额，借记"应付职工薪酬（社会保险费、住房公积金）"科目，贷记"财政拨款收入""零余额账户用款额度"和"银行存款"等科目。

（6）从应付职工薪酬中支付的其他款项，借记本科目，贷记"零余额账户用款额度""银行存款"等科目。

【例5-8】某行政单位计算本月应付在编人员的职工薪酬，其中应付职工基本工资425 000元，国家统一规定的津贴补贴45 000元，应为职工计算缴纳的社会保险费70 000元和住房公积金35 000元，应从职工基本工资中代扣的社会保险费65 000元和住房公积金30 000元，应从职工基本工资中代扣的职工个人所得税7 800元。

在当月职工薪酬中，社会保险费合计135 000元（65 000＋70 000），住房公积金合计65 000元（30 000＋35 000）。

数日后，该行政单位通过财政直接支付方式向职工支付基本工资322 200元（425 000－65 000－30 000－7 800）和津贴补贴45 000元，款项合计367 200元。

按照国家规定向相关机构缴纳职工社会保险费135 000元（70 000＋65 000）和住房公积金65 000（35 000＋30 000）元，两款项合计200 000元通过财政直接支付方式支付。

该行政单位应编制如下会计分录：

（1）计提职工薪酬时：

借：业务活动费用　　　　　　　575 000（425 000＋45 000＋70 000＋35 000）

　　贷：应付职工薪酬——基本工资　　　　　　　　　　　425 000

　　　　　　　　——国家统一规定的津贴补贴　　　　　　45 000

　　　　　　　　——社会保险费　　　　　　　　　　　　70 000

　　　　　　　　——住房公积金　　　　　　　　　　　　35 000

（2）从应付职工薪酬中代扣社会保险费和住房公积金时：

借：应付职工薪酬——基本工资　　　　　　　　　　　　95 000

　　贷：应付职工薪酬——社会保险费　　　　　　　　　　65 000

　　　　　　　　——住房公积金　　　　　　　　　　　　30 000

（3）按税法规定从应付职工薪酬中代扣职工个人所得税时：

借：应付职工薪酬——基本工资　　　　　　　　　　　　7 800

　　贷：其他应交税费——应交个人所得税　　　　　　　　7 800

（4）向职工支付基本工资和津贴补贴时：

借：应付职工薪酬——基本工资　　　　　　　　　　　　322 200

　　　　　　　　——国家统一规定的津贴补贴　　　　　　45 000

　　贷：财政拨款收入　　　　　　　　　　　　　　　　　367 200

（5）向相关机构缴纳职工社会保险费和住房公积金时：

借：应付职工薪酬——社会保险费　　　　　　　　　　　135 000

　　　　　　　　——住房公积金　　　　　　　　　　　　65 000

　　贷：财政拨款收入　　　　　　　　　　　　　　　　　200 000

【例5-9】某事业单位计算本月应付在职事业编制人员的职工薪酬，应付职工工资为1 880 000元，应付规范津贴补贴（绩效工资）900 000元，应付其他个人收入120 000元，应付社会保险费658 000元（单位承担部分），应付住房公积金282 000元（单位承担部分）。

月末，事业单位通过零余额账户向职工支付本月工资、津贴补贴。应由个人承担的社会保险费129 800元，住房公积金282 000元，代缴个人所得税240 000元。扣除社会保险费、住房公积金和个人所得税后，实际支付在职员工工资、津贴补贴和其他个人收入共计2 248 200元。

该事业单位通过零余额账户将社会保险费合计787 800元（658 000 + 129 800）转入社会保险管理机构账户，将住房公积金合计564 000元（282 000 + 282 000）转入公积金管理中心账户。

（1）计提职工薪酬时：

借：单位管理费用		3 840 000
贷：应付职工薪酬——基本工资		1 880 000
——规范津贴补贴		900 000
——其他个人收入		120 000
——社会保险费		658 000
——住房公积金		282 000

（2）支付工资、津贴补贴时：

借：应付职工薪酬——基本工资		1 880 000
——规范津贴补贴		900 000
——其他个人收入		120 000
贷：零余额账户用款额度		2 248 200
其他应付款——社会保险费		129 800
——住房公积金		282 000
其他应交税费——应交个人所得税		240 000

（3）支付社会保险费、住房公积金时：

借：应付职工薪酬——社会保险费		658 000
——住房公积金		282 000
其他应付款——社会保险费		129 800
——住房公积金		282 000
贷：零余额账户用款额度		1 351 800

六、应付及预收款项

应付及预收款项是指行政事业单位在开展业务活动中发生的各项债务，包括应付票据、应付账款、应付政府补贴款、应付利息、预收账款、其他应付款等。

1. 应付票据

应付票据是指事业单位因购买材料、物资等而开出、承兑的商业汇票，包括银行承兑汇票和商业承兑汇票。为核算应付票据业务，事业单位应设置"应付票据"总账科目。该科目应当按照债权人进行明细核算。事业单位应当设置"应付票据备查簿"，详细登记每一应付票据的种类、号数、出票日期、到期日、票面金额、交易合同号、收款人姓名或单位名称，以及付款日期和金额等。应付票据到期结清票款后，应当在备查簿内逐笔注销。

该科目期末贷方余额，反映事业单位开出、承兑的尚未到期的应付票据金额。主要账务处理如下：

（1）单位开出、承兑商业汇票时，借记"库存物品""固定资产"等科目，贷记本科目。涉及增值税业务的，还应进行相应的会计处理。以商业汇票抵付应付账款时，借记"应付账款"科目，贷记本科目。

（2）支付银行承兑汇票的手续费时，借记"业务活动费用""经营费用"等科目，贷记"银行存款""零余额账户用款额度"等科目。

（3）商业汇票到期时，应当分别以下情况处理：

1）收到银行支付到期票据的付款通知时，借记本科目，贷记"银行存款"科目。

2）银行承兑汇票到期，单位无力支付票款的，按照应付票据账面余额，借记本科目，贷记"短期借款"科目。

3）商业承兑汇票到期，单位无力支付票款的，按照应付票据账面余额，借记本科目，贷记"应付账款"科目。

事业单位应付票据的业务内容和核算方法与企业应付票据的相应内容类似，此处不再举例说明，可参阅企业会计的相应内容。

2. 应付账款

应付账款是指行政事业单位因购买物资、接受服务、开展工程建设等而应付的偿还期限在1年以内（含1年）的款项。为核算应付账款业务，行政事业单位应设置"应付账款"总账科目。该科目应当按照债权人进行明细核算。对于建设项目，还应设置"应付器材款""应付工程款"等明细科目，并按照具体项目进行明细核算。该科目期末贷方余额，反映单位尚未支付的应付账款。

（1）单位收到所购材料、物资、设备或服务以及确认完成工程进度但尚未付款时，根据发票及账单等有关凭证，按照应付未付款项的金额，借记"库存物品""固定资产"和"在建工程"等科目，贷记本科目。涉及增值税业务的，还应进行相应的会计处理。

（2）偿付应付账款时，按照实际支付的金额，借记本科目，贷记"财政拨款收入""零余额账户用款额度"和"银行存款"等科目。

（3）事业单位开出、承兑商业汇票抵付应付账款时，借记本科目，贷记"应付票据"科目。

（4）单位无法偿付或债权人豁免偿还的应付账款，应当按照规定报经批准后进行账务处理。经批准核销时，借记本科目，贷记"其他收入"科目。核销的应付账款应在备查簿中保留登记。

【例5-10】某事业单位向甲供应商购买自用材料A一批，不含增值税价格为5 000元，材料已经入库，款项未付（暂不考虑增值税）。

借：库存物品——材料 A　　　　　　　　　　　　　　　5 000
　　贷：应付账款——甲供应商　　　　　　　　　　　　　　　5 000
数日后，事业单位以零余额账户用款额度偿付了上述购买材料所欠款项 5 000 元。
借：应付账款——甲供应商　　　　　　　　　　　　　　　5 000
　　贷：零余额账户用款额度　　　　　　　　　　　　　　　　5 000

3. 应付政府补贴款

应付政府补贴款是指负责发放政府补贴的行政单位，按照规定应当支付给政府补贴接受者的各种政府补贴款，如有关行政单位根据职能划分向农民发放农机购置补贴、向使用清洁能源的单位和个人发放使用清洁能源补贴、向购买节能电器的单位和个人发放节能补贴、向职业培训和职业介绍机构发放职业培训和职业介绍补贴等（注意：仅行政单位使用该科目）。

为核算应付政府补贴款业务，行政单位应设置“应付政府补贴款”总账科目。本科目应当按照应支付的政府补贴种类进行明细核算。单位还应当根据需要按照补贴接受者进行明细核算，或者建立备查簿对补贴接受者予以登记。本科目期末贷方余额，反映行政单位应付未付的政府补贴金额。应付政府补贴款的主要账务处理如下：

（1）发生应付政府补贴时，按照依规定计算确定的应付政府补贴金额，借记“业务活动费用”科目，贷记本科目。

（2）支付应付政府补贴款时，按照支付金额，借记本科目，贷记“零余额账户用款额度”“银行存款”等科目。

【例 5-11】某行政单位应向农民发放农机购置补贴款 25 500 元。数日后，该行政单位通过零余额账户向补贴接受者支付了该项政府补贴款。
借：业务活动费用　　　　　　　　　　　　　　　　　25 500
　　贷：应付政府补贴款　　　　　　　　　　　　　　　　　25 500
借：应付政府补贴款　　　　　　　　　　　　　　　　　25 500
　　贷：零余额账户用款额度　　　　　　　　　　　　　　　25 500

4. 应付利息

应付利息是指事业单位按照合同约定应支付的借款利息，包括短期借款、分期付息到期还本的长期借款等应支付的利息（注：行政单位无借款，故无应付利息的业务）。

为核算应付利息业务，事业单位应设置“应付利息”总账科目。该科目应当按照债权人等进行明细核算。该科目期末贷方余额，反映事业单位应付未付的利息金额。应付利息的主要账务处理如下：

（1）单位为建造固定资产、公共基础设施等借入的专门借款的利息，属于建设期间发生的，按期计提利息费用时，按照计算确定的金额，借记“在建工程”科目，贷记本科目；不属于建设期间发生的，按期计提利息费用时，按照计算确定的金额，借记“其他费用”科目，贷记本科目。

（2）对于其他借款，按期计提利息费用时，按照计算确定的金额，借记"其他费用"科目，贷记本科目。

（3）单位实际支付应付利息时，按照支付的金额，借记本科目，贷记"银行存款"等科目。

【例5-12】某事业单位为购建固定资产借入一笔3个月的短期借款20 000元，月末计提利息费用100元，其中符合资本化的费用为70元。

借：在建工程	70
其他费用	30
贷：应付利息	100

5. 预收账款

预收账款是指事业单位预先收取但尚未结算的款项。事业单位预收账款如公立医院的预收医疗费、科研院所和高等学校的预收科研经费、事业单位开展经营活动中预收的款项（注：行政单位没有预收账款的业务）。

为核算预收账款业务，事业单位应设置"预收账款"总账科目。该科目应当按照债权人进行明细核算。该科目期末贷方余额，反映事业单位预收但尚未结算的金额。

（1）单位从付款方预收款项时，按照实际预收的金额，借记"银行存款"等科目，贷记本科目。

（2）确认有关收入时，按照预收账款账面余额，借记本科目，按照应确认的收入金额，贷记"事业收入""经营收入"等科目，按照付款方补付或退付款方的金额，借记或贷记"银行存款"等科目。涉及增值税业务的，还应进行相应的会计处理。

（3）单位无法偿付或债权人豁免偿还的预收账款，应当按照规定报经批准进行账务处理。经批准核销时，借记本科目，贷记"其他收入"科目。核销的预收账款应在备查簿中保留登记。

【例5-13】某事业单位按照合同规定预先向付款方收取一笔款项25 000元，款项已存入单位的银行账户。相应的专业业务活动结束后，该事业单位确认事业收入30 000元，付款方已通过银行转账补付款项5 000元。

借：银行存款	25 000
贷：预收账款	25 000
借：银行存款	5 000
预收账款	25 000
贷：事业收入	30 000

6. 其他应付款

其他应付款是指单位除应交增值税、其他应交税费、应缴财政款、应付职工薪酬、应付票据、应付账款、应付政府补贴款、应付利息、预收账款以外其他各项偿还期限在1年内（含1年）的应付及暂收款项，如收取的押金、存入保证金、已经报销但尚未偿还银行的本单位公务卡欠款等。

为核算其他应付款业务，行政事业单位应设置"其他应付款"总账科目。同级政府财政部门预拨的下期预算款和没有纳入预算的暂付款项，以及采用实拨资金方式通过本单位转拨给下属单位的财政拨款也通过该科目核算。该科目应当按照其他应付款的类别以及债权人等进行明细核算。该科目期末贷方余额，反映单位尚未支付的其他应付款金额。

（1）单位发生其他应付及暂收款项时，借记"银行存款"等科目，贷记本科目。支付（或退回）其他应付及暂收款项时，借记本科目，贷记"银行存款"等科目。将暂收款项转为收入时，借记本科目，贷记"事业收入"等科目。

（2）单位收到同级政府财政部门预拨的下期预算款和没有纳入预算的暂付款项，按照实际收到的金额，借记"银行存款"等科目，贷记本科目；等到下一预算期或批准纳入预算时，借记本科目，贷记"财政拨款收入"科目。

采用实拨资金方式通过本单位转拨给下属单位的财政拨款，按照实际收到的金额，借记"银行存款"科目，贷记本科目；向下属单位转拨财政拨款时，按照转拨的金额，借记本科目，贷记"银行存款"科目。

（3）本单位公务卡持卡人报销时，按照审核报销的金额，借记"业务活动费用""单位管理费用"等科目，贷记本科目；偿还公务卡欠款时，借记本科目，贷记"零余额账户用款额度"等科目。

（4）涉及质保金形成其他应付款的，相关账务处理参见"固定资产"核算的相关业务。

（5）无法偿付或债权人豁免偿还的其他应付款项，应当按照规定报经批准后进行账务处理，经批准核销时，借记本科目，贷记"其他收入"科目。核销的其他应付款应在备查簿中保留登记。

【例5-14】某行政单位公务卡持卡人报销，审核报销的金额为15 500元。数日后，该行政单位通过财政授权支付方式向银行偿还了该项公务卡欠款15 500元。

（1）公务卡持卡人报销时：

借：业务活动费用　　　　　　　　　　　　　　　　　　　　　　　　15 500

　　贷：其他应付款　　　　　　　　　　　　　　　　　　　　　　　　15 500

（2）行政单位向银行偿还公务卡欠款时：

借：其他应付款　　　　　　　　　　　　　　　　　　　　　　　　　15 500

　　贷：零余额账户用款额度　　　　　　　　　　　　　　　　　　　　15 500

七、预提费用

预提费用是指行政事业单位预先提取的已经发生但尚未支付的费用，如预提租金费用等。

为核算预提费用业务，行政事业单位应设置"预提费用"总账科目。事业单位按规定从科研项目收入中提取的项目间接费用或管理费，也通过本科目核算，事业单位计提的借款利息费用，通过"应付利息""长期借款"科目核算，不通过本科目核算。

本科目应当按照预提费用的种类进行明细核算。对于提取的项目间接费用或管理费，应当在该科目下设置"项目间接费用或管理费"明细科目，并按项目进行明细核算。本科目期末贷方余额，反映单位已预提但尚未支付的各项费用。

（1）对于项目间接费用或管理费，事业单位按规定从科研项目收入中提取项目间接费用或管理费时，按照提取的金额，借记"单位管理费用"科目，贷记本科目（项目间接费用或管理费）。

实际使用计提的项目间接费用或管理费时，按照实际支付的金额，借记本科目（项目间接费用或管理费），贷记"银行存款""库存现金"等科目。

（2）对于其他预提费用，单位按期预提租金等费用时，按照预提的金额，借记"业务活动费用""单位管理费用"和"经营费用"等科目，贷记本科目。

实际支付款项时，按照支付金额，借记本科目，贷记"零余额账户用款额度""银行存款"等科目。

【例5-15】1月1日，某事业单位预提第一季度库房租金24 000元，4月1日用银行存款支付第一季度租金。

（1）预提第一季度库房租金时：

借：单位管理费用   24 000

  贷：预提费用   24 000

（2）实际支付租金时：

借：预提费用   24 000

  贷：银行存款   24 000

第二节　非流动负债

非流动负债是指除流动负债以外的负债。行政事业单位的非流动负债包括长期借款、长期应付款和预计负债等。

一、长期借款

长期借款是指事业单位经批准向银行或其他金融机构等借入的期限超过1年（不含1年）的各种借款本息（注：行政单位没有借款业务）。

事业单位长期借款的特点是偿还期限较长、借款数额较大，通常与事业单位长远发展和基本建设有关。事业单位通过长期借款筹集到的资金，一般用于事业单位改善基础设施建设，如购建固定资产、开展工程项目和基建项目等。

为核算长期借款业务，事业单位应设置"长期借款"总账科目。该科目应当设置"本金"和"应计利息"明细科目，并按照贷款单位和贷款种类进行明细核算。对于建设项目借款，还应按照具体项目进行明细核算。本科目期末贷方余额，反映事业单位尚未偿还的长期借款本息金额。具体账务处理如下：

（1）单位借入各项长期借款时，按照实际借入的金额，借记"银行存款"科目，贷记本科目（本金）。

（2）为建造固定资产、公共基础设施等应支付的专门借款利息，按期计提利息时，分别以下情况处理：

1）属于工程项目建设期间发生的利息，计入工程成本，按照计算确定的应支付的利息金额，借记"在建工程"科目，贷记"应付利息（分期付息、到期还本借款的利息）"科目或本科目（应计利息）（到期一次还本付息借款的利息）。

2）属于工程项目完工交付使用后发生的利息，计入当期费用，按照计算确定的应支付的利息金额，借记"其他费用"科目，贷记"应付利息（分期付息、到期还本借款的利息）"科目或本科目（应计利息）（到期一次还本付息借款的利息）。

3）按期计提其他长期借款的利息时，按照计算确定的应支付的利息金额，借记"其他费用"科目，贷记"应付利息（分期付息、到期还本借款的利息）"科目或本科目（应计利息）（到期一次还本付息借款的利息）。

4）到期归还长期借款本金、利息时，借记本科目（本金、应计利息），贷记"银行存款"科目。

【例5-16】某事业单位根据事业发展需要建造一项固定资产，经批准专门向银行借入一笔款项400 000元，借款期限为5年，每年支付借款利息22 500元，本金到期一次偿还。工程建造期限为两年，两年后固定资产如期建造完成并交付使用。5年后，该事业单位如期偿还借款本金400 000元，并支付最后一年的借款利息22 500元。以上相应借款的本息均通过银行存款支付。该事业单位应编制如下会计分录：

（1）向银行借入专门款项时：

借：银行存款　　　　　　　　　　　　　　　　　　　　　　　　400 000
　　贷：长期借款——本金　　　　　　　　　　　　　　　　　　　400 000

（2）第1~2年工程在建期间，计算确定专门借款利息时：

借：在建工程　　　　　　　　　　　　　　　　　　　　　　　　22 500
　　贷：应付利息　　　　　　　　　　　　　　　　　　　　　　　22 500

（3）支付第1~2年专门借款利息时：

借：应付利息　　　　　　　　　　　　　　　　　　　　　　　　22 500
　　贷：银行存款　　　　　　　　　　　　　　　　　　　　　　　22 500

（4）第3~5年工程完工后，计算确定专门借款利息时：

借：其他费用　　　　　　　　　　　　　　　　　　　　　　　　22 500
　　贷：应付利息　　　　　　　　　　　　　　　　　　　　　　　22 500

（5）支付第3~5年专门借款利息时：

借：应付利息　　　　　　　　　　　　　　　　　　　　　　　　22 500
　　贷：银行存款　　　　　　　　　　　　　　　　　　　　　　　22 500

（6）5年后，偿还专门借款本金时：

借：长期借款——本金　　　　　　　　　　　　　　　　　　　400 000

　　贷：银行存款　　　　　　　　　　　　　　　　　　　　　　　400 000

二、长期应付款

长期应付款是指行政事业单位发生的偿还期限超过 1 年（不含 1 年）的应付款项。与长期借款不同的是，长期应付款通常与大型资产购买与租赁有关，主要包括以融资租赁方式取得固定资产应付的租赁费和跨年度分期付款购入固定资产的价款。

为核算长期应付款业务，行政事业单位应设置"长期应付款"总账科目。该科目应当按照长期应付款的类别以及债权人进行明细核算。该科目期末贷方余额，反映单位尚未支付的长期应付款金额。主要账务处理如下：

（1）单位发生长期应付款时，借记"固定资产""在建工程"等科目，贷记本科目。支付长期应付款时，按照实际支付的金额，借记本科目，贷记"财政拨款收入""零余额账户用款额度"和"银行存款"等科目。涉及增值税业务的，还应进行相应的会计处理。

（2）无法偿付或债权人豁免偿还的长期应付款，应当按照规定报经批准后进行账务处理。经批准核销时，借记本科目，贷记"其他收入"科目。核销的长期应付款应在各查簿中保留登记。

（3）涉及质保金形成长期应付款的，相关账务处理参见固定资产核算的业务。

【例 5－17】某事业单位以分期付款方式购入一项大型检测设备，价款 21 000 000 元，合同约定设备款分 3 年支付，每年支付设备款 7 000 000 元。设备不需要安装，支付设备运费 1 000 元。

（1）购入医疗检测设备时：

借：固定资产　　　　　　　　　　　　　　　　　　　　　　21 001 000

　　贷：长期应付款　　　　　　　　　　　　　　　　　　　　21 000 000

　　　　银行存款　　　　　　　　　　　　　　　　　　　　　　　1 000

（2）每年支付医疗检测设备款时：

借：长期应付款　　　　　　　　　　　　　　　　　　　　　7 000 000

　　贷：银行存款　　　　　　　　　　　　　　　　　　　　　7 000 000

三、预计负债

预计负债是指行政事业单位对因或有事项所产生的现时义务而确认的负债。行政事业单位常见的或有事项包括未决诉讼或未决仲裁、对外国政府或国际经济组织的贷款担保、承诺（补贴、代偿）、环境污染整治、自然灾害或公共事件的救助等。

为核算预计负债业务，行政事业单位应设置"预计负债"总账科目。本科目应当按照预计负债的项目进行明细核算。本科目期末贷方余额，反映单位已确认但尚未支付的预计负债金额。主要账务处理如下：

（1）单位确认预计负债时，按照预计的金额，借记"业务活动费用""其他费用""经营费用"等科目，贷记"预计负债"科目。

（2）实际清偿预计负债时，按偿付的金额，借记"预计负债"科目，贷记"银行存款""零余额账户用款额度"等科目。

（3）根据确凿证据需要对已确认的预计负债账面余额进行调整的，按照调整增加的金额，借记有关科目，贷记"预计负债"科目；按照调整减少的金额，借记"预计负债"科目，贷记有关科目。

【例5-18】某事业单位因一起医疗事故赔偿案被原告在法院提起诉讼。年末，该案件尚在审理中，法院尚未做出判决。该事业单位在咨询了法律顾问后认为，本单位在该案件中处于不利地位，很可能需要赔款28 000元。

次年，经法院判决，该事业单位需要向原告赔款27 500元，该事业单位以银行存款支付了该款项。该项赔款按规定应计入其他费用。该事业单位应编制如下会计分录：

（1）年末，确认预计负债时：

借：业务活动费用 　　　　　　　　　　　　　　　　　28 000

　　贷：预计负债 　　　　　　　　　　　　　　　　　　28 000

（2）次年，法院判决时：

借：预计负债 　　　　　　　　　　　　　　　　　　　28 000

　　贷：银行存款 　　　　　　　　　　　　　　　　　　27 500

　　　　其他费用 　　　　　　　　　　　　　　　　　　　　500

第三节　受托代理负债

受托代理负债是指行政事业单位接受委托，在取得受托代理资产时形成的负债。主要包括因接受转赠资产形成的受托代理负债和因接受代储物资形成的受托代理负债等。

单位受托代理负债的确认依托于受托代理资产的确认，在确认一项受托代理资产的同时确认相应的托代理负债。以计量受托代理资产相同的金额对受托代理负债进行计量。

为核算受托代理负债业务，行政事业单位应设置"受托代理负债"总账科目。该科目应按委托人等进行明细核算；属于指定转赠物资和资金的，还应当按照指定受赠人进行明细核算。该科目期末贷方余额，反映单位尚未交付或发出受托代理资产形成的受托代理负债金额。主要账务处理如下：

（1）收到受托代理资产。单位接受委托人的委托，收到需要转赠他人的物资、现款或储存管理的物资时，借记"受托代理资产""库存现金""银行存款"等科目，贷记"受托代理负债"科目。

（2）交付受托代理资产。单位根据委托人要求交付受托管理的资产时，借记"受托代理负债"科目，贷记"受托代理资产""库存现金""银行存款"等科目。

【例5-19】 某事业单位接受委托，将一批价值100 000元的计算机设备和现金20 000元转赠贫困地区的某中学，用于帮助其改善基础办学条件。

（1）收到教学设备和现款时：

借：受托代理资产——计算机设备   100 000

  银行存款——受托代理存款   20 000

   贷：受托代理负债   120 000

（2）转赠教学设备和现款时：

借：受托代理负债   120 000

   贷：受托代理资产——计算机设备   100 000

     银行存款——受托代理存款   20 000

复习思考题

1. 什么是行政事业单位的负债？具体包括哪些种类？

2. 什么是行政事业单位的应缴财政款？具体包括哪些内容？

3. 什么是行政单位的应付政府补贴款？应付政府补贴款应在何时确认？

4. 什么是行政事业单位的受托代理负债？"受托代理负债"科目的主要对应科目有哪些？

第六章
行政事业单位的收入

【学习目标】

本章主要介绍行政事业单位收入的概念及内容、确认要求与计量标准；重点介绍各项收入的确认及会计核算处理。通过本章的学习，理解收入的内涵及确认标准，掌握各收入的主要账务处理。

收入是指行政事业单位在履行职责或开展业务活动中依法取得的非偿还性资金。行政事业单位的收入按照不同的来源渠道和资金性质包括财政拨款收入、事业收入、上级补助收入、附属单位上缴收入、经营收入、非同级财政拨款收入、投资收益、捐赠收入、利息收入、租金收入和其他收入等。收入应当按照权责发生制基础进行确认和计量。收入和费用两个财务会计要素构成行政事业单位的收入费用表。

第一节 财政拨款收入

一、财政拨款收入的确认

财政拨款收入是指行政事业单位从同级政府财政部门取得的各类财政拨款。其中同级政府财政部门是行政事业单位的预算管理部门，行政事业单位的预算需要经过同级政府财政部门批准后才能开始执行。行政事业单位从非同级政府财政部门取得的经费拨款，不作为财政拨款收入核算，而作为非同级财政拨款收入核算。

财政拨款收入是行政事业单位开展业务活动的基本财力保证。行政单位履行行政职能或开展业务活动的资金主要甚至是全部来源于财政拨款收入，公益一类事业单位的情况与行政单位相似。公益二类事业单位可以取得的财政拨款收入数额，取决于其专业业务活动的特点以及通过开展专业业务活动可以从市场上取得的事业收入的数额。目前，事业单位在开展专业业务活动中的业务收费需经政府部门批准，由政府部门实行统一管理。财政拨款收入确认分以下几种情况：

（1）在财政直接支付方式下，单位在收到国库支付执行机构委托代理银行转来的"财政直接支付入账通知书"及相关原始凭证时确认财政拨款收入。

（2）在授权支付方式下，单位在收到代理银行转来的"授权支付到账通知书"时，即可确认财政拨款收入。

（3）在其他支付方式下，单位会收到开户银行转来的"到账通知书"，款项到账后，即可按照通知书上所列的收款金额确认财政拨款收入。

（4）年终注销财政直接支付额度时，根据本年度财政直接支付预算指标数与财政直接支付实际支出数的差额，借记"财政应返还额度——财政直接支付"科目，贷记"财政拨款收入"科目。

二、财政拨款收入的计量

1. 财政拨款收入的账户设置

为核算财政拨款收入业务，行政事业单位应设置"财政拨款收入"总账科目。该科目可按照一般公共预算财政拨款、政府性基金预算财政拨款等拨款种类进行明细核算。

同级政府财政部门预拨的下期预算款和没有纳入预算的暂付款项，以及采用实拨资金方式通过本单位转拨给下属单位的财政拨款，通过"其他应付款"科目核算，不通过该科目核算。

2. 财政拨款收入的账务处理

（1）通过财政直接支付方式取得的财政拨款收入。行政事业单位通过财政直接支付方式取得财政拨款收入的业务有很多，如政府向社会力量购买服务、购买非货币性资产、取得基本支出拨款、支付预付账款、偿付应付账款等。

1）在财政直接支付方式下，行政事业单位根据收到的"财政直接支付入账通知书"及相关原始凭证，按照通知书中的直接支付入账金额，借记"库存物品""固定资产""业务活动费用""单位管理费用"和"应付职工薪酬"等科目，贷记"财政拨款收入"科目。涉及增值税业务的，还应进行相应的会计处理。

2）年末，根据本年度财政直接支付预算指标数与当年财政直接支付实际支付数的差额，借记"财政应返还额度——财政直接支付"科目，贷记"财政拨款收入"科目。

3）因差错更正或购货退回等发生国库直接支付款项退回的，属于以前年度支付的款项，按照退回金额，借记"财政应返还额度——财政直接支付"科目，贷记"以前年度盈余调整""库存物品"等科目；属于本年度支付的款项，按照退回金额，借记"财政拨款收入"科目，贷记"业务活动费用""库存物品"等科目。

【例6-1】某科研事业单位收到国库支付执行机构委托代理银行转来的"财政直接支付入账通知书"及原始凭证。内容为单位购买的价值为200 000元的科研仪器已经完成支付。该仪器不需要支付安装费用，资金性质为公共财政预算资金。

借：固定资产	200 000
贷：财政拨款收入	200 000

【例6-2】某事业单位退回本年初采购的材料A一批，价值3 500元，购买材料款项是国库集中支付。

借：财政拨款收入	3 500
贷：库存物品——材料A	3 500

（2）通过财政授权支付方式取得的财政拨款收入。

1）在财政授权支付方式下，行政事业单位根据收到的"财政授权支付额度到账通知书"，按照通知书中的授权支付额度，借记"零余额账户用款额度"科目，贷记"财政拨款收入"科目。

2）年末，本年度财政授权支付预算指标数大于零余额账户用款额度下达数的，根据未下达的用款额度，借记"财政应返还额度——财政授权支付"科目，贷记"财政拨款收入"科目。

（3）通过财政实拨资金方式取得的财政拨款收入。在财政实拨资金方式下收到财政拨款收入时，按照实际收到的金额，借记"银行存款"等科目，贷记"财政拨款收入"科目。

【例6-3】某事业单位收到代理银行转来的"授权支付到账通知书"，本月事业单位财政授权支付额度为200 000元已经下达到代理银行，其中基本支出补助（人员经费）150 000元，项目支出补助50 000元。

借：零余额账户用额度	200 000
贷：财政拨款收入——工资福利支出	150 000
——××项目	50 000

（4）其他方式下收到的财政拨款收入。其他方式主要是财政实拨资金方式下收到的财政拨款收入。按照实际收到的金额，借记"银行存款"等科目，贷记本科目。财政实拨资金方式使得大量财政资金沉淀在行政事业单位的商业银行账户中，从而大大降低了财政的宏观调控能力。目前，绝大多数行政事业单位已经进行了财政国库单一账户制度改革，财政实拨资金支付方式已经较少使用。

在其他方式下，单位收到开户银行转来的"到账通知书"，款项到账时，即可确认财政拨款收入。

【例6-4】某事业单位尚未纳入财政国库单一账户制度改革。该事业单位收到开户银行转来的收款通知，收到财政部门拨入的本期预算经费28 800元。

借：银行存款	28 800
贷：财政拨款收入	28 800

三、财政拨款收入的期末结账

期末，行政事业单位将"财政拨款收入"科目本期发生额转入本期盈余，借记"财政拨款收入"科目，贷记"本期盈余"科目。期末结转后，"财政拨款收入"科目应无余额。

【例 6 – 5】年末，某事业单位"财政拨款收入"科目的本年发生额为 688 000 元。该事业单位将其全数转入"本期盈余"科目。

借：财政拨款收入　　　　　　　　　　　　　　　　　　　688 000
　　贷：本期盈余　　　　　　　　　　　　　　　　　　　　688 000

第二节　事业收入

一、事业收入的确认

事业收入是指事业单位开展专业业务活动及其辅助活动实现的收入，不包括从同级政府财政部门取得的各类财政拨款。

根据不同行业的事业单位开展的专业业务活动及其辅助活动的具体内容不尽相同，事业单位的事业收入可分为高等学校的事业收入、中小学的事业收入、科学事业单位的事业收入、文化事业单位的事业收入、文物事业单位的事业收入、广播电视事业单位的事业收入、医院的事业收入、基层医疗卫生机构的事业收入、体育事业单位的事业收入。

按管理方式的不同，事业收入分为财政专户返还收入和其他事业收入两种类型。财政专户返还收入是采用财政专户返还方式管理的事业收入。在财政专户返还方式管理方式下，事业单位取得的各项事业性收费不能立即安排支出，需要上缴同级财政部门设立的财政资金专户，支出时由同级财政部门按资金收支计划从财政专户中拨付。其他事业收入是未采用财政专户返还方式管理的普通事业收入。许多事业单位的业务活动具有公益属性，在国家政策的支持下可以通过事业收费正常运转提供的公益性服务不以营利为目的，但需要按成本补偿的原则制定价格并收取服务费用，其事业收费不需要纳入财政专户管理。

事业收入的确认主要按管理方式的不同分为以下两种情况：

（1）采用财政专户返还方式管理的事业收入，事业单位经过审批取得从财政专户核拨的款项时，可确认事业收入。

（2）未采用财政专户返还方式管理的普通事业收入，事业单位在收到各项服务收费时即可确认事业收入。

二、事业收入的计量

为核算事业收入业务，事业单位应当设置"事业收入"总账科目，应当按照事业收入类别、来源等进行明细核算。事业收入中如有专项资金收入，还应按具体项目进行明细核算。对于因科研及其辅助活动从非同级政府财政部门取得的经费拨款，应当在该科目下单设"非同级财政拨款"明细科目进行核算。

根据收入管理的不同方式，分别按照财政专户管理方式和其他管理方式进行账务处理。

1. 采用财政专户返还方式管理的事业收入

目前，采用财政专户返还方式管理的事业收入主要是教育收费。其他事业收入，财政部门可以根据情况和管理需要采用财政专户返还方式进行管理。

（1）事业单位实现应上缴财政专户的事业收入时，按照实际收到或应收的金额，借记"银行存款""应收账款"等科目，贷记"应缴财政款"科目。

（2）向财政专户上缴款项时照实际上缴的款项金额，借记"应缴财政款"科目，贷记"银行存款"等科目。

（3）收到从财政专户返还的事业收入时，按照实际收到的返还金额，借记"银行存款"等科目，贷记"事业收入"科目。

【例6-6】某教育单位收到一笔采用财政专户返还方式管理的教育收费244 000元，款项已存入开户银行。数日后，事业单位通过开户银行向财政专户上缴收到的该笔教育收费244 000元。

次月，该教育单位收到从财政专户返还的一部分教育收费188 000元，款项已存入开户银行。该教育单位应编制如下会计分录：

（1）收到采用财政专户返还方式管理的教育收费时：

借：银行存款　　　　　　　　　　　　　　　　　　　　　244 000
　　贷：应缴财政款　　　　　　　　　　　　　　　　　　　244 000

（2）通过开户银行向财政专户上缴相应的教育收费时：

借：应缴财政款　　　　　　　　　　　　　　　　　　　　244 000
　　贷：银行存款　　　　　　　　　　　　　　　　　　　　244 000

（3）收到从财政专户返还的一部分教育收费时：

借：银行存款　　　　　　　　　　　　　　　　　　　　　188 000
　　贷：事业收入　　　　　　　　　　　　　　　　　　　　188 000

2. 采用预收款方式确认的事业收入

（1）事业单位实际收到预收款项时，按照收到的款项金额，借记"银行存款"等科目，贷记"预收账款"科目。

（2）以合同完成进度确认事业收入时，按照基于合同完成进度计算的金额，借记"预收账款"科目，贷记"事业收入"科目。

【例6-7】某事业单位按合同约定从付款方预收一笔事业活动款项85 000元，款项已存入开户银行。年末，按合同完成进度计算确认当年实现的事业收入45 000元。次年合同全部完成，该事业单位确认剩余合同的事业收入45 000元。该事业单位应编制如下会计分录：

（1）从付款方预收款项时：

借：银行存款   85 000

    贷：预收账款   85 000

（2）年末，确认当年实现的事业收入时：

借：预收账款   45 000

    贷：事业收入   45 000

（3）次年，确认剩余合同的事业收入时：

借：预收账款   40 000

    贷：事业收入   40 000

3. 采用应收款方式确认的事业收入

事业单位根据合同完成进度计算本期应收的款项，借记"应收账款"科目，贷记"事业收入"科目。实际收到款项时，借记"银行存款"等科目，贷记"应收账款"科目。

4. 其他方式下确认的事业收入

事业单位按照实际收到的金额，借记"银行存款""库存现金"等科目，贷记"事业收入"科目。

无论采用何种方式，事业单位在确认事业收入时涉及增值税业务的，还应进行相应的会计处理。

三、事业收入的期末结账

期末，事业单位将"事业收入"科目本期发生额转入本期盈余，借记"事业收入"科目，贷记"本期盈余"科目。期末结转后，"事业收入"科目应无余额。

第三节　上级补助收入

一、上级补助收入的概念及确认

1. 上级补助收入的概念

上级补助收入是指事业单位从主管部门和上级单位取得的非财政拨款收入。上级补助收入不同于财政补助收入，它们之间的主要差别是：财政补助收入来源于同级财政部门，资金性质为财政资金；上级补助收入来源于主管部门或上级单位，资金性质为非财政资金，如主管部门或上级单位自身组织的收入或集中下级单位的收入等。另外，财政补助收入属于事业单位的常规性收入，是事业单位开展业务活动的基本保证；上级补助收入属于事业单位的非常规性收入，主管部门或上级单位一般根据自身资金情况和事业单位的需要，向事业单位拨付上级补助资金。

上级补助收入按照使用要求的不同，分为专项资金收入和非专项资金收入。专项资金收入是主管部门或上级单位拨的用于完成特定任务的款项。上级补助收入中的专项资金收入在项目完成后，需要向主管部门和上级单位报送专项支出决算和使用效果的书面报告，接受主管部门或上级单位的检查和验收。非专项资金收入是主管部门或上级单位拨入用于维持正常运行和完成日常工作任务的款项。

2. 上级补助收入的确认

补助款项已到账时，单位收到开户银行转来的"到账通知书"，即可按照实际收到的金额确认上级补助收入。

二、上级补助收入的计量

为核算上级补助收入业务，事业单位应设置"上级补助收入"总账科目。本科目应当按照发放补助单位、补助项目等进行明细核算。

（1）事业单位确认上级补助收入时，按照应收或实际收到的金额，借记"其他应收款""银行存款"等科目，贷记本科目。

（2）实际收到应收的上级补助款时，按照实际收到的金额，借记"银行存款"等科目，贷记"其他应收款"科目。

（3）期末，将该科目本期发生额转入本期盈余，借记本科目，贷记"本期盈余"科目。期末结转后，本科目应无余额。

【例6-8】某事业单位收到上级单位拨来资助其开展课题研究的补助款10 000元，款项已经到账。

借：银行存款 10 000
　　贷：上级补助收入 10 000

第四节 附属单位上缴收入

一、附属单位上缴收入的概念及确认

1. 附属单位上缴收入的概念

附属单位上缴收入是指事业单位取得的附属独立核算单位按照有关规定上缴的收入。

事业单位的附属独立核算单位可以是事业单位也可以是企业。

事业单位与其附属独立核算的事业单位通常存在行政隶属关系和预算管理关系；与其附属独立核算的企业通常不仅存在投资上的资金联系，而且还存在有权任免其管理人员职务、支持或否决其经营决策等权力联系。事业单位的附属独立核算企业大多曾经是事业单位的组成部分，从事相应的业务活动，后因种种原因从事业单位中独立出来，成为独立核算的企业法人实体。

2. 附属单位上缴收入的确认

事业单位的附属独立核算单位通常按规定的标准或比例向事业单位上缴款项，从而形成事业单位的附属单位上缴收入。事业单位的附属单位上缴收入包括附属的事业单位上缴的收入和附属的企业上缴的利润等。附属单位上缴收入按照应收或实际收到的金额确认。

二、附属单位上缴收入的计量

为核算附属单位上缴收入业务，事业单位应设置"附属单位上缴收入"总账科目。本科目应当按照附属单位、缴款项目等进行明细核算。

（1）事业单位确认附属单位上缴收入时，按照应收或收到的金额，借记"其他应收款""银行存款"等科目，贷记本科目。

（2）实际收到应收附属单位上缴款时，按照实际收到的金额，借记"银行存款"等科目，贷记"其他应收款"科目。

（3）期末，将该科目本期发生额转入本期盈余，借记本科目，贷记"本期盈余"科目。期末结转后，本科目应无余额。

【例6-9】某事业单位下属独立核算的某招待所按相关规定应缴纳分成款100 000元，款项尚未收到。次月，该事业单位实际收到该笔附属单位上缴收入100 000元，款项已存入开户银行。该事业单位应编制如下会计分录：

（1）按相关规定确认附属单位上缴收入时：

借：其他应收款	100 000
贷：附属单位上缴收入	100 000

（2）实际收到附属单位上缴收入时：

借：银行存款	100 000
贷：其他应收款	100 000

第五节 经营收入

一、经营收入的概念及确认

1. 经营收入的概念

经营收入是指事业单位在专业业务活动及其辅助活动之外开展非独立核算经营活动取得的收入。事业单位经营收入的内容或种类通常包括：

（1）销售商品收入，即事业单位非独立核算部门销售商品取得的收入。

（2）经营服务收入，即事业单位非独立核算部门对外提供经营服务取得的收入。

（3）其他经营收入，即事业单位在专业业务活动及其辅助活动之外，开展非独立核算的经营活动取得的除上述各项收入以外的收入。

事业单位经营收入与附属单位上缴收入的主要区别是：经营收入是事业单位开展非独立核算经营活动取得的收入，附属单位上缴收入是事业单位附属独立核算单位上缴的收入。事业单位开展的非独立核算经营活动应当是小规模的，不便或无法形成独立核算单位。如果相应的经营活动规模较大，应尽可能组建附属独立核算单位。之后，附属独立核算单位按规定向事业单位上缴款项，形成事业单位的附属单位上缴收入。

2. 经营收入的确认

经营收入以权责发生制为基础确认。事业单位在已提供服务或商品并收讫价款或者取得收款凭据时，按照收到或应收的金额确认为经营收入。

二、经营收入的计量

为核算经营收入业务，事业单位应设置"经营收入"总账科目。本科目应当按照经营活动类别、项目和收入来源等进行明细核算。

（1）事业单位实现经营收入时，按照确定的收入金额，借记"银行存款""应收账款"和"应收票据"等科目，贷记本科目。涉及增值税业务的，还应进行相应的会计处理。

（2）期末，将本科目本期发生额转入本期盈余，借记本科目，贷记"本期盈余"科目。期末结转后，本科目应无余额。

【例6-10】某事业单位开展一项非独立核算的经营活动，应确认经营收入6 800元，实际收到款项5 000元已存入开户银行，暂不考虑增值税业务。该事业单位应编制如下会计分录：

借：银行存款   5 000

应收账款	1 800
贷：经营收入	6 800

第六节　非同级财政拨款收入

一、非同级财政拨款收入的确认

非同级财政拨款收入是指行政事业单位从非同级政府财政部门取得的经费拨款。非同级财政拨款收入包括从同级政府其他部门取得的横向转拨财政款、从上级或下级政府财政部门取得的经费拨款等。

二、非同级财政拨款收入的计量

为核算非同级财政拨款收入业务，行政事业单位应设置"非同级财政拨款收入"总账科目。事业单位因开展科研及其辅助活动从非同级政府财政部门取得的经费拨款，应当通过"事业收入——非同级财政拨款"科目核算，不通过本科目核算。本科目应当按照本级横向转拨财政款和非本级财政拨款进行明细核算，并按照收入来源进行明细核算。

（1）行政事业单位确认非同级财政拨款收入时，按照应收或实际收到的金额，借记"其他应收款""银行存款"等科目，贷记本科目。

（2）期末，将本科目本期发生额转入本期盈余，借记本科目，贷记"本期盈余"科目。期末结转后，本科目应无余额。

【例6-11】某事业单位为市财政预算单位，现从省级政府财政部门获得一笔财政资金50 000元，该笔财政资金属于支持该事业单位发展的专项资金，款项已存入该事业单位的银行存款账户。该事业单位应编制如下会计分录：

借：银行存款	50 000
贷：非同级财政拨款收入	50 000

第七节　投资收益

一、投资收益的确认

投资收益是指事业单位对外投资所获得的收入。事业单位股权投资和债券投资所实现的收益或发生的损失都确认为投资收益，包括长期投资和短期投资收益。

二、投资收益的计量

为核算投资收益业务，事业单位应设置"投资收益"总账科目。本科目应当按照投资的种类等进行明细核算。

（1）事业单位收到短期投资持有期间的利息，按照实际收到的金额，借记"银行存款"科目，贷记本科目。

（2）出售或到期收回短期债券本息，按照实际收到的金额，借记"银行存款"科目，按照出售或收回短期投资的成本，贷记"短期投资"科目，按照其差额，贷记或借记本科目。涉及增值税业务的，还应进行相应的会计处理。

（3）持有的分期付息、一次还本的长期债券投资，按期确认利息收入时，按照计算确定的应收未收利息，借记"应收利息"科目，贷记本科目；持有的到期一次还本付息的债券投资，按期确认利息收入时，按照计算确定的应收未收利息，借记"长期债券投资——应计利息"科目，贷记本科目。

（4）出售长期债券投资或到期收回长期债券投资本息，按照实际收到的金额，借记"银行存款"等科目，按照债券初始投资成本和已计未收利息金额，贷记"长期债券投资——成本、应计利息"科目（到期一次还本付息债券）或"长期债券投资""应收利息"科目（分期付息债券），按照其差额，贷记或借记本科目。涉及增值税业务的，还应进行相应的会计处理。

（5）采用成本法核算的长期股权投资持有期间，被投资单位宣告分派现金股利或利润时，按照宣告分派的现金股利或利润中属于单位应享有的份额，借记"应收股利"科目，贷记本科目。

（6）采用权益法核算的长期股权投资持有期间，按照应享有或应分担的被投资单位实现的净损益的份额，借记或贷记"长期股权投资——损益调整"科目，贷记或借记本科目；被投资单位发生净亏损，但以后年度又实现净利润的，单位在其收益分享额弥补未确认的亏损分担额等后，恢复确认投资收益，借记"长期股权投资——损益调整"科目，贷记本科目。

按照规定处置长期股权投资时有关投资收益的账务处理，参见长期股权投资核算的相关内容。

（7）期末，将本科目本期发生额转入本期盈余，借记或贷记本科目，贷记或借记"本期盈余"科目。期末结转后，本科目应无余额。

【例6-12】某事业单位的一项短期国债投资到期兑付，收回国债投资本息103 000元，其中短期投资成本100 000元，利息3 000元，款项已存入开户银行。

借：银行存款 103 000

　　贷：短期投资 100 000

　　　　投资收益 3 000

第八节　捐赠收入、利息收入、租金收入

一、捐赠收入

1. 捐赠收入的概念及确认

捐赠收入是指行政事业单位接受其他单位或者个人捐赠取得的收入。捐赠收入的确认分为以下三种情况：①接受捐赠的货币按照实际收到的金额确认计量；②接受捐赠的资产按确定的成本确认计量；③接受捐赠的资产没有确定成本的按照名义金额确认计量。

2. 捐赠收入的计量

为核算捐赠收入业务，行政事业单位应设置"捐赠收入"总账科目。本科目应当按照捐赠资产的用途和捐赠单位等进行明细核算。

（1）单位接受捐赠的货币资金，按照实际收到的金额，借记"银行存款""库存现金"等科目，贷记本科目。

（2）接受捐赠的存货、固定资产等非现金资产，按照确定的成本，借记"库存物品""固定资产"等科目，按照发生的相关税费、运输费等，贷记"银行存款"等科目，按照其差额，贷记本科目。

（3）接受捐赠的资产按照名义金额入账的，按照名义金额，借记"库存物品""固定资产"等科目，贷记本科目；同时，按照发生的相关税费、运输费等，借记"其他费用"科目，贷记"银行存款"等科目。

（4）期末，将本科目本期发生额转入本期盈余，借记本科目，贷记"本期盈余"科目。期末结转后，本科目应无余额。

【例6－13】某事业单位接受捐赠一笔货币资金50 000元，限定用于开展一项公益项目，款项已存入开户银行。同时，接受捐赠一台设备价值20 000元，事业单位支付该设备的运输费、安装调试费合计1 000元，通过零余额账户支付。该事业单位应编制如下会计分录：

借：银行存款 50 000

固定资产 21 000

　贷：捐赠收入——某公益项目 50 000

　　　　　　——某设备 20 000

零余额账户用款额度 1 000

二、利息收入

利息收入是指行政事业单位取得的银行存款利息收入。

为核算利息收入业务，行政事业单位应设置"利息收入"总账科目。

（1）单位取得银行存款利息时，按照实际收到的金额，借记"银行存款"科目，贷记本科目。

（2）期末，将本科目本期发生额转入本期盈余，借记本科目，贷记"本期盈余"科目。期末结转后，本科目应无余额。

三、租金收入

1. 租金收入的概念及确认

租金收入是指行政事业单位经批准利用国有资产出租取得并按照规定纳入本单位预算管理的租金收入。国有资产出租收入，应当在租赁期内各个期间按照直线法予以确认。

2. 租金收入的计量

为核算租金收入业务，行政事业单位应设置"租金收入"总账科目。本科目应当按照出租国有资产类别和收入来源等进行明细核算。

（1）采用预收租金方式的，预收租金时，按照收到的金额，借记"银行存款"等科目，贷记"预收账款"科目。

（2）分期确认租金收入时，按照各期租金金额，借记"预收账款"科目，贷记本科目。

（3）采用后付租金方式的，每期确认租金收入时，按照各期租金金额，借记"应收账款"科目，贷记本科目；收到租金时，按照实际收到的金额，借记"银行存款"等科目，贷记"应收账款"科目。

（4）采用分期收取租金方式的，每期收取租金时，按照租金金额，借记"银行存款"等科目，贷记本科目。涉及增值税业务的，还应进行相应的会计处理。

（5）期末，将本科目本期发生额转入本期盈余，借记本科目，贷记"本期盈余"科目。期末结转后，本科目应无余额。

【例6-14】某事业单位经批准采用预收租金方式出租一闲置的办公室，预收半年的租金12 000元，款项已存入开户银行，每月确认租金收入2 000元，暂不考虑增值税业务。该事业单位应编制如下会计分录：

（1）预收半年的租金时：

借：银行存款　　　　　　　　　　　　　　　　　　　　12 000

　　贷：预收账款　　　　　　　　　　　　　　　　　　　　　12 000

（2）每月确认租金收入时：

借：预收账款　　　　　　　　　　　　　　　　　　　　　　　2 000

　　贷：租金收入　　　　　　　　　　　　　　　　　　　　　　　2 000

第九节　其他收入

1. 其他收入的概念

其他收入是指行政事业单位取得的除财政拨款收入、事业收入、上级补助收入、附属单位上缴收入、经营收入、非同级财政拨款收入、投资收益、捐赠收入、利息收入、租金收入以外的各项收入。包括现金盘盈收入、按照规定纳入单位预算管理的科技成果转化收入、行政单位收回已核销的其他应收款、无法偿付的应付及预收款项、置换换出资产增值等。

2. 其他收入的计量

为核算其他收入业务，行政事业单位应设置"其他收入"总账科目。本科目应按照其他收入的类别、来源等进行明细核算。

（1）现金盘盈收入。每日现金账款核对中发现的现金溢余，属于无法查明原因的部分，报经批准后借记"待处理财产损溢"科目，贷记"其他收入"科目。

（2）科技成果转化收入。单位科技成果转化所取得的收入，按照规定留归本单位的，按照所取得收入扣除相关费用之后的净收益，借记"银行存款"等科目，贷记"其他收入"科目。

（3）收回已核销的其他应收款。行政单位已核销的其他应收款在以后期间收回的，按照实际收回的金额，借记"银行存款"等科目，贷记"其他收入"科目。

（4）无法偿付的应付及预收款项。无法偿付或债权人豁免偿还的应付账款、预收账款、其他应付款及长期应付款，借记"应付账款""预收账款""其他应付款"和"长期应付款"等科目，贷记"其他收入"科目。

（5）置换换出资产评估增值。资产置换过程中，换出资产评估增值的，按照评估价值高于资产账面价值或账面余额的金额，借记有关科目，贷记"其他收入"科目。具体账务处理参见"库存物品"等科目。

以未入账的无形资产取得的长期股权投资，按照评估价值加相关税费作为投资成本，借记"长期股权投资"科目，按照发生的相关税费，贷记"银行存款""其他应交税费"等科目，按其差额，贷记"其他收入"科目。

（6）除以上内容以外的其他收入。确认除以上内容以外的其他收入时，按照应收或实际收到的金额，借记"其他应收款""银行存款"和"库存现金"等科目，贷记"其他收入"科目。涉及增值税业务的，还应进行相应的账务处理。

（7）其他收入的期末结账。期末，将"其他收入"科目本期发生额转入本期盈余，借记"其他收入"科目，贷记"本期盈余"科目。期末结转后，"其他收入"科目应无余额。

【例 6 – 15】 某科研单位实现科技成果转化收入 150 000 元，经上级主管部门同意留归本单位使用。

借：银行存款   150 000

  贷：其他收入   150 000

复习思考题

1. 什么是行政事业单位的收入，其主要包括哪些种类？行政事业单位的收入应当按照什么会计基础进行确认和计量？

2. 什么是财政拨款收入，什么是非同级财政款收入？两者有何区别？

3. 什么是事业收入，什么是经营收入？两者有何区别？

4. 什么是上级补助收入，什么是附属单位上缴收入？两者有何区别？

第七章
行政事业单位的费用

【学习目标】

本章主要介绍行政事业单位费用概念及内容、确认要求与计量标准；重点介绍各项费用的确认及会计核算处理。通过本章的学习，理解费用的内涵及确认标准，掌握费用的主要账务处理。

费用是指行政事业单位在履行职责或开展业务活动中耗费的经济资源。由行政事业单位控制的，供社会公众使用的公共基础设施、政府储备物资、文物文化资产、保障性住房等经济资源的耗费，也属于行政事业单位的费用。

按照不同的资源耗费目的和内容，行政事业单位的费用包括业务活动费用、单位管理费用、经营费用、资产处置费用、上缴上级费用、对附属单位补助费用、所得税费用和其他费用等种类。费用应当按照权责发生制基础进行确认和计量。

第一节 业务活动费用

一、业务活动费用的确认

业务活动费用是指行政事业单位为实现其职能目标，依法履职或开展专业业务活动及其辅助活动所发生的各项费用。行政单位依据其职能定位依法履行相应的职能，事业单位依据其业务目标依法开展相应的专业业务活动及其辅助活动。

业务活动费用的确认应采用权责发生制，凡是应属于本期发生的业务活动费用，不论其款项是否支付，均确认为本期费用；反之，不属于本期发生的业务活动费用，即使其款项在本期支付，也不确认为本期费用。

二、业务活动费用的计量

为核算业务活动费用，行政事业单位应设置"业务活动费用"总账科目。业务活动费用应当按照项目、服务或者业务类别、支付对象等进行明细核算。为了满足成本核算需要，本科目下还可按照"工资福利费用""商品和服务费用""对个人和家庭的补助费用""对企业补助费用""固定资产折旧""无形资产摊销""公共基础设施折旧（摊销）""保障性住房折旧""计提专用基金"等成本项目设置明细科目，归集能够直接计入业务活动或采用一定方法计算后计入业务活动的费用。年终结账后，本科目应无余额。其主要账务处理如下：

（1）为履职或开展业务活动人员计提的薪酬。按照计算确定的金额，借记"业务活动费用"科目，贷记"应付职工薪酬"科目。

【例7-1】某事业单位为开展业务活动人员计提当月工资共计880 000元，应编制如下会计分录：

借：业务活动费用	880 000
贷：应付职工薪酬	880 000

（2）为履职或开展业务活动发生的外部人员劳务费。按照计算确定的金额，借记"业务活动费用"科目，按照代扣代缴个人所得税的金额，贷记"其他应交税费——应交个人所得税"科目，按照扣税后应付或实际支付的金额，贷记"其他应付款""财政拨款收入""零余额账户用款额度"和"银行存款"等科目。

【例7-2】某事业单位为开展业务活动发生外部人员劳务费共计90 000元，其中，应代扣代缴个人所得税9 000元，扣税后应支付的劳务费为81 000元。该事业单位应编制如下会计分录：

借：业务活动费用	90 000
贷：其他应交税费——应交个人所得税	9 000
其他应付款	81 000

（3）为履职或开展业务活动领用库存物品，以及动用发出相关政府储备物资。按照领用库存物品或发出相关政府储备物资的账面余额，借记"业务活动费用"科目，贷记"库存物品""政府储备物资"科目。

【例7-3】某行政单位为履职领用一批库存物品和政府储备物资，该批库存物品的账面余额为7 820元，政府储备物资为7 180元。该行政单位应编制如下会计分录：

借：业务活动费用	15 000
贷：库存物品	7 820
政府储备物资	7 180

（4）为履职或开展业务活动所使用的固定资产、无形资产以及为所控制的公共基础设施、保障性住房计提的折旧、摊销。按照计提金额，借记"业务活动费用"科目，贷记"固定资产累计折旧""无形资产累计摊销""公共基础设施累计折旧（摊销）"和"保障性住房累计折旧"科目。

【例7-4】某行政单位为所控制的公共基础设施计提折旧766 000元。该行政单位应编制如下会计分录：

借：业务活动费用	766 000

贷：公共基础设施累计折旧（摊销）　　　　　　　　　　　766 000

（5）为履职或开展业务活动发生的城市维护建设税、教育费附加、地方教育费附加、车船税、房产税、城镇土地使用税等。按照计算确定应缴纳的金额，借记"业务活动费用"科目，贷记"其他应交税费"等科目。

【例7-5】某事业单位为开展业务活动发生城市维护建设税 1 500 元，教育费附加 800 元，两项税合计 2 300 元。该事业单位应编制如下会计分录：

借：业务活动费用　　　　　　　　　　　　　　　　　　　2 300
　　贷：其他应交税费——城市维护建设税　　　　　　　　　1 500
　　　　　　　　　　——教育费附加　　　　　　　　　　　　800

（6）为履职或开展业务活动发生的其他各项费用。按照费用确认金额，借记"业务活动费用"科目，贷记"财政拨款收入""零余额账户用款额度""银行存款""应付账款""其他应付款"和"其他应收款"等科目。

【例7-6】某行政单位为履职发生水费、电费、物业管理费等各项办公费用 1 500 元，款项通过财政授权支付方式支付。该行政单位应编制如下会计分录：

借：业务活动费用　　　　　　　　　　　　　　　　　　　1 500
　　贷：零余额账户用款额度　　　　　　　　　　　　　　　1 500

（7）按照规定从收入中提取专用基金并计入费用。一般按照预算会计下基于预算收入计算提取的金额，借记"业务活动费用"科目，贷记"专用基金"科目，国家另有规定的，从其规定。

【例7-7】某公立医院按照规定从医疗收入中提取风险医疗专用基金 100 000 元，并将提取的专用基金计入业务活动费用。该事业单位应编制如下会计分录：

借：业务活动费用　　　　　　　　　　　　　　　　　　100 000
　　贷：专用基金　　　　　　　　　　　　　　　　　　　100 000

（8）发生当年购货退回等业务。对于已计入本年业务活动费用的，按照收回或应收的金额，借记"财政拨款收入""零余额账户用款额度""银行存款"和"其他应收款"等科目，贷记"业务活动费用"科目。

【例7-8】某事业单位因货品质量问题退回一批当年购入的货品 4 500 元，该批货品在购入时已计入本年业务活动费用，货款已退回到零余额账户。该事业单位应编制如下会计分录：

借：零余额账户用款额度　　　　　　　　　　　　　　　　4 500
　　贷：业务活动费用　　　　　　　　　　　　　　　　　　4 500

（9）期末，将"业务活动费用"科目本期发生额转入本期盈余，借记"本期盈余"科目，贷记"业务活动费用"科目。期末结转后，"业务活动费用"科目应无余额。

【例7-9】年末，某行政单位"业务活动费用"科目的本年发生额为 885 000 元。该行政单位将其全数转入"本期盈余"科目。该行政单位应编制如下会计分录：

借：本期盈余　　　　　　　　　　　　　　　　　　　　885 000
　　贷：业务活动费用　　　　　　　　　　　　　　　　　885 000

第二节　单位管理费用

一、单位管理费用的概念

单位管理费用是指事业单位本级行政及后勤管理部门开展管理活动发生的各项费用，包括单位行政及后勤管理部门发生的人员经费、公用经费、资产折旧（摊销）等费用，以及由单位统一负担的离退休人员经费、工会经费、诉讼费、中介费等。

二、单位管理费用的计量

为核算单位管理费用业务，事业单位应设置"单位管理费用"总账科目。本科目应当按照项目、费用类别、支付对象等进行明细核算。为了满足成本核算需要，本科目下还可按照"工资福利费用""商品和服务费用""对个人和家庭的补助费用""固定资产折旧"和"无形资产摊销费"等成本项目设置明细科目，归集能够直接计入单位管理活动或采用一定方法计算后计入单位管理活动的费用。其主要账务处理如下：

（1）为管理活动人员计提的薪酬。按照计算确定的金额，借记"单位管理费用"科目，贷记"应付职工薪酬"科目。

【例7－10】某事业单位为管理活动人员计提当月工资共计155 000元。事业单位应编制如下会计分录：

借：单位管理费用	155 000
贷：应付职工薪酬	155 000

（2）为开展管理活动发生的外部人员劳务费，按照计算确定的费用金额，借记"单位管理费用"科目，按照代扣代缴个人所得税的金额，贷记"其他应交税费——应交个人所得税"科目，按照扣税后应付或实际支付的金额，贷记"其他应付款""财政拨款收入""零余额账户用款额度"和"银行存款"等科目。

【例7－11】某文化事业单位为开展管理活动临时聘用人员支付本月劳务费用，经计算，应付临时聘用人员的劳务费用总额为30 000元，代扣代缴个人所得税的金额为3 000元。该事业单位已经通过开户银行将实付款项27 000元转入临时聘用人员的工资中，所用资金为非财政资金。会计分录如下：

借：单位管理费用	30 000
贷：其他应付款——劳务费	30 000
借：其他应付款——劳务费	30 000
贷：银行存款	27 000
其他应交税费——应交个人所得税	3 000

借：其他应交税费——应交个人所得税   3 000

  贷：零余额账户用款额度   3 000

（3）开展管理活动内部领用库存物品。按照领用物品实际成本，借记本科目，贷记"库存物品"科目。

【例7-12】某单位为开展管理活动领用一批库存物品，该批库存物品的实际成本是35 000元。会计分录如下：

借：单位管理费用   35 000

  贷：库存物品   35 000

（4）为管理活动所使用固定资产、无形资产计提的折旧、摊销。按照应提折旧、摊销额，借记本科目，贷记"固定资产累计折旧""无形资产累计摊销"科目。

【例7-13】某单位为开展管理活动中因使用固定资产计提的折旧10 000元，使用无形资产摊销5 000元。会计分录如下：

借：单位管理费用   15 000

  贷：固定资产累计折旧   10 000

    无形资产累计摊销   5 000

（5）为开展管理活动发生城市维护建设税、教育费附加、地方教育费附加、车船税、房产税、城镇土地使用税等。按照计算确定应缴纳的金额，借记本科目，贷记"其他应交税费"等科目。

【例7-14】某事业单位为开展管理活动发生城市维护建设税600元、教育费附加250元、地方教育费附加150元。会计分录如下：

借：单位管理费用   1 000

  贷：其他应交税费——城市维护建设税   600

    ——教育费附加   250

    ——地方教育费附加   150

（6）为开展管理活动发生的其他各项费用。按照费用确认金额，借记本科目，贷记"财政拨款收入""零余额账户用款额度""银行存款""其他应付款""其他应收款"等科目。

【例7-15】某事业单位为开展管理活动发生差旅费、因公出国费、会议费等费用共计65 500元，款项通过财政直接支付方式支付。该事业单位应编制如下会计分录：

借：单位管理费用   65 500

  贷：财政拨款收入   65 500

（7）发生当年购货退回等业务。对于已计入本年单位管理费用的，按照收回或应收的金额，借记"财政拨款收入""零余额账户用款额度""银行存款"和"其他应收款"等科目，贷记"单位管理费用"科目。

【例7-16】事业单位因货品质量问题退回一批当年购入的货品2 550元，该批货品在购入时已计入本年单位管理费用，退货款项尚未收到。该事业单位应编制如下会计分录：

借：其他应收款 2 550

  贷：单位管理费用 2 550

（8）期末将"单位管理费用"科目本期发生额转入本期盈余，借记"本期盈余"科目，贷记"单位管理费用"科目，期末结转后，"单位管理费用"科目应无余额。

第三节　经营费用

一、经营费用的概念

经营费用是指事业单位在专业业务活动及其辅助活动之外开展非独立核算经营活动发生的各项费用。行政单位无经营活动，所以没有经营费用。

事业单位应当正确区分在开展专业业务活动及其辅助活动中形成的业务活动费用，在开展单位管理活动中形成的单位管理费以及在开展非独立核算经营活动中形成的经营费用。

二、经营费用的计量

事业单位开展的专业业务活动及其辅助活动以及单位管理活动也可统称为事业活动，事业活动与经营活动对应。如前所述，事业单位开展的非独立核算经营活动应当是小规模的，在公益一类事业单位中也是基本没有的。为核算经营费用业务，事业单位应设置"经营费用"总账科目。本科目应当按照经营活动类别、项目、支付对象等进行明细核算。为了满足成本核算需要，本科目下还可按照"工资福利费用""商品和服务费用""对个人和家庭的补助费用""固定资产折旧"和"无形资产摊销"等成本项目设置明细科目，归集能够直接计入单位经营活动或采用一定方法计算后计入单位经营活动的费用。年末结账后，本科目无余额。其主要账务处理如下：

（1）为经营活动人员计提的薪酬，按照计算确定的金额，借记"经营费用"科目，贷记"应付职工薪酬"科目。

【例 7 – 17】某事业单位为经营活动人员计提当月职工薪酬共计 44 200 元。该事业单位应编制如下会计分录：

借：经营费用 44 200

  贷：应付职工薪酬 44 200

（2）为开展经营活动领用或发出原材料、库存物品等。按照物品实际成本，借记"经营费用"科目，贷记"库存物品"科目。

【例 7 – 18】某事业单位为开展经营活动发出一批库存物品，该批库存物品的实际成本为 5 000 元。该事业单位应编制如下会计分录：

借：经营费用   5 000
　　贷：库存物品   5 000

（3）为经营活动所使用固定资产、无形资产计提的折旧、摊销，按照应提折旧、摊销额，借记"经营费用"科目，贷记"固定资产累计折旧""无形资产累计摊销"科目。

【例7-19】某事业单位为经营活动所使用的固定资产计提折旧33 000元。该事业单位应编制如下会计分录：

借：经营费用   33 000
　　贷：固定资产累计折旧   33 000

（4）开展经营活动发生城市维护建设税、教育费附加、地方教育费附加、车船税、房产税、城镇土地使用税等。按照计算确定应缴纳的金额，借记"经营费用"科目，贷记"其他应交税费"等科目。

【例7-20】某事业单位为开展经营活动发生城市维护建设税1 100元，教育费附加600元。该事业单位应编制如下会计分录：

借：经营费用   1 700
　　贷：其他应交税费——城市维护建设税   1 100
　　　　　　　　　　——教育费附加   600

（5）发生与经营活动相关的其他各项费用。按照费用确认金额，借记"经营费用"科目，贷记"银行存款""其他应付款"和"其他应收款"等科目。涉及增值税业务的，还应进行相应的账务处理。

【例7-21】某事业单位为开展经营活动发生水费、电费等费用1 200元，款项通过银行存款支付。该事业单位应编制如下会计分录：

借：经营费用   1 200
　　贷：银行存款   1 200

（6）发生当年购货退回等业务。对于已计入本年经营费用的，按照收回或应收的金额，借记"银行存款""其他应收款""零余额账户用款额度"等科目，贷记"经营费用"科目。属于以前年度的购货退回等事项，通过"以前年度盈余调整"科目核算，不通过经营费用核算。

【例7-22】某事业单位因质量问题退回一批当年购入的货品2 500元，该批货品在购入时已计入本年经营费用，退货款项尚未收到。该事业单位应编制如下会计分录：

借：其他应收款   2 500
　　贷：经营费用   2 500

（7）期末，将"经营费用"科目本期发生额转入本期盈余，借记"本期盈余"科目，贷记"经营费用"科目。期末结转后，"经营费用"科目应无余额。

第四节　资产处置费用

一、资产处置费用的确认

资产处置费用是指行政事业单位经批准处置资产时发生的费用，包括转销的被处置资产价值，以及在处置过程中发生的相关费用或者处置收入小于相关费用形成的净支出。资产处置的形式按照规定包括无偿调拨、出售、出让、转让、置换、对外捐赠、报废以及货币性资产损失核销等。

二、资产处置费用的计量

为核算资产处置费用业务，行政事业单位应设置"资产处置费用"总账科目。单位在资产清查中查明的资产盘亏、毁损以及资产报废等，应当先通过"待处理财产损溢"科目进行核算，再将处理资产价值和处理净支出记入本科目。

短期投资、长期股权投资、长期债券投资的处置，按照相关资产科目的规定进行账务处理。本科目应当按照处置资产的类别、资产处置的形式等进行明细核算。

1. 不通过"待处理财产损溢"科目核算的资产处置费用

不通过"待处理财产损溢"科目核算的资产处置，应当分别以下情况确认资产处置费用。

（1）按照规定报经批准处置资产时，按照处置资产的账面价值，借记"资产处置费用"科目［处置固定资产、无形资产、公共基础设施、保障性住房的，还应借记"固定资产累计折旧""无形资产累计摊销""公共基础设施累计折旧（摊销）"和"保障性住房累计折旧"科目］，按照处置资产的账面余额，贷记"库存物品""固定资产""无形资产""公共基础设施""政府储备物资""文物文化资产""保障性住房""其他应收款"和"在建工程"等科目。

（2）处置资产过程中仅发生相关费用的，按照实际发生金额，借记"资产处置费用"科目，贷记"银行存款""库存现金"等科目。

（3）处置资产过程中取得收入的，按照取得的价款，借记"库存现金""银行存款"等科目，按照处置资产过程中发生的相关费用，贷记"银行存款""库存现金"等科目，按照其差额，借记"资产处置费用"科目或贷记"应缴财政款"等科目。涉及增值税业务的，还应进行相应的账务处理。

【例7-23】某事业单位按照规定报经批准报废一项固定资产。该项固定资产的账面余额为77 000元，已计提折旧73 000元，账面价值为4 000元。根据相关规定对该固定资产评估，并按其评估价值4 600元取得收入已存入银行，处理该报废固定资产时发生相关费用550元，款项以银行存款支付。该事业单位应编制如下会计分录：

（1）报废固定资产时：

借：资产处置费用   4 000

     固定资产累计折旧   73 000

     贷：固定资产   77 000

（2）资产处置过程中取得收入时：

借：银行存款   4 600

     贷：银行存款   550

       应缴财政款   4 050

2. 通过"待处理财产损溢"科目核算的资产处置费用

通过"待处理财产损溢"科目核算的资产处置，应当分别以下情况确认资产处置费用：

（1）单位账款核对中发现的现金短缺，属于无法查明原因的，报经批准核销时，借记"资产处置费用"科目，贷记"待处理财产损溢"科目。

（2）单位资产清查过程中盘亏或者毁损、报废的存货、固定资产、无形资产、公共基础设施、政府储备物资、文物文化资产、保障性住房等，报经批准处理时，按照处理资产价值，借记"资产处置费用"科目，贷记"待处理财产损溢——待处理财产价值"科目。处理收支结清时，处理过程中所取得收入小于所发生相关费用的，按照相关费用减去处理收入后的净支出，借记"资产处置费用"科目，贷记"待处理财产损溢——处理净收入"科目。

【例7-24】某事业单位当日现金账款核对中发现短缺100元，无法查明原因，报经批准准予核销。会计分录如下：

借：资产处置费用   100

     贷：待处理财产损溢   100

期末，将"资产处置费用"科目本期发生额转入本期盈余，借记"本期盈余"科目，贷记"资产处置费用"科目。期末结转后，"资产处置费用"科目应无余额。

第五节　上缴上级费用

一、上缴上级费用的概念

上缴上级费用是指事业单位按照财政部门和主管部门的规定上缴上级单位款项发生的费用。事业单位向上级单位上缴的款项属于非财政资金，相应资金通常是事业单位自身取得的事业收入、经营收入和其他收入等。

　　事业单位应当按照财政部门和主管部门的规定，对于有关业务活动取得的收入或其他收入，按照规定的标准或比例上缴上级单位。事业单位不可以使用其自身取得的财政拨款收入用作上缴上级单位。上缴上级费用与附属单位上缴收入在上下级单位间的业务内容上形成对应关系。但上缴上级费用与上级补助收入在上下级单位间的业务内容上不形成对应关系。

二、上缴上级费用的计量

　　为核算上缴上级费用业务，事业单位应设置"上缴上级费用"总账科目。本科目应当按照收缴款项单位、缴款项目等进行明细核算。其主要账务处理如下：

　　（1）单位发生上缴上级支出的，按照实际上缴的金额或者按照规定计算出应当上缴上级单位的金额，借记本科目，贷记"银行存款""其他应付款"等科目。

　　【例7－25】12月初，某事业单位按照财政部门和主管部门的规定应上缴上级单位款项25 000元，12月底上缴上级单位，款项以银行存款支付。该事业单位应编制如下会计分录：

借：上缴上级费用　　　　　　　　　　　　　　　　　　　25 000
　　贷：其他应付款　　　　　　　　　　　　　　　　　　25 000
借：其他应付款　　　　　　　　　　　　　　　　　　　 25 000
　　贷：银行存款　　　　　　　　　　　　　　　　　　　25 000

　　（2）期末，将本科目本期发生额转入本期盈余，借记"本期盈余"科目，贷记本科目。期末结转后，本科目应无余额。

第六节　对附属单位补助费用

一、对附属单位补助费用的概念

　　对附属单位补助费用是指事业单位用财政拨款收入之外的收入对附属单位补助发生的费用。

　　事业单位对附属单位的补助款项属于非财政资金，通常是事业单位自身取得的事业收入、经营收入和其他收入，或者是事业单位从其他附属单位取得的附属单位上缴收入等。

　　事业单位使用非财政资金对附属单位进行补助是为了支持附属单位事业的更好发展。事业单位不可以将其自身取得的财政拨款收入拨付给附属单位，作为对附属单位的补助。对附属单位补助费用与上级补助收入在上下级单位间的业务内容上形成对应关系，但对附属单位补助费用与附属单位上缴收入在上下级单位间的业务内容上不形成对应关系。

二、对附属单位补助费用的计量

为核算对附属单位补助费用业务，事业单位应设置"对附属单位补助费用"总账科目。本科目应当按照接受补助单位、补助项目等进行明细核算。

（1）单位发生对附属单位补助支出的，按照实际补助的金额或者按照规定计算出应当对附属单位补助的金额，借记本科目，贷记"银行存款""其他应付款"等科目。

（2）期末，将本科目本期发生额转入本期盈余，借记"本期盈余"科目，贷记本科目。期末结转后，本科目应无余额。

【例7－26】某事业单位用自有资金对附属独立核算甲单位补助20 000元，款项以银行存款支付。该事业单位应编制如下会计分录：

借：对附属单位补助费用 20 000

　　贷：银行存款 20 000

第七节　所得税费用

一、所得税费用的概念

所得税费用是指有企业所得税缴纳义务的事业单位按规定缴纳企业所得税所形成的费用。

二、所得税费用的计量

为核算所得税费用业务，事业单位应设置"所得税费用"总账科目。

（1）单位发生企业所得税纳税义务的，按照税法规定计算的应交税金数额，借记本科目，贷记"其他应交税费——单位应交所得税"科目。

（2）实际缴纳时，按照缴纳金额，借记"其他应交税费——单位应交所得税"科目，贷记"银行存款"科目。

（3）年末，将本科目本年发生额转入本期盈余，借记"本期盈余"科目，贷记本科目。年末结转后，本科目应无余额。

【例7－27】某事业单位发生企业所得税纳税义务，按照税法规定计算的应交税金数额为2 220元。该事业单位应编制如下会计分录：

借：所得税费用 2 220

　　贷：其他应交税费——单位应交所得税 2 220

第八节　其他费用

一、其他费用的概念

其他费用是指行政事业单位发生的除业务活动费用、单位管理费用、经营费用、资产处置费用、上缴上级费用、对附属单位补助费用、所得税费用以外的各项费用。包括利息费用、坏账损失、罚没支出、现金资产捐赠支出以及相关税费、运输费等。

二、其他费用的计量

为核算其他费用业务，行政事业单位应设置"其他费用"总账科目。本科目应按照其他费用的类别等进行明细核算。单位发生的利息费用较多的，可以单独设置"利息费用"科目。

1. 利息费用

按期计算确认借款利息费用时，按照计算确定的金额，借记"在建工程"科目或"其他费用"科目，贷记"应付利息""长期借款——应计利息"科目。

2. 坏账损失

年末，事业单位按照规定对收回后不需上缴财政的应收账款和其他应收款计提坏账准备时，按照计提金额，借记"其他费用"科目，贷记"坏账准备"科目；冲减多提的坏账准备时，按照冲减金额，借记"坏账准备"科目，贷记"其他费用"科目。

3. 罚没支出

单位发生罚没支出的，按照实际缴纳或应当缴纳的金额，借记"其他费用"科目，贷记"银行存款""库存现金"和"其他应付款"等科目。

4. 现金资产捐赠

单位对外捐赠现金资产的，按照实际捐赠的金额，借记"其他费用"科目，贷记"银行存款""库存现金"等科目。

5. 其他相关费用

单位接受捐赠（或无偿调入）以名义金额计量的存货、固定资产、无形资产，以及成本无法可靠取得的公共基础设施、文物文化资产等发生的相关税费、运输费等，按照实际支付的金额，借记"其他费用"科目，贷记"财政拨款收入""零余额账户用款额度""银行存款"和"库存现金"等科目。

单位发生的与受托代理资产相关的税费、运输费、保管费等，按照实际支付或应付的金额，借记"其他费用"科目，贷记"零余额账户用款额度""银行存款""库存现金"和"其他应付款"等科目。

期末，将"其他费用"科目本期发生额转入本期盈余，借记"本期盈余"科目，贷记"其他费用"科目。期末结转后，"其他费用"科目应无余额。

复习思考题

1. 什么是行政事业单位的费用？行政事业单位的费用主要包括哪些种类？行政事业单位的费用应当按照什么会计基础进行确认和计量？

2. 什么是业务活动费用？什么是单位管理费用？事业单位"业务活动费用"科目和"单位管理费用"科目的核算内容有什么不同？

3. 什么是经营费用？什么是资产处置费用？

4. 什么是上缴上级费用？什么是对附属单位补助费用？

第八章
行政事业单位的净资产

【学习目标】

本章主要介绍行政事业单位净资产的概念及内容，重点介绍各项净资产类科目的账务处理。通过本章的学习，理解净资产的内涵及包括的主要内容，掌握各净资产类科目的账务处理。

净资产是指行政事业单位资产扣除负债后的余额。它是行政事业单位采用权责发生制基础核算资产和负债后，按照净资产的种类进行分类的结果。行政事业单位的净资产包括累计盈余、专用基金、权益法调整、本期盈余、本年盈余分配、无偿调拨净资产和以前年度盈余调整7个科目。

第一节　累计盈余

一、累计盈余的概念

累计盈余是指行政事业单位历年实现的盈余扣除盈余分配后滚存的金额，以及因无偿调入调出资产产生的净资产变动额。

累计盈余主要来源有五种情况：①单位历年实现的盈余扣除盈余分配后滚存的金额；②无偿调入、调出资产产生的净资产变动金额；③按照规定上缴、缴回、单位间调剂结转结余资金产生的净资产变动金额；④对以前年度盈余的调整金额；⑤使用专用基金购置固定资产、无形资产时，从"专用基金"科目转入的金额。

二、累计盈余的计量

为核算累计盈余业务，行政事业单位应设置"累计盈余"总账科目。按照规定上缴、缴回、单位间调剂结转结余资金产生的净资产变动额，以及对以前年度盈余的调整金额通过本科目核算。

本科目期末余额，反映单位未分配盈余（或未弥补亏损）的累计数以及截至上年末无偿调拨净资产变动的累计数。本科目年末余额，反映单位未分配盈余（或未弥补亏损）以及无偿调拨净资产变动的累计数。主要账务处理如下：

（1）本年盈余分配余额转入。年末，将"本年盈余分配"科目的余额转入累计盈余，借记或贷记"本年盈余分配"科目，贷记或借记"累计盈余"科目。

【例8-1】年末，某行政单位"本年盈余分配"科目的贷方余额为15 500元，将其转入"累计盈余"科目贷方，应编制如下会计分录：

借：本年盈余分配　　　　　　　　　　　　　　　　　　　　　　　15 500

　　贷：累计盈余　　　　　　　　　　　　　　　　　　　　　　　　15 500

在财务会计中，期末，各类收入科目的本期发生额转入"本期盈余"科目、各类费用科目的本期发生额转入"本期盈余"科目。年末，"本期盈余"科目余额转入"本年盈余分配"科目。根据相关规定分配后，"本年盈余分配"科目的余额转入"累计盈余"科目，形成行政事业单位累计盈余的一种来源。

（2）无偿调拨净资产余额转入。年末，将"无偿调拨净资产"科目的余额转入累计盈余，借记或贷记"无偿调拨净资产"科目，贷记或借记"累计盈余"科目。

【例8-2】年末，某行政单位"无偿调拨净资产"科目的贷方余额为3 660 000元，将其转入"累计盈余"科目贷方。该行政单位应编制如下会计分录：

借：无偿调拨净资产　　　　　　　　　　　　　　　　　　　　　3 660 000

　　贷：累计盈余　　　　　　　　　　　　　　　　　　　　　　　3 660 000

行政事业单位按规定取得无偿调入存货、固定资产、公共基础设施等资产时，无偿调拨净资产增加，按规定经批准无偿调出存货、固定资产、公共基础设施等资产时，无偿调拨净资产减少。按照规定，"无偿调拨净资产"科目的余额年末转入累计盈余，形成行政事业单位累计盈余的组成部分。

（3）上缴、缴回、单位间调剂结转结余。按照规定上缴财政拨款结转结余、缴回非财政拨款结转资金、向其他单位调出财政拨款结转资金时，按照实际上缴、缴回、调出金额，借记"累计盈余"科目，贷记"财政应返还额度""零余额账户用款额度"和"银行存款"等科目。按照规定从其他单位调入财政拨款结转资金时，按照实际调入金额，借记"零余额账户用款额度""银行存款"等科目，贷记"累计盈余"科目。

【例8-3】某行政单位按规定上缴财政拨款结余33 000元，缴回款项时，若该行政单位为财政直接支付单位，应编制如下会计分录：

借：累计盈余　　　　　　　　　　　　　　　　　　　　　　　　　33 000

　　贷：财政应返还额度　　　　　　　　　　　　　　　　　　　　　33 000

财政部门对于行政事业单位的财政拨款结转结余资金可以根据需要采用归集上缴、归集调出、单位内部调剂使用等管理办法。其中，归集上缴、归集调出以及归集调入的业务都会影响行政事业单位的净资产数额：单位内部调剂使用不影响净资产数额缴回非财政拨款结转资金的情况与上缴财政拨款结转资金的情况类似。

（4）以前年度盈余调整余额转入。以前年度盈余调整的业务包括调整增加或减少以前年度的收入、调整增加或减少以前年度的费用等。以前年度盈余调整的原因主要是本年度发生重要前期差错更正的事项等，其中涉及需要调整以前年度的盈余。将"以前年度盈余调整"科目的余额转入"累计盈余"科目，借记或贷记"以前年度盈余调整"科目，贷记或借记"累计盈余"科目。

【例8-4】某行政单位"以前年度盈余调整"科目的借方余额为8 800元，将其转入"累计盈余"科目的借方。该行政单位应编制如下会计分录：

借：累计盈余　　　　　　　　　　　　　　　　　　　　　　　8 800
　　　贷：以前年度盈余调整　　　　　　　　　　　　　　　　　　8 800

（5）按规定使用专用基金购置固定资产或无形资产。按照规定使用专用基金购置固定资产、无形资产的，按照固定资产、无形资产成本金额，借记"固定资产""无形资产"科目，贷记"银行存款"等科目。同时，按照专用基金使用金额，借记"专用基金"科目，贷记"累计盈余"科目。

【例8-5】某事业单位使用专用基金购置某学习软件一套，款项合计30 000元，通过银行存款账户支付。该事业单位应编制如下会计分录：

借：无形资产　　　　　　　　　　　　　　　　　　　　　　30 000
　　　贷：银行存款　　　　　　　　　　　　　　　　　　　　　30 000

同时：

借：专用基金　　　　　　　　　　　　　　　　　　　　　　30 000
　　　贷：累计盈余　　　　　　　　　　　　　　　　　　　　　30 000

使用专用基金购置固定资产、无形资产时，提取的专用基金转至累计盈余。专用基金和累计盈余都属于事业单位的净资产，专用基金转至累计盈余，只影响净资产的构成，不影响净资产的总数，只是完成了专用基金的专门用途规定。

第二节　专用基金

一、专用基金的概念

专用基金是指事业单位按照规定提取或设置的具有专门用途的净资产。主要包括职工福利基金、科技成果转化基金、医疗风险基金、学生奖励基金等。

二、专用基金的计量

为核算专用基金业务，事业单位应设置"专用基金"总账科目。本科目按照专用基金的类别进行明细核算。本科目年末贷方余额，反映事业单位累计提取或设置的尚未使用的专用基金。其主要账务如下：

（1）年末，根据有关规定从本年度非财政拨款结余或经营结余中提取专用基金的，按照预算会计下计算的提取金额，借记"本年盈余分配"科目，贷记本科目。同时，在预算会计中进行核算。

【例8-6】某事业单位年末非财政拨款结余20 000元，经营结余100 000元。按30%提取职工福利基金。编制如下会计分录：

借：本年盈余分配   36 000

    贷：专用基金——职工福利基金   36 000

（2）根据有关规定从收入中提取专用基金并计入费用的，一般按照预算会计下基于预算收入计算提取的金额，借记"业务活动费用"等科目，贷记本科目。国家另有规定的，从其规定。

【例8-7】某医院实现医疗收入1 000 000元，按照医疗收入的1%提取医疗风险基金10 000元并计入业务活动费用。编制如下会计分录：

借：业务活动费用   10 000

    贷：专用基金——医疗风险基全   10 000

（3）根据有关规定设置的其他专用基金，按照实际收到的基金金额，借记"银行存款"等科目，贷记本科目。

【例8-8】某高校收到校友捐赠500 000元，用于设置留本基金。编制如下会计分录：

借：银行存款   500 000

    贷：专用基全——留本基金   500 000

（4）按照规定使用提取的专用基金时，借记本科目，贷记"银行存款"等科目。使用提取的专用基金购置固定资产、无形资产的，按照固定资产、无形资产成本金额，借记"固定资产""无形资产"科目，贷记"银行存款"等科目；同时，按照专用基金使用金额，借记本科目，贷记"累计盈余"科目。同时，在预算会计中进行核算。

【例8-9】某事业单位用专用基金购买学习软件一套，金额40 000元。该单位应编制如下会计分录：

借：无形资产   40 000

    贷：银行存款   40 000

同时：

借：专用基金   40 000

    贷：累计盈余   40 000

第三节 权益法调整

一、权益法调整的确认

权益法调整是指事业单位持有的长期股权投资采用权益法核算时，按照被投资单位除净损益和利润分配以外的所有者权益变动份额调整长期股权投资账面余额而计入净资产的金额。

二、权益法调整的计量

为核算权益法调整业务，事业单位应设置"权益法调整"总账科目。本科目应当按照被投资单位进行明细核算。本科目期末余额，反映事业单位在被投资单位除净损益和利润分配以外的所有者权益变动中累计享有（或分担）的份额。

（1）年末，按照被投资单位除净损益和利润分配以外的所有者权益变动应享有（或应分担）的份额，借记或贷记"长期股权投资——其他权益变动"科目，贷记或借记本科目。

【例8-10】某事业单位持有A公司80%的股份，有权决定A公司的财务和经营政策。年末，A公司发生除净损益和利润分配以外的所有者权益变动增加数为30 000元，事业单位应享有的相应份额为24 000元。该事业单位编制如下会计分录：

  借：长期股权投资——其他权益变动   24 000
    贷：权益法调整   24 000

作为比较，在权益法下，被投资单位实现净利润的，事业单位按照应享有的份额借记"长期股权投资（损益调整）"科目，贷记"投资收益"科目。"投资收益"科目本期发生额期末转入"本期盈余"科目。"本期盈余"科目余额经分配后最终转入"累计盈余"科目。累计盈余、权益法调整都是净资产的组成部分或具体种类。

（2）采用权益法核算的长期股权投资，因被投资单位除净损益和利润分配以外的所有者权益变动而将应享有（或应分担）的份额计入单位净资产的，处置该项投资时，按照原计入净资产的相应部分金额，借记或贷记本科目，贷记或借记"投资收益"科目。

【例8-11】某事业单位持有B公司60%的股份，有权参与B公司的财务和经营政策，相应的长期股权投资采用权益法核算。某日，该事业单位经批准转让持有的B公司全部60%的股份，获得转让收入550 000元，款项已存入银行。股份转让日，该事业单位采用权益法核算的相应长期股权投资的成本数为500 000元，损益调整借方余额为20 000元，其他权益变动借方余额为20 000元，转让收益为10 000元。编制如下会计分录：

（1）转让股份时：

借：银行存款　　　　　　　　　　　　　　　　　　550 000

　　贷：长期股权投资——成本　　　　　　　　　　500 000

　　　　　　　　　——损益调整　　　　　　　　　20 000

　　　　　　　　　——其他权益变动　　　　　　　20 000

　　　　投资收益　　　　　　　　　　　　　　　　10 000

（2）转出权益法调整时：

借：权益法调整　　　　　　　　　　　　　　　　　20 000

　　贷：投资收益　　　　　　　　　　　　　　　　20 000

第四节　本期盈余

一、本期盈余的确认

本期盈余是指行政事业单位本期各项收入、费用相抵后的余额。本科目期末如为贷方余额，反映单位自年初至当期期末累计实现的盈余；如为借方余额，反映单位自年初至当期期末累计发生的亏损。年末结账后，本科目应无余额。

二、本期盈余的计量

为核算本期盈余业务，行政事业单位应设置"本期盈余"总账科目。

（1）期末，将各类收入科目的本期发生额转入本期盈余。借记"财政拨款收入""事业收入""上级补助收入""附属单位上缴收入""经营收入""非同级财政拨款收入""投资收益""捐赠收入""利息收入""租金收入"和"其他收入"科目，贷记本科目。

（2）期末，将各类费用科目本期发生额转入本期盈余，借记本科目，贷记"业务活动费用""单位管理费用""经营费用""所得税费用""资产处置费用""上缴上级费用""对附属单位补助费用"和"其他费用"科目。

（3）年末，完成上述结转后，将本科目余额转入"本年盈余分配"科目，借记或贷记本科目，贷记或借记"本年盈余分配"科目。

【例8-12】年末，某事业单位各类收入和费用科目的本年发生额如表8-1所示：

表8-1　事业单位各类收入和费用科目的本年发生额　　　　　　　　单位：元

收入、费用科目	借方发生额	贷方发生额
财政拨款收入		500 000
事业收入		50 000

续表

收入、费用科目	借方发生额	贷方发生额
经营收入		100 000
其他收入		20 000
业务活动费用		250 000
单位管理费用		60 000
经营费用		30 000
其他费用		10 000

期末，该事业单位应编制如下会计分录：

（1）结转各类收入类科目本年发生额：

借：财政拨款收入   500 000

    事业收入   50 000

    经营收入   100 000

    其他收入   20 000

   贷：本期盈余   670 000

（2）结转各类费用科目本年发生额：

借：本期盈余   350 000

   贷：业务活动费用   250 000

     单位管理费用   60 000

     经营费用   30 000

     其他费用   10 000

（3）将"本期盈余"科目年末贷方余额转入"本年盈余分配"科目：

借：本期盈余   320 000

   贷：本年盈余分配   320 000

第五节 本年盈余分配

一、本年盈余分配的确认

本年盈余分配是指行政事业单位对本年度实现的盈余按照有关规定进行分配反映本年盈余的分配情况和结果。

二、本年盈余分配的计量

为核算本年盈余分配业务，行政事业单位应设置"本年盈余分配"总账科目。

（1）期末，将"本期盈余"科目余额转入本科目，借记或贷记"本期盈余"科目，贷记或借记本科目。

（2）年末，根据有关规定从本年度非财政款结余或经营结余中提取专用基金的，按照预算会计下计算的提取金额，借记本科目，贷记"专用基金"科目。按规定从本年度非财政拨款结余中提取专用基金会减少"本年盈余分配"科目的余额，由此会减少"本年盈余分配"科目转至"累计盈余"科目的数额。由于行政单位不提取专用基金，因此，累计盈余增减的数额即为本期盈余的数额。

（3）年末，按照规定完成上述两项处理后，将本科目余额转入累计盈余，借记或贷记本科目，贷记或借记"累计盈余"科目。年末结转后，本科目应无余额。

【例 8－13】 年末，某事业单位"本期盈余"科目贷方余额为 158 000 元，将其转入"本年盈余分配"科目。年末，按规定从本年度非财政拨款结余中提取专用基金 8 000 元。之后，将"本年盈余分配"科目贷方余额 150 000 元转入"累计盈余"科目。该事业单位应编制如下会计分录：

（1）年末将"本期盈余"科目余额转入"本年盈余分配"科目时：

借：本期盈余　　　　　　　　　　　　　　　　　　　　158 000

　　贷：本年盈余分配　　　　　　　　　　　　　　　　　　158 000

（2）按规定从本年度非财政拨款结余中提取专用基金时：

借：本年盈余分配　　　　　　　　　　　　　　　　　　　8 000

　　贷：专用基金　　　　　　　　　　　　　　　　　　　　8 000

（3）年末将"本年盈余分配"科目余额转入"累计盈余"科目时：

借：本年盈余分配　　　　　　　　　　　　　　　　　　150 000

　　贷：累计盈余　　　　　　　　　　　　　　　　　　　150 000

第六节　无偿调拨净资产

一、无偿调拨净资产的确认

无偿调拨净资产是指行政事业单位无偿调入或调出非现金资产所引起的净资产增减变动。

无偿调拨净资产属于行政事业单位之间净资产的变化，调出方和调入方不确认收入和费用。无偿调拨净资产，由于不涉及资金业务，不需要进行预算会计核算；但如果发生以现金支付的运输费、搬运费等相关费用，则需要进行预算会计核算。

二、无偿调拨净资产的计量

为核算无偿调拨净资产业务，行政事业单位应设置"无偿调拨净资产"总科目。

（1）按照规定取得无偿调入的存货、长期股权投资、固定资产、无形资产、公共基础设施、政府储备物资、文物文化资产、保障性住房等，按照确定的成本，借记"库存物品""长期股权投资""固定资产""无形资产""公共基础设施""政府储备物资""文物文化资产"和"保障性住房"等科目，按照调入过程中发生的归属于调入方的相关费用，贷记"零余额账户用款额度""银行存款"等科目，按照其差额，贷记本科目。

（2）按照规定经批准无偿调出存货、长期股权投资、固定资产、无形资产、公共基础设施、政府储备物资、文物文化资产、保障性住房等，按照调出资产的账面余额或账面价值，借记本科目，按照固定资产累计折旧、无形资产累计摊销、公共基础设施累计折旧或摊销、保障性住房累计折旧的金额，借记"固定资产累计折旧""无形资产累计摊销""公共基础设施累计折旧（摊销）"和"保障性住房累计折旧"科目，按照调出资产的账面余额，贷记"库存物品""长期股权投资""固定资产""无形资产""公共基础设施""政府储备物资""文物文化资产"和"保障性住房"等科目；同时按照调出过程中发生的归属于调出方的相关费用，借记"资产处置费用"科目，贷记"零余额账户用款额度""银行存款"等科目。

年末，将该科目余额转入累计盈余，借记或贷记本科目，贷记或借记"累计盈余"科目。年末结账后，本科目应无余额。

【例8-14】某行政单位按规定报经批准无偿调出一项固定资产，该项固定资产的账面原值为244 000元，已计提的累计折旧为44 000元，账面价值为200 000元，发生归属于调出方的拆卸费500元，用银行存款支付。编制如下会计分录：

借：无偿调拨净资产	200 000
固定资产累计折旧	44 000
贷：固定资产	244 000
借：资产处置费用	500
贷：银行存款	500

【例8-15】年末，某行政单位"无偿调拨净资产"科目贷方余额为8 800元，将其转入"累计盈余"科目。编制如下会计分录：

借：无偿调拨净资产	8 800
贷：累计盈余	8 800

第七节 以前年度盈余调整

一、以前年度盈余调整的确认

以前年度盈余调整是指行政事业单位本年度由于发生了需要调整以前年度盈余的事项，从而对以前年度的盈余数额及其他相关项目的数额进行的调整。其中，本年度发生的需要调整以前年度盈余的事项包括本年度发生的重要前期差错更正以及调整以前年度盈余的事项等。

二、以前年度盈余调整的计量

为核算以前年度盈余调整业务，行政事业单位应设置"以前年度盈余调整"总账科目。

（1）调整增加以前年度收入时，按照调整增加的金额，借记有关科目，贷记本科目；调整减少的，做相反会计分录。

（2）调整增加以前年度费用时，按照调整增加的金额，借记本科目，贷记有关科目；调整减少的，做相反会计分录。

（3）盘盈的各种非流动资产，报经批准后处理时，借记"待处理财产损溢"科目，贷记本科目。

（4）经上述调整后，应将本科目的余额转入累计盈余，借记或贷记"累计盈余"科目，贷记或借记本科目，本科目结转后应无余额。

【例8-16】某行政单位本年度发现上一会计年度漏计提一项固定资产折旧，由此形成上会计年度少计算相应的业务活动费用15 500元，本年度发现时，对这一重要前期差错进行更正，调整增加以前年度的费用数额，并相应调整减少以前年度的累计盈余数额。该行政单位应编制如下会计分录：

（1）调整增加以前年度费用时：

借：以前年度盈余调整   15 500

  贷：累计折旧   15 500

（2）将"以前年度盈余调整"科目余额转入累计盈余时：

借：累计盈余   15 500

  贷：以前年度盈余调整   15 500

由于以前年度的业务活动费用已经在以前年度转入累计盈余，因此，调整以前年度的业务活动费用时，应当通过"以前年度盈余调整"科目进行核算，不能直接使用"业务活动费用"科目进行核算。

【例8－17】某事业单位退回上年末购买的某一办公设备收到金额12 000元未入账。该事业单位应编制如下会计分录：

　　借：银行存款　　　　　　　　　　　　　　　　　　　　　　　12 000
　　　　贷：以前年度盈余调整　　　　　　　　　　　　　　　　　　12 000

【例8－18】年末，某事业单位"以前年度盈余调整"科目贷方余额为2 500元，该事业单位进行本年结转的会计分录：

　　借：以前年度盈余调整　　　　　　　　　　　　　　　　　　　　2 500
　　　　贷：累计盈余　　　　　　　　　　　　　　　　　　　　　　　2 500

复习思考题

1. 什么是行政事业单位的净资产？行政事业单位的净资产主要包括哪些种类？行政事业单位的净资产是按照什么会计基础进行核算的结果？

2. 累计盈余的核算内容包括哪些？

3. 什么是专用基金？

4. 权益法调整核算的内容是什么？

5. 什么是本期盈余？行政事业单位应当如何核算本期盈余？

6. 什么是无偿调拨净资产？行政事业单位应当如何核算无偿调拨净资产？

第九章
行政事业单位会计预算收入

【学习目标】

本章主要介绍单位预算收入概念及内容、确认与计量，以及管理要求；重点介绍各预算收入的会计核算处理。通过本章的学习，理解预算收入的内涵，掌握各预算收入的主要账务处理，进一步理解预算收入与收入的区别。

第一节　预算收入概述

一、预算收入的确认与计量

预算收入是指行政事业单位在预算年度内依法取得的并纳入预算管理的现金流入。行政事业单位的预算收入按照不同来源渠道和资金性质可以划分为财政拨款预算收入、非同级财政拨款预算收入、事业预算收入、上级补助预算收入、附属单位上缴预算收入、经营预算收入、债务预算收入、投资预算收益和其他预算收入等。预算收入一般在实际收到时予以确认，以实际收到的金额计量。

二、预算收入的管理

加强行政事业单位收入的管理，对于提高财政资金的使用效益，保护社会公众的基本权益有着重要的意义。根据《事业单位财务规则》《行政单位财务规则》的要求，对行政事业单位收入管理的内容主要包括以下几点：

（1）加强收入的预算管理。行政事业单位应当将各项收入全部纳入单位预算，统一核算，统一管理。

（2）保证收入的合法性与合理性。行政事业单位的各项收入应当依法取得，符合国家有关法律、法规和规章制度的规定。各收费项目、收费范围和收费标准必须按照法定程序审批，取得收费许可后方可实施。

（3）及时上缴各项财政收入。行政单位依法取得的应当上缴财政的罚没收入、行政事业性收费、政府性基金、国有资产处置和出租出借收入等，事业单位对按照规定上缴国库或者财政专户的资金不属于行政事业单位的收入，应当按照国库集中收缴的有关规定及时足额上缴，不得隐瞒、滞留、截留、挪用和坐支。

第二节　预算收入的会计核算

一、财政拨款预算收入

1. 财政拨款预算收入科目设置

行政事业单位应设置"财政拨款预算收入"总账科目，核算行政事业单位从同级政府财政部门取得的各类财政拨款。本科目应当设置"基本支出"和"项目支出"两个明细科目，并按照《政府收支分类科目》中"支出功能分类科目"的项级科目进行明细核算；同时，在"基本支出"明细科目下按照"人员经费"和"日常公用经费"进行明细核算，在"项目支出"明细科目下按照具体项目进行明细核算。有一般公共预算财政拨款、政府性基金预算财政拨款两种或两种以上财政拨款的单位，还应当按照财政拨款的种类进行明细核算。本科目年末结转后应无余额。

2. 财政拨款预算收入的主要账务处理

（1）财政直接支付方式下，单位根据收到的"财政直接支付入账通知书"及相关原始凭证，按照通知书中的直接支付金额，借记"行政支出""事业支出"等科目，贷记本科目。

年末，根据本年度财政直接支付预算指标数与当年财政直接支付实际支出数的差额，借记"资金结存——财政应返还额度"科目，贷记本科目。

（2）财政授权支付方式下，单位根据收到的"财政授权支付额度到账通知书"，按照通知书中的授权支付额度，借记"资金结存——零余额账户用款额度"科目，贷记本科目。

年末，单位本年度财政授权支付预算指标数大于零余额账户用款额度下达数的，按照两者差额，借记"资金结存——财政应返还额度"科目，贷记本科目。

（3）其他方式下，单位按照本期预算收到财政拨款预算收入时，按照实际收到的金额，借记"资金结存——货币资金"科目，贷记本科目。

单位收到下期预算的财政预拨款，应当在下个预算期，按照预收的金额，借记"资金结存——货币资金"科目，贷记本科目。

（4）因差错更正、购货退回等发生国库直接支付款项退回的，属于本年度支付的款项，按照退回金额，借记本科目，贷记"行政支出""事业支出"等科目。

（5）年末，将本科目本年发生额转入财政拨款结转，借记本科目，贷记"财政拨款结转——本年收支结转"科目。

【例9-1】2×19年9月10日，某行政单位收到一份"财政直接支付入账通知书"，通知书显示该行政单位通过财政直接支付购买材料一批，价款合计12万元，材料已入库。其会计分录为：

在预算会计中：

借：行政支出   120 000
　　贷：财政拨款预算收入   120 000

同时，在财务会计中：

借：库存物品   120 000
　　贷：财政拨款收入   120 000

年末，该行政单位"财政拨款预算收入"科目当年发生总额为800万元，转入结转。其会计分录为：

借：财政拨款预算收入   8 000 000
　　贷：财政拨款结转——本年收支结转   8 000 000

【例9-2】2×19年9月1日，某事业单位收到"财政授权支付额度到账通知书"，收到财政拨款10万元。其会计分录为：

在预算会计中：

借：资金结存——零余额账户用款额度   100 000
　　贷：财政拨款预算收入   100 000

同时，在财务会计中：

借：零余额账户用款额度   100 000
　　贷：财政拨款收入   100 000

年末，结算清理时发现，当年授权支付预算指标数150万元，已下达138万元，有12万元尚未下达。其会计分录为：

在预算会计中：

借：资金结存——财政应返还额度   120 000
　　贷：财政拨款预算收入   120 000

同时，在财务会计中：

借：财政应返还额度   120 000
　　贷：财政拨款收入   120 000

二、非同级财政拨款预算收入

1. 非同级财政拨款预算收入科目设置

行政事业单位应设置"非同级财政拨款预算收入"总账科目，本科目核算行政事业单位从非同级政府财政部门取得的财政拨款，包括本级横向转拨财政款和非本级财政拨款。本科目应当按照非同级财政拨款预算收入的类别、来源、《政府收支分类科目》中"支出功能分类科目"的项级科目等进行明细核算。非同级财政拨款预算收入中如有专项资金收入，还应按照具体项目进行明细核算。本科目年末结转后应无余额。

对于事业单位因开展科研及其辅助活动从非同级政府财政部门取得的经费拨款，应当通过"事业预算收入——非同级财政拨款"科目进行核算，不通过本科目核算。

2. 非同级财政拨款预算收入的主要账务处理

（1）取得非同级财政拨款预算收入时，按照实际收到的金额，借记"资金结存——货币资金"科目，贷记本科目。

（2）年末，将本科目本年发生额中的专项资金收入转入非财政拨款结转，借记本科目下各专项资金收入明细科目，贷记"非财政拨款结转——本年收支结转"科目；将本科目本年发生额中的非专项资金收入转入其他结余，借记本科目下各非专项资金收入明细科目，贷记"其他结余"科目。

【例9-3】2×19年9月20日，某事业单位收到非同级财政拨款5万元，款项已到银行账户。其会计分录为：

在预算会计中：

借：资金结存——货币资金　　　　　　　　　　　　　　　50 000
　　贷：非同级财政拨款预算收入　　　　　　　　　　　　　　50 000

同时，在财务会计中：

借：银行存款　　　　　　　　　　　　　　　　　　　　　50 000
　　贷：非同级财政拨款收入　　　　　　　　　　　　　　　　50 000

三、事业预算收入

1. 事业预算收入科目设置

事业单位应设置"事业预算收入"核算事业单位开展专业业务活动及其辅助活动取得的现金流入。事业单位因开展科研及其辅助活动从非同级政府财政部门取得的经费拨款，也通过本科目核算。本科目应当按照事业预算收入类别、项目、来源、《政府收支分类科目》中"支出功能分类科目"的项级科目等进行明细核算。对于因开展科研及其辅助活动从非同级政府财政部门取得的经费拨款，应当在本科目下单设"非同级财政拨款"明细科目进行明细核算；事业预算收入中如有专项资金收入，还应按照具体项目进行明细核算。本科目年末结转后应无余额。

2. 事业预算收入的主要账务处理

（1）采用财政专户返还方式管理的事业预算收入，收到从财政专户返还的事业预算收入时，按照实际收到的返还金额，借记"资金结存——货币资金"科目，贷记本科目。

（2）收到其他事业预算收入时，按照实际收到的款项金额，借记"资金结存——货币资金"科目，贷记本科目。

（3）年末，将本科目本年发生额中的专项资金收入转入非财政拨款结转，借记本科目下各专项资金收入明细科目，贷记"非财政拨款结转——本年收支结转"科目；将本科目本年发生额中的非专项资金收入转入其他结余，借记本科目下各非专项资金收入明细科目，贷记"其他结余"科目。

【例9-4】2×19年10月20日，某事业单位开展专业业务活动收到事业服务费2万元，款项已转入银行账户。此事业服务费纳入财政专户管理，按照规定此款项需要全额上缴财政专户。其会计分录为：

在预算会计中：

不做账务处理。收到需要上缴财政账户的款项时预算会计不确认事业收入，待专户返还时确认。

同时，在财务会计中：

借：银行存款   20 000

  贷：应缴财政款   20 000

10月25日，该事业单位将该笔2万元的款项上缴到财政专户。其会计分录为：

在预算会计中：

不做账务处理。预算会计没有负债的核算内容，上缴应交款项不属于预算会计支出内容。

同时，在财务会计中：

借：应缴财政款   20 000

  贷：银行存款   20 000

11月1日，收到从财政专户返还的事业预算收入20 000元，款项已到账。其会计分录为：

在预算会计中：

借：资金结存——货币资金   20 000

  贷：事业预算收入   20 000

同时，在财务会计中：

借：银行存款   20 000

  贷：事业收入   20 000

11月20日，该事业单位按照合同约定开展一项专业业务活动已完成，合同款项5万元已到账，该收入不属于专户管理项目。其会计分录为：

在预算会计中：

借：资金结存——货币资金   50 000

  贷：事业预算收入   50 000

同时，在财务会计中：

借：银行存款   50 000

  贷：事业收入   50 000

四、上级补助预算收入

1. 上级补助预算收入科目设置

事业单位应设置"上级补助预算收入"总账科目，核算事业单位从主管部门和上级单位取得的非财政补助现金流入。本科目应当按照发放补助单位、补助项目、《政府收支分类科目》中"支出功能分类科目"的项级科目等进行明细核算。上级补助预算收入中如有专项资金收入，还应按照具体项目进行明细核算。本科目年末结转后应无余额。

2. 上级补助预算收入的主要账务处理

（1）收到上级补助预算收入时，按照实际收到的金额，借记"资金结存——货币资金"科目，贷记本科目。

（2）年末，将本科目本年发生额中的专项资金收入转入非财政拨款结转，借记本科目下各专项资金收入明细科目，贷记"非财政拨款结转——本年收支结转"科目；将本科目本年发生额中的非专项资金收入转入其他结余，借记本科目下各非专项资金收入明细科目，贷记"其他结余"科目。

【例 9-5】2×19 年 10 月 21 日，某事业单位收到上级单位拨入一笔非财政补助资金 5 000 元，款项已到银行账户。其会计分录为：

在预算会计中：

借：资金结存——货币资金   5 000

  贷：上级补助预算收入   5 000

同时，在财务会计中：

借：银行存款   5 000

  贷：上级补助收入   5 000

五、附属单位上缴预算收入

1. 附属单位上缴预算收入科目设置

事业单位应当设置"附属单位上缴预算收入"总账科目，核算事业单位取得附属独立核算单位根据有关规定上缴的现金流入。本科目应当按照附属单位、缴款项目、《政府收支分类科目》中"支出功能分类科目"的项级科目等进行明细核算。附属单位上缴预算收入中如有专项资金收入，还应按照具体项目进行明细核算。本科目年末结转后应无余额。

2. 附属单位上缴预算收入的主要账务处理

（1）收到附属单位缴来款项时，按照实际收到的金额，借记"资金结存——货币资金"科目，贷记本科目。

（2）年末，将本科目本年发生额中的专项资金收入转入非财政拨款结转，借记本科目下各专项资金收入明细科目，贷记"非财政拨款结转——本年收支结转"科目；将本科目本年发生额中的非专项资金收入转入其他结余，借记本科目下各非专项资金收入明细科目，贷记"其他结余"科目。

【例9-6】2×19年12月31日，某事业单位收到下属独立核算的附属单位上缴的分成款项20万元，其会计分录为：

在预算会计中：

借：资金结存——货币资金 　　　　　　　　　　200 000

　　贷：附属单位上缴预算收入 　　　　　　　　　　200 000

同时，在财务会计中：

借：银行存款 　　　　　　　　　　200 000

　　贷：附属单位上缴收入 　　　　　　　　　　200 000

六、经营预算收入

1. 经营预算收入科目设置

事业单位应当设置"经营预算收入"总账科目，核算事业单位在专业业务活动及其辅助活动之外开展非独立核算经营活动取得的现金流入。本科目应当按照经营活动类别、项目、《政府收支分类科目》中"支出功能分类科目"的项级科目等进行明细核算。本科目年末结转后应无余额。

2. 经营预算收入的主要账务处理

（1）收到经营预算收入时，按照实际收到的金额，借记"资金结存——货币资金"科目，贷记本科目。

（2）年末，将本科目本年发生额转入经营结余，借记本科目，贷记"经营结余"科目。

【例9-7】某事业单位系小规模纳税人，2×19年11月10日开展一项非独立核算的经营活动，取得经营收入10万元，增值税0.6万元，款项共计10.6万元，已存入银行。其会计分录如下：

在预算会计中：

借：资金结存——货币资金 　　　　　　　　　　106 000

贷：经营预算收入	106 000

同时，在财务会计中：

借：银行存款	106 000
贷：经营收入	100 000
应交增值税	6 000

事业单位如果在实现经营收入时款项尚未收到，在财务会计中，应当借记"应收账款""应收票据"等科目，贷记"经营收入"科目；而此时，在预算会计中，则不做会计处理。

七、债务预算收入

1. 债务预算收入科目设置

事业单位应当设置"债务预算收入"总账科目，核算事业单位按照规定从银行和其他金融机构等借入的、纳入部门预算管理的、不以财政资金作为偿还来源的债务本金。本科目应当按照贷款单位、贷款种类、《政府收支分类科目》中"支出功能分类科目"的项级科目等进行明细核算。债务预算收入中如有专项资金收入，还应按照具体项目进行明细核算。本科目年末结转后应无余额。

2. 债务预算收入的主要账务处理

（1）借入各项短期或长期借款时，按照实际借入的金额，借记"资金结存——货币资金"科目，贷记本科目。

（2）年末，将本科目本年发生额中的专项资金收入转入非财政拨款结转，借记本科目下各专项资金收入明细科目，贷记"非财政拨款结转——本年收支结转"科目；将本科目本年发生额中的非专项资金收入转入其他结余，借记本科目下各非专项资金收入明细科目，贷记"其他结余"科目。

【例9-8】2×19年11月11日，某事业单位经批准向银行借入一笔短期借款，借款金额为100万元。其会计分录如下：

在预算会计中：

借：资金结存——货币资金	1 000 000
贷：债务预算收入	1 000 000

同时，在财务会计中：

借：银行存款	1 000 000
贷：短期借款	1 000 000

八、投资预算收益

1. 投资预算收益科目设置

事业单位应当设置"投资预算收益"总账科目，核算事业单位取得的按照规定纳入部门预算管理的属于投资收益性质的现金流入，包括股权投资收益、出售或收回债券投资所取得的收益和债券投资利息收入。本科目应当按照《政府收支分类科目》中"支出功能分类科目"的项级科目等进行明细核算。本科目年末结转后应无余额。

2. 投资预算收益的主要账务处理

（1）出售或到期收回本年度取得的短期、长期债券，按照实际取得的价款或实际收到的本息金额，借记"资金结存——货币资金"科目，按照取得债券时"投资支出"科目的发生额，贷记"投资支出"科目，按照其差额，贷记或借记本科目。

出售或到期收回以前年度取得的短期、长期债券，按照实际取得的价款或实际收到的本息金额，借记"资金结存——货币资金"科目，按照取得债券时"投资支出"科目的发生额，贷记"其他结余"科目，按照其差额，贷记或借记本科目。

出售、转让以货币资金取得的长期股权投资的，其账务处理参照出售或到期收回债券投资。

（2）持有的短期投资以及分期付息、一次还本的长期债券投资收到利息时，按照实际收到的金额，借记"资金结存——货币资金"科目，贷记本科目。

（3）持有长期股权投资取得被投资单位分派的现金股利或利润时，按照实际收到的金额，借记"资金结存——货币资金"科目，贷记本科目。

（4）出售、转让以非货币性资产取得的长期股权投资时，按照实际取得的价款扣减支付的相关费用和应缴财政款后的余额（按照规定纳入单位预算管理的），借记"资金结存——货币资金"科目，贷记本科目。

（5）年末，将本科目本年发生额转入其他结余，借记或贷记本科目，贷记或借记"其他结余"科目。

【例9－9】2×19年12月31日，某事业单位全资子公司实现利润150万元。其会计分录为：

在预算会计中：

不做账务处理，因为该事业单位没有实际收到利润。

同时，在财务会计中：

借：长期股权投资——损益调整   1 500 000

  贷：投资收益   1 500 000

次年3月20日，该事业单位的全资子公司宣告并发放股息分红100万元，款项已到事业单位账户。其会计分录为：

在预算会计中：

借：资金结存——货币资金 1 000 000

　　贷：投资预算收益 1 000 000

同时，在财务会计中：

借：应收股利 1 000 000

　　贷：长期股权投资——损益调整 1 000 000

借：银行存款 1 000 000

　　贷：应收股利 1 000 000

【例9－10】2×19年10月1日，某事业单位出售一项本年度取得的短期投资，实际收到款项48万元，款项已存入开户银行。该项短期投资的账面余额为40万元，取得时"投资支出"科目的发生额也为40万元。按照规定，本次短期投资出售取得的投资收益纳入单位预算管理。其会计分录为：

在预算会计中：

借：资金结存——货币资金 480 000

　　贷：投资支出 400 000

　　　　投资预算收益 80 000

同时，在财务会计中：

借：银行存款 480 000

　　贷：短期投资 400 000

　　　　投资收益 80 000

2×19年12月31日，该事业单位收到短期债券投资的利息5 000元，款项已存入银行。其会计分录为：

在预算会计中：

借：资金结存——货币资金 5 000

　　贷：投资预算收益 5 000

同时，在财务会计中：

借：银行存款 5 000

　　贷：投资收益 5 000

九、其他预算收入

1. 其他预算收入科目设置

行政事业单位应设置"其他预算收入"总账科目，核算单位除财政拨款预算收入、事业预算收入、上级补助预算收入、附属单位上缴预算收入、经营预算收入、债务预算收入、非同级财政拨款预算收入、投资预算收益之外的纳入部门预算管理的现金流入，包括捐赠预算收入、利息预算收入、租金预算收入、现金盘盈收入等。本科目应当按照其他收入类别、《政府收支分类科目》中"支出功能分类科目"的项级科目等进行明细核算。其他预算收入中如有专项资金收入，还应按照具体项目进行明细核算。行政事业单位发生的捐赠预算收入、利息预算收入、租金预算收入金额较大或业务较多的，可单独设置"捐赠预算收入""利息预算收入""租金预算收入"等科目。本科目年末结转后应无余额。

2. 其他预算收入的主要账务处理

（1）接受捐赠现金资产、收到银行存款利息、收到资产承租人支付的租金时，按照实际收到的金额，借记"资金结存——货币资金"科目，贷记本科目。

（2）每日现金账款核对中如发现现金溢余，按照溢余的现金金额，借记"资金结存——货币资金"科目，贷记本科目。经核实，属于应支付给有关个人和单位的部分，按照实际支付的金额，借记本科目，贷记"资金结存——货币资金"科目。

（3）收到其他预算收入时，按照收到的金额，借记"资金结存——货币资金"科目，贷记本科目。

（4）年末，将本科目本年发生额中的专项资金收入转入非财政拨款结转，借记本科目下各专项资金收入明细科目，贷记"非财政拨款结转——本年收支结转"科目；将本科目本年发生额中的非专项资金收入转入其他结余，借记本科目下各非专项资金收入明细科目，贷记"其他结余"科目。

【例9－11】2×19年10月15日，某行政单位接受捐赠一笔货币资金10万元，按捐赠约定规定用于专门用途，款项已存入开户银行。其会计分录为：

在预算会计中：

借：资金结存——货币资金 100 000
    贷：其他预算收入 100 000
同时，在财务会计中：
借：银行存款 100 000
    贷：捐赠收入 100 000

复习思考题

1. 什么是行政事业单位的预算收入？行政事业单位的预算收入主要包括哪些内容？

2. 行政事业单位预算收入的种类和收入的种类有什么不同？

3. 什么是财政拨款收入？什么是财政拨款预算收入？举例说明两者会计处理的异同。

4. 什么是事业收入？什么是事业预算收入？举例说明两者会计处理的异同。

5. 什么是非同级财政拨款预算收入？它与财政拨款预算收入有何区别？

第❿章
行政事业单位会计预算支出

【学习目标】

　　本章主要介绍单位预算支出概念及内容、确认与计量，以及管理要求；重点介绍各预算支出的会计核算处理。通过本章的学习，理解预算支出的内涵，掌握各预算支出的主要账务处理，进一步理解预算支出与费用的区别。

第一节　预算支出概述

一、预算支出的确认与计量

　　预算支出是指行政事业单位在预算年度内，履行职责或开展业务活动中实际发生的纳入部门预算管理的现金流出。行政事业单位的预算支出按照不同的资金用途包括行政支出、事业支出、经营支出、上缴上级支出、对附属单位补助支出、投资支出、债务还本支出和其他支出等种类。预算支出一般在实际支付时予以确认，以实际支付的金额计量。预算支出和预算收入两个预算会计要素构成行政事业单位的预算收入支出表。

二、预算支出的管理

　　行政、事业单位应当按照有关规定的要求管理和安排各项预算支出。行政事业单位应当将各项支出全部纳入单位预算；严格执行国家规定的开支范围及标准，建立健全支出管理制度；从财政部门或者上级预算单位取得的项目资金，应当按照批准的项目和用途使用，专款专用、单独核算，并按照规定向同级财政部门或者上级预算单位报告资金使用情况，接受财政部门和上级预算单位的检查监督；项目完成后，应当向同级财政部门或者上级预算单位报送项目支出决算和使用效果的书面报告；行政事业单位还应当严格执行国库集中支付制度和政府采购制度等规定；依法加强各类票据管理，确保票据来源合法、内容真实、使用正确，不得使用虚假票据。

第二节　预算支出的会计核算

一、行政支出

1. 行政支出科目设置

行政单位应当设置"行政支出"总账科目，核算行政单位履行其职责实际发生的各项现金流出。本科目应当分别按照"财政拨款支出""非财政专项资金支出"和"其他资金支出"，"基本支出"和"项目支出"等进行明细核算，并按照《政府收支分类科目》中"支出功能分类科目"的项级科目进行明细核算；"基本支出"和"项目支出"明细科目下应当按照《政府收支分类科目》中"部门预算支出经济分类科目"的款级科目进行明细核算，同时在"项目支出"明细科目下按照具体项目进行明细核算。

有一般公共预算财政拨款、政府性基金预算财政拨款两种或两种以上财政拨款的行政单位，还应在"财政拨款支出"明细科目下按照财政拨款的种类进行明细核算。

对于预付款项，可通过在本科目下设置"待处理"明细科目进行核算，待确认具体支出项目后再转入本科目下相关明细科目。年末结账前，应将本科目"待处理"明细科目余额全部转入本科目下相关明细科目。本科目年末结转后应无余额。

2. 行政支出的主要账务处理

（1）支付单位职工薪酬。向单位职工个人支付薪酬时，按照实际支付的金额，借记本科目，贷记"财政拨款预算收入""资金结存"科目。

按照规定代扣代缴个人所得税以及代扣代缴或为职工缴纳职工社会保险费、住房公积金等时，按照实际缴纳的金额，借记本科目，贷记"财政拨款预算收入""资金结存"科目。

【例 10-1】2×19 年 10 月 30 日，某行政单位通过财政直接支付的方式向单位职工个人支付薪酬共计 258 000 元。其会计分录为：

在预算会计中：

借：行政支出　　　　　　　　　　　　　　　　　　　　　258 000

　　贷：财政拨款预算收入　　　　　　　　　　　　　　　　258 000

同时，在财务会计中：

借：应付职工薪酬　　　　　　　　　　　　　　　　　　　258 000

　　贷：财政拨款收入　　　　　　　　　　　　　　　　　　258 000

10 月 30 日，该行政单位计算出全体员工的代扣代缴社保费、住房公积金等 28 000

元，当日通过财政直接支付实际缴纳到相应社保部门和住房公积金中心。其会计分录为：

在预算会计中：

借：行政支出 　　　　　　　　　　　　　　　　　　　　　　　28 000

　　贷：财政拨款预算收入 　　　　　　　　　　　　　　　　　　　　28 000

同时，在财务会计中：

借：应付职工薪酬 　　　　　　　　　　　　　　　　　　　　　　28 000

　　贷：财政拨款收入 　　　　　　　　　　　　　　　　　　　　　　28 000

（2）支付外部人员劳务费。按照实际支付给外部人员个人的金额，借记本科目，贷记"财政拨款预算收入""资金结存"科目。

按照规定代扣代缴个人所得税时，按照实际缴纳的金额，借记本科目，贷记"财政拨款预算收入""资金结存"科目。

（3）为购买存货、固定资产、无形资产等以及为在建工程支付相关款项时，按照实际支付的金额，借记本科目，贷记"财政拨款预算收入""资金结存"科目。

【例10-2】2×19年10月20日，某行政单位通过授权支付购买了不需要安装的设备一台，价款及运费等合计12万元，设备已运抵单位。其会计分录为：

在预算会计中：

借：行政支出 　　　　　　　　　　　　　　　　　　　　　　　120 000

　　贷：资金结存——零余额账户用款额度 　　　　　　　　　　　　120 000

同时，在财务会计中：

借：固定资产 　　　　　　　　　　　　　　　　　　　　　　　120 000

　　贷：零余额账户用款额度 　　　　　　　　　　　　　　　　　　120 000

（4）发生预付账款时，按照实际支付的金额，借记本科目，贷记"财政拨款预算收入""资金结存"科目。

对于暂付款项，在支付款项时可不做预算会计处理，待结算或报销时，按照结算或报销的金额，借记本科目，贷记"资金结存"科目。

（5）发生其他各项支出时，按照实际支付的金额，借记本科目，贷记"财政拨款预算收入""资金结存"科目。

（6）因购货退回等发生款项退回，或者发生差错更正的，属于当年支出收回的，按照收回或更正金额，借记"财政拨款预算收入""资金结存"科目，贷记本科目。

【例10-3】2×19年10月18日，某行政单位因质量问题将上月购入的材料向厂家退货，价款合计8 000元，该批材料购入时作库存物品入库，当日对方已将款项退入该行政单位银行账户。其会计分录为：

在预算会计中：

借：资金结存——货币资金 　　　　　　　　　　　　　　　　　　8 000

　　贷：行政支出 　　　　　　　　　　　　　　　　　　　　　　　8 000

同时，在财务会计中：

借：银行存款 　　　　　　　　　　　　　　　　　　　　　　　　8 000

贷：库存物品　　　　　　　　　　　　　　　　　　　　　　8 000

　　（7）年末，将本科目本年发生额中的财政拨款支出转入财政拨款结转，借记"财政拨款结转——本年收支结转"科目，贷记本科目下各财政拨款支出明细科目；将本科目本年发生额中的非财政专项资金支出转入非财政拨款结转，借记"非财政拨款结转——本年收支结转"科目，贷记本科目下各非财政专项资金支出明细科目；将本科目本年发生额中的其他资金支出（非财政非专项资金支出）转入其他结余，借记"其他结余"科目，贷记本科目下其他资金支出明细科目。

二、事业支出

　　1. 事业支出科目设置

　　事业单位应当设置"事业支出"总账科目，核算事业单位开展专业业务活动及其辅助活动实际发生的各项现金流出。事业单位发生教育、科研、医疗、行政管理、后勤保障等活动的，可在本科目下设置相应的明细科目进行核算，或单设"教育支出""科研支出""医疗支出""行政管理支出""后勤保障支出"等一级会计科目进行核算。

　　"事业支出"科目应当分别按照"财政拨款支出""非财政专项资金支出"和"其他资金支出"，"基本支出"和"项目支出"等进行明细核算，并按照《政府收支分类科目》中"支出功能分类科目"的项级科目进行明细核算；"基本支出"和"项目支出"明细科目下应当按照《政府收支分类科目》中"部门预算支出经济分类科目"的款级科目进行明细核算，同时在"项目支出"明细科目下按照具体项目进行明细核算。

　　有一般公共预算财政拨款、政府性基金预算财政拨款两种或两种以上财政拨款的事业单位，还应当在"财政拨款支出"明细科目下按照财政拨款的种类进行明细核算。

　　预付款项可通过在本科目下设置"待处理"明细科目进行明细核算，待确认具体支出项目后再转入本科目下相关明细科目。年末结账前，应将本科目"待处理"明细科目余额全部转入本科目下相关明细科目。本科目年末结转后应无余额。

　　2. 事业支出的主要账务处理

　　（1）支付单位职工（经营部门职工除外）薪酬。向单位职工个人支付薪酬时，按照实际支付的数额，借记本科目，贷记"财政拨款预算收入""资金结存"科目。

　　按照规定代扣代缴个人所得税以及代扣代缴或为职工缴纳职工社会保险费、住房公积金等时，按照实际缴纳的金额，借记本科目，贷记"财政拨款预算收入""资金结存"科目。

　　（2）为专业业务活动及其辅助活动支付外部人员劳务费。按照实际支付给外部人员个人的金额，借记本科目，贷记"财政拨款预算收入""资金结存"科目。

　　按照规定代扣代缴个人所得税时，按照实际缴纳的金额，借记本科目，贷记"财政拨款预算收入""资金结存"科目。

【例 10 - 4】2×19 年 9 月 18 日，某事业单位通过银行存款账户为专业业务活动及其辅助活动支付外部人员的应付劳务费 12 000 元。其会计分录为：

在预算会计中：

借：事业支出   12 000

  贷：资金结存——货币资金   12 000

同时，在财务会计中：

借：其他应付款   12 000

  贷：银行存款   12 000

（3）开展专业业务活动及其辅助活动过程中为购买存货、固定资产、无形资产等以及为在建工程支付相关款项时，按照实际支付的金额，借记本科目，贷记"财政拨款预算收入""资金结存"科目。

【例 10 - 5】2×19 年 9 月 20 日，某事业单位因开展专业业务活动需要，用银行存款购入办公用品一批，价款 1 020 元。其会计分录为：

在预算会计中：

借：事业支出   1 020

  贷：资金结存——货币资金   1 020

同时，在财务会计中：

借：业务活动费用   1 020

  贷：银行存款   1 020

（4）开展专业业务活动及其辅助活动过程中发生预付账款时，按照实际支付的金额，借记本科目，贷记"财政拨款预算收入""资金结存"科目。

对于暂付款项，在支付款项时可不做预算会计处理，待结算或报销时，按照结算或报销的金额，借记本科目，贷记"资金结存"科目。

【例 10 - 6】2×19 年 10 月 8 日，某事业单位因开展专业业务活动需要，按照合同约定向对方预付 5 000 元账款。其会计分录为：

在预算会计中：

借：事业支出   5 000

  贷：资金结存——货币资金   5 000

同时，在财务会计中：

借：预付账款   5 000

  贷：银行存款   5 000

（5）开展专业业务活动及其辅助活动过程中缴纳的相关税费以及发生的其他各项支出，按照实际支付的金额，借记本科目，贷记"财政拨款预算收入""资金结存"科目。

（6）开展专业业务活动及其辅助活动过程中因购货退回等发生款项退回，或者发生差错更正的，属于当年支出收回的，按照收回或更正金额，借记"财政拨款预算收入""资金结存"科目，贷记本科目。

（7）年末，将本科目本年发生额中的财政拨款支出转入财政拨款结转，借记"财政拨款结转——本年收支结转"科目，贷记本科目下各财政拨款支出明细科目；将本科目本年发生额中的非财政专项资金支出转入非财政拨款结转，借记"非财政拨款结转——本年收支结转"科目，贷记本科目下各非财政专项资金支出明细科目；将本科目本年发生额中的其他资金支出（非财政非专项资金支出）转入其他结余，借记"其他结余"科目，贷记本科目下其他资金支出明细科目。

三、经营支出

1. 经营支出科目设置

事业单位应当设置"经营支出"总账科目，核算事业单位在专业业务活动及其辅助活动之外开展非独立核算经营活动实际发生的各项现金流出。本科目应当按照经营活动类别、项目、《政府收支分类科目》中"支出功能分类科目"的项级科目和"部门预算支出经济分类科目"的款级科目等进行明细核算。

对于预付款项，可通过在本科目下设置"待处理"明细科目进行明细核算，待确认具体支出项目后再转入本科目下相关明细科目。年末结账前，应将本科目"待处理"明细科目余额全部转入本科目下相关明细科目。本科目年末结转后应无余额。

2. 经营支出的主要账务处理

（1）支付经营部门职工薪酬。向职工个人支付薪酬时，按照实际的金额，借记本科目，贷记"资金结存"科目。

按照规定代扣代缴个人所得税以及代扣代缴或为职工缴纳职工社会保险费、住房公积金时，按照实际缴纳的金额，借记本科目，贷记"资金结存"科目。

【例 10 - 7】2×19 年 10 月 31 日，某事业单位通过银行账户向单位经营活动员工支付工资共计 18 000 元。其会计分录为：

在预算会计中：

借：经营支出 　　　　　　　　　　　　　　　　　　　　　　　18 000

　　贷：资金结存——货币资金 　　　　　　　　　　　　　　　　　18 000

同时，在财务会计中：

借：应付职工薪酬 　　　　　　　　　　　　　　　　　　　　　　18 000

　　贷：银行存款 　　　　　　　　　　　　　　　　　　　　　　　18 000

（2）为经营活动支付外部人员劳务费。按照实际支付给外部人员个人的金额，借记本科目，贷记"资金结存"科目。

按照规定代扣代缴个人所得税时，按照实际缴纳的金额，借记本科目，贷记"资金结存"科目。

（3）开展经营活动过程中为购买存货、固定资产、无形资产等以及为在建工程支付相关款项时，按照实际支付的金额，借记本科目，贷记"资金结存"科目。

（4）开展经营活动过程中发生预付账款时，按照实际支付的金额，借记本科目，贷记"资金结存"科目。

对于暂付款项，在支付款项时可不做预算会计处理，待结算或报销时，按照结算或报销的金额，借记本科目，贷记"资金结存"科目。

（5）因开展经营活动缴纳的相关税费以及发生的其他各项支出，按照实际支付的金额，借记本科目，贷记"资金结存"科目。

【例 10－8】2×19 年 11 月 10 日，某事业单位通过银行账户支付了经营活动过程中产生的房产税 2 000 元。其会计分录为：

在预算会计中：

借：经营支出　　　　　　　　　　　　　　　　　　　　　2 000

　　贷：资金结存——货币资金　　　　　　　　　　　　　　　　2 000

同时，在财务会计中：

借：其他应交税费——应交房产税　　　　　　　　　　　　2000

　　贷：银行存款　　　　　　　　　　　　　　　　　　　　　2 000

（6）开展经营活动中因购货退回等发生款项退回或者发生差错更正的，属于当年支出收回的，按照收回或更正金额，借记"资金结存"科目，贷记本科目。

（7）年末，将本科目本年发生额转入经营结余，借记"经营结余"科目，贷记本科目。

四、上缴上级支出

1. 上缴上级支出科目设置

事业单位应设置"上缴上级支出"总账科目，核算事业单位按照财政部门和主管部门的规定上缴上级单位款项发生的现金流出。本科目应当按照收缴款项单位、缴款项目、《政府收支分类科目》中"支出功能分类科目"的项级科目和"部门预算支出经济分类科目"的款级科目等进行明细核算。本科目年末结转后应无余额。

2. 上缴上级支出的主要账务处理

（1）按照规定将款项上缴上级单位的，按照实际上缴的金额，借记本科目，贷记"资金结存"科目。

（2）年末，将本科目本年发生额转入其他结余，借记"其他结余"科目，贷记本科目。

【例 10－9】2×19 年 12 月 31 日，某事业单位根据体制安排和本年事业收入的数额，经过计算，本年应上缴上级单位款项为 15 万元，该款项于当日通过银行转账上缴。其会计分录为：

在预算会计中：

借：上缴上级支出　　　　　　　　　　　　　　　　　　150 000

　　贷：资金结存——货币资金　　　　　　　　　　　　　　150 000

同时，在财务会计中：

借：上缴上级费用　　　　　　　　　　　　　　　　　　　150 000

　　贷：银行存款　　　　　　　　　　　　　　　　　　　　150 000

五、对附属单位补助支出

1. 对附属单位补助支出科目设置

事业单位应当设置"对附属单位补助支出"总账科目，核算事业单位用财政拨款预算收入之外的收入对附属单位补助发生的现金流出。本科目应当按照接受补助单位、补助项目、《政府收支分类科目》中"支出功能分类科目"的项级科目和"部门预算支出经济分类科目"的款级科目等进行明细核算。本科目年末结转后应无余额。

2. 对附属单位补助支出的主要账务处理

（1）发生对附属单位补助支出的，按照实际补助的金额，借记本科目，贷记"资金结存"科目。

（2）年末，将本科目本年发生额转入其他结余，借记"其他结余"科目，贷记本科目。

【例10-10】2×19年11月1日，某事业单位以自有经费对所属独立核算的研究中心补助3万元，以银行转账支付。其会计分录为：

在预算会计中：

借：对附属单位补助支出　　　　　　　　　　　　　　　　30 000

　　贷：资金结存——货币资金　　　　　　　　　　　　　　30 000

同时，在财务会计中：

借：对附属单位补助费用　　　　　　　　　　　　　　　　30 000

　　贷：银行存款　　　　　　　　　　　　　　　　　　　　30 000

六、投资支出

1. 投资支出科目设置

事业单位应当设置"投资支出"总账科目，核算事业单位以货币资金对外投资发生的现金流出。本科目应当按照投资类型、投资对象、《政府收支分类科目》中"支出功能分类科目"的项级科目和"部门预算支出经济分类科目"的款级科目等进行明细核算。本科目年末结转后应无余额。

2. 投资支出的主要账务处理

（1）以货币资金对外投资时，按照投资金额和所支付的相关税费金额的合计数，借记本科目，贷记"资金结存"科目。

（2）出售、对外转让或到期收回本年度以货币资金取得的对外投资的，如果按规定将投资收益纳入单位预算，按照实际收到的金额，借记"资金结存"科目，按照取得投资时"投资支出"科目的发生额，贷记本科目，按照其差额，贷记或借记"投资预算收益"科目；如果按规定将投资收益上缴财政的，按照取得投资时"投资支出"科目的发生额，借记"资金结存"科目，贷记本科目。

出售、对外转让或到期收回以前年度以货币资金取得的对外投资的，如果按规定将投资收益纳入单位预算，按照实际收到的金额，借记"资金结存"科目，按照取得投资时"投资支出"科目的发生额，贷记"其他结余"科目，按照其差额，贷记或借记"投资预算收益"科目；如果按规定将投资收益上缴财政的，按照取得投资时"投资支出"科目的发生额，借记"资金结存"科目，贷记"其他结余"科目。

（3）年末，将本科目本年发生额转入其他结余，借记"其他结余"科目，贷记本科目。

【例10－11】2×19年9月1日，某事业单位以闲置资金购入一批国债作为短期投资，以银行存款支付购买价款20万元；11月30日出售该批国债，出售价款为22万元，款项已存入银行。其会计分录为：

9月1日投资时，在预算会计中：

借：投资支出　　　　　　　　　　　　　　　　　　　　　　200 000

　　贷：资金结存——货币资金　　　　　　　　　　　　　　　　　200 000

同时，在财务会计中：

借：短期投资　　　　　　　　　　　　　　　　　　　　　　200 000

　　贷：银行存款　　　　　　　　　　　　　　　　　　　　　　200 000

11月30日出售时，在预算会计中：

借：资金结存——货币资金　　　　　　　　　　　　　　　　202 000

　　贷：投资支出　　　　　　　　　　　　　　　　　　　　　　200 000

　　　　投资预算收益　　　　　　　　　　　　　　　　　　　　　2 000

同时，在财务会计中：

借：银行存款　　　　　　　　　　　　　　　　　　　　　　202 000

　　贷：短期投资　　　　　　　　　　　　　　　　　　　　　　200 000

　　　　投资收益　　　　　　　　　　　　　　　　　　　　　　　2 000

七、债务还本支出

1. 债务还本支出科目设置

事业单位应当设置"债务还本支出"总账科目，核算事业单位偿还自身承担的纳入预算管理的从金融机构举借的债务本金的现金流出。本科目应当按照贷款单位、贷款种类、《政府收支分类科目》中"支出功能分类科目"的项级科目和"部门预算支出经济分类科目"的款级科目等进行明细核算。本科目年末结转后应无余额。

2. 债务还本支出的主要账务处理

（1）偿还各项短期或长期借款时，按照偿还的借款本金，借记本科目，贷记"资金结存"科目。

（2）年末，将本科目本年发生额转入其他结余，借记"其他结余"科目，贷记本科目。

【例 10-12】2×19 年 12 月 31 日，某事业单位用银行存款偿还之前向银行借入的 20 万元短期借款。其会计分录为：

在预算会计中：

借：债务还本支出   200 000

    贷：资金结存——货币资金   200 000

同时，在财务会计中：

借：短期借款   200 000

    贷：银行存款   200 000

八、其他支出

1. 其他支出科目设置

行政事业单位应当设置"其他支出"总账科目，核算单位除行政支出、事业支出、经营支出、上缴上级支出、对附属单位补助支出、投资支出、债务还本支出以外的各项现金流出，包括利息支出、对外捐赠现金支出、现金盘亏损失、接受捐赠（调入）和对外捐赠（调出）非现金资产发生的税费支出、资产置换过程中发生的相关税费支出、罚没支出等。本科目应当按照其他支出的类别，如"财政拨款支出""非财政专项资金支出"和"其他资金支出"、《政府收支分类科目》中"支出功能分类科目"的项级科目和"部门预算支出经济分类科目"的款级科目等进行明细核算。其他支出中如有专项资金支出，还应按照具体项目进行明细核算。

有一般公共预算财政拨款、政府性基金预算财政拨款两种或两种以上财政拨款的事业单位，还应当在"财政拨款支出"明细科目下按照财政拨款的种类进行明细核算。

单位发生利息支出、捐赠支出等其他支出金额较大或业务较多的，可单独设置"利息支出""捐赠支出"等科目。本科目年末结转后应无余额。

2. 其他支出的主要账务处理

（1）利息支出。支付银行借款利息时，按照实际支付金额，借记本科目，贷记"资金结存"科目。

【例 10-13】2×19 年 12 月 31 日,某事业单位支付了因专业发展需要从银行借入的长期借款的利息 10 000 元。其会计分录为:

在预算会计中:

借:其他支出   10 000

  贷:资金结存——货币资金   10 000

同时,在财务会计中:

借:应付利息   10 000

  贷:银行存款   10 000

(2)对外捐赠现金资产。对外捐赠现金资产时,按照捐赠金额,借记本科目,贷记"资金结存——货币资金"科目。

(3)现金盘亏损失。每日现金账款核对中如发现现金短缺,按照短缺的现金金额,借记本科目,贷记"资金结存——货币资金"科目。经核实,属于应当由有关人员赔偿的,按照收到的赔偿金额,借记"资金结存——货币资金"科目,贷记本科目。

【例 10-14】2×19 年 10 月 31 日,某事业单位当日现金账款核查中发现短缺 500 元,无法查明原因,经批准予以核销。其会计分录为:

在预算会计中:

借:其他支出   500

  贷:资金结存——货币资金   500

同时,在财务会计中:

借:待处理财产损溢   500

  贷:库存现金   500

借:资产处置费用   500

  贷:待处理财产损溢   500

(4)接受捐赠(无偿调入)和对外捐赠(无偿调出)非现金资产发生的税费支出,接受捐赠(无偿调入)非现金资产发生的归属于捐入方(调入方)的相关税费、运输费等,以及对外捐赠(无偿调出)非现金资产发生的归属于捐出方(调出方)的相关税费、运输费等,按照实际支付金额,借记本科目,贷记"资金结存"科目。

(5)资产置换过程中发生的相关税费支出。资产置换过程中发生的相关税费,按照实际支付金额,借记本科目,贷记"资金结存"科目。

【例 10-15】2×19 年 12 月 1 日,某事业单位以一项无形资产置换取得一项固定资产,该项无形资产的账面余额为 85 万元,相应的累计摊销数为 17 万元,账面净值为 68 万元。经评估,该项无形资产的评估价值为 65 万元。置换过程中发生相关税费 1 万元,款项以银行存款支付。该项固定资产在取得时,确定的成本为 66 万元。该事业单位在该项无形资产置换业务中发生资产处置费用 3 万元。其会计分录为:

在预算会计中:

借:其他支出   10 000

  贷:资金结存——货币资金   10 000

同时，在财务会计中：

借：固定资产   660 000

     无形资产累计摊销   170 000

     资产处置费用   30 000

   贷：银行存款   10 000

       无形资产   850 000

（6）其他支出。发生罚没等其他支出时，按照实际支出金额，借记本科目，贷记"资金结存"科目。

（7）年末，将本科目本年发生额中的财政拨款支出转入财政拨款结转，借记"财政拨款结转——本年收支结转"科目，贷记本科目下各财政拨款支出明细科目；将本科目本年发生额中的非财政专项资金支出转入非财政拨款结转，借记"非财政拨款结转——本年收支结转"科目，贷记本科目下各非财政专项资金支出明细科目；将本科目本年发生额中的其他资金支出（非财政非专项资金支出）转入其他结余，借记"其他结余"科目，贷记本科目下其他资金支出明细科目。

 复习思考题

1. 什么是行政事业单位的预算支出？主要包括哪些内容？

2. 行政事业单位预算支出的种类和费用的种类有什么不同？

3. 什么是事业支出？什么是单位管理费用？请说明两者的异同。

4. 什么是行政支出？什么是业务活动费用？举例说明两者会计处理的异同。

5. 什么是投资支出？投资支出的相应业务在财务会计和预算会计中分别是如何核算的？

6. 行政事业单位的"其他支出"科目主要核算哪些内容？

第十一章
行政事业单位会计预算结余

【学习目标】

　　本章主要介绍单位预算结余概念及内容，重点介绍各预算结余的会计核算处理。本章的学习目标在于，通过本章的学习，理解预算结余的内涵，掌握预算结余主要的账务处理。

第一节　预算结余概述

　　预算结余是指行政事业单位预算年度内预算收入扣除预算支出后的资金余额，以及历年滚存的资金余额。预算结余包括结余资金和结转资金。结余资金是指年度预算执行终了，预算收入实际完成数扣除预算支出和结转资金后剩余的资金。结转资金是指预算安排项目的支出年终尚未执行完毕或者因故未执行，且下年需要按照原用途继续使用的资金。预算结余是行政事业单位采用收付实现制基础核算预算收入和预算支出后，按照预算结余的种类进行分类的结果。行政事业单位的预算结余包括资金结存、财政拨款结转、财政拨款结余、非财政拨款结转、非财政拨款结余、专用结余、经营结余、其他结余等种类。

第二节　预算结余的会计核算

一、资金结存

1. 资金结存科目设置

　　行政事业单位应当设置"资金结存"总账科目核算单位纳入部门预算管理的资金的流入、流出、调整和滚存等情况。本科目年末借方余额，反映单位预算资金的累计滚存情况。

"资金结存"总账科目应当设置下列明细科目：

（1）"零余额账户用款额度"：本明细科目核算实行国库集中支付的单位根据财政部门批复的用款计划收到和支用的零余额账户用款额度。

年末结账后，本明细科目应无余额。

（2）"货币资金"：本明细科目核算单位以库存现金、银行存款、其他货币资金形态存在的资金。

本明细科目年末借方余额，反映单位尚未使用的货币资金。

（3）"财政应返还额度"：本明细科目核算实行国库集中支付的单位可以使用的以前年度财政直接支付资金额度和财政应返还的财政授权支付资金额度。本明细科目下可设置"财政直接支付""财政授权支付"两个明细科目进行明细核算。

本明细科目年末借方余额，反映单位应收财政返还的资金额度。

2. 资金结存的主要账务处理

（1）财政授权支付方式下，单位根据代理银行转来的财政授权支付额度到账通知书，按照通知书中的授权支付额度，借记本科目（零余额账户用款额度），贷记"财政拨款预算收入"科目。

以国库集中支付以外的其他支付方式取得预算收入时，按照实际收到的金额，借记本科目（货币资金），贷记"财政拨款预算收入""事业预算收入""经营预算收入"等科目。

【例11-1】2019年9月1日，根据代理银行转来的财政授权支付额度到账通知书，某行政单位授权支付额度到账40万元。其会计分录为：

在预算会计中：

借：资金结存——零余额账户用款额度   400 000

  贷：财政拨款预算收入   400 000

同时，在财务会计中：

借：零余额账户用款额度   400 000

  贷：财政拨款收入   400 000

（2）财政授权支付方式下，发生相关支出时，按照实际支付的金额，借记"行政支出""事业支出"等科目，贷记本科目（零余额账户用款额度）。

从零余额账户提取现金时，借记本科目（货币资金），贷记本科目（零余额账户用款额度）。退回现金时，做相反会计分录。

使用以前年度财政直接支付额度发生支出时，按照实际支付金额，借记"行政支出""事业支出"等科目，贷记本科目（财政应返还额度）。

国库集中支付以外的其他支付方式下，发生相关支出时，按照实际支付的金额，借记"事业支出""经营支出"等科目，贷记本科目（货币资金）。

【例11-2】2019年9月18日，某行政单位通过授权支付固定资产，支付价款30万元。其会计分录为：

在预算会计中：

借：行政支出　　　　　　　　　　　　　　　　　　　　　　300 000

　　贷：资金结存——零余额账户用款额度　　　　　　　　　　　　300 000

同时，在财务会计中：

借：固定资产　　　　　　　　　　　　　　　　　　　　　　300 000

　　贷：零余额账户用款额度　　　　　　　　　　　　　　　　　　300 000

9月20日，该行政单位使用以前年度财政直接支付额度支付单位管理开支10万元。其会计分录为：

在预算会计中：

借：行政支出　　　　　　　　　　　　　　　　　　　　　　100 000

　　贷：资金结存——财政应返还额度　　　　　　　　　　　　　　100 000

同时，在财务会计中：

借：行政支出　　　　　　　　　　　　　　　　　　　　　　100 000

　　贷：财政应返还额度——财政直接支付　　　　　　　　　　　　100 000

（3）按照规定上缴财政拨款结转结余资金或注销财政拨款结转结余资金额度的，按照实际上缴资金数额或注销的资金额度数额，借记"财政拨款结转——归集上缴"或"财政拨款结余——归集上缴"科目，贷记本科目（财政应返还额度、零余额账户用款额度、货币资金）。

按规定向原资金拨入单位缴回非财政拨款结转资金的，按照实际缴回资金数额，借记"非财政拨款结转——缴回资金"科目，贷记本科目（货币资金）。

收到从其他单位调入的财政拨款结转资金的，按照实际调入资金数额，借记本科目（财政应返还额度、零余额账户用款额度、货币资金），贷记"财政拨款结转——归集调入"科目。

【例11-3】年终，某行政单位按规定上缴财政拨款结转资金5 000元，具体通过上缴财政授权支付额度的方式完成。其会计分录为：

在预算会计中：

借：财政拨款结转——归集上缴　　　　　　　　　　　　　　　5 000

　　贷：资金结存——零余额账户用款额度　　　　　　　　　　　　5 000

同时，在财务会计中：

借：累计盈余　　　　　　　　　　　　　　　　　　　　　　　5 000

　　贷：零余额账户用款额度　　　　　　　　　　　　　　　　　　5 000

【例11-4】年终，某事业单位按照规定从其他单位调入财政拨款结转资金18万元，收到相应数额的财政授权支付额度。其会计分录为：

在预算会计中：

借：资金结存——零余额账户用款额度　　　　　　　　　　　　180 000

　　贷：财政拨款结转——归集调入　　　　　　　　　　　　　　180 000

同时，在财务会计中：

借：零余额账户用款额度   180 000

  贷：累计盈余   180 000

（4）按照规定使用专用基金时，按照实际支付金额，借记"专用结余"科目（从非财政拨款结余中提取的专用基金）或"事业支出"等科目（从预算收入中计提的专用基金），贷记本科目（货币资金）。

【例 11-5】2019 年 10 月 16 日，某事业单位按照规定使用从非财政拨款结余中提取的专用基金 2 400 元支付一项专门活动费用。另外，使用从预算收入中提取的专用基金 3 000 元购置一项固定资产，款项均通过银行存款账户支付。购置的固定资产用于开展专业业务活动及其辅助活动。其会计分录为：

在预算会计中：

借：专用结余   2 400

  事业支出   3 000

  贷：资金结存——货币资金   5 400

同时，在财务会计中：

借：专用基金   2 400

  固定资产   3 000

  贷：银行存款   5 400

借：专用基金   3 000

  贷：累计盈余   3 000

（5）因购货退回、发生差错更正等退回国库直接支付、授权支付款项，或者收回货币资金，属于本年度支付的，借记"财政拨款预算收入"科目或本科目（零余额账户用款额度、货币资金），贷记相关支出科目；属于以前年度支付的，借记本科目（财政应返还额度、零余额账户用款额度、货币资金），贷记"财政拨款结转""财政拨款结余""非财政拨款结转""非财政拨款结余"科目。

【例 11-6】2019 年 1 月 16 日，某行政单位发现 2018 年 12 月的一笔 2 500 元的费用重复支付了两次，并做了两笔相同的会计处理，现对方已退还了其中的一笔 2 500 元，款项已到单位零余额账户。其会计分录为：

在预算会计中：

借：资金结存——零余额账户用款额度   2 500

  贷：财政拨款结余（年初余额调整）   2 500

同时，在财务会计中：

借：零余额账户用款额度   2 500

  贷：以前年度盈余调整   2 500

（6）有企业所得税缴纳义务的事业单位缴纳所得税时，按照实际缴纳金额，借记"非财政拨款结余——累计结余"科目，贷记本科目（货币资金）。

（7）年末，根据本年度财政直接支付预算指标数与当年财政直接支付实际支出数的差额，借记本科目（财政应返还额度），贷记"财政拨款预算收入"科目。

【例 11－7】2019 年 12 月 31 日，某事业单位根据当年财政直接支付预算指标数与实际支出数的差额 12 万元，确认财政应返还额度。其会计分录为：

在预算会计中：

借：资金结存——财政应返还额度　　　　　　　　　　　　　　120 000
　　贷：财政拨款预算收入　　　　　　　　　　　　　　　　　　　　　120 000

同时，在财务会计中：

借：财政应返还额度——财政直接支付　　　　　　　　　　　　120 000
　　贷：财政拨款收入　　　　　　　　　　　　　　　　　　　　　　　120 000

（8）年末，单位依据代理银行提供的对账单作注销额度的相关账务处理，借记本科目（财政应返还额度），贷记本科目（零余额账户用款额度）；本年度财政授权支付预算指标数大于零余额账户用款额度下达数的，根据未下达的用款额度，借记本科目（财政应返还额度），贷记"财政拨款预算收入"科目。

下年初，单位依据代理银行提供的额度恢复到账通知书作恢复额度的相关账务处理，借记本科目（零余额账户用款额度），贷记本科目（财政应返还额度）。单位收到财政部门批复的上年末未下达零余额账户用款额度的，借记本科目（零余额账户用款额度），贷记本科目（财政应返还额度）。

【例 11－8】2019 年 12 月 31 日，某事业单位本年度财政授权支付预算指标数大于零余额账户用款额度下达数，两者间的差额为 5 万元；另外，该事业单位根据代理银行提供的对账单，注销本年度尚未使用的零余额账户用款额度 12 000 元。其会计分录为：

在预算会计中：

借：资金结存——财政应返还额度　　　　　　　　　　　　　　62 000
　　贷：财政拨款预算收入　　　　　　　　　　　　　　　　　　　　　50 000
　　　　资金结存——零余额账户用款额度　　　　　　　　　　　　　12 000

同时，在财务会计中：

借：财政应返还额度——财政授权支付　　　　　　　　　　　　62 000
　　贷：财政拨款收入　　　　　　　　　　　　　　　　　　　　　　　50 000
　　　　零余额账户用款额度　　　　　　　　　　　　　　　　　　　12 000

次年初，该事业单位收到代理银行提供的上年度注销零余额账户用款额度恢复到账通知书，恢复上年度注销的零余额账户用款额度 12 000 元。其会计分录为：

在预算会计中：

借：资金结存——零余额账户用款额度　　　　　　　　　　　　12 000
　　贷：资金结存——财政应返还额度　　　　　　　　　　　　　　　　12 000

同时，在财务会计中：

借：零余额账户用款额度　　　　　　　　　　　　　　　　　　12 000
　　贷：财政应返还额度——财政授权支付　　　　　　　　　　　　　　12 000

二、财政拨款结转

1. 财政拨款结转科目设置

行政事业单位应设置"财政拨款结转"总账科目核算单位取得的同级财政拨款结转资金的调整、结转和滚存情况。本科目年末贷方余额，反映单位滚存的财政拨款结转资金数额。

本科目应当设置下列明细科目：

（1）与会计差错更正、以前年度支出收回相关的明细科目"年初余额调整"：本明细科目核算因发生会计差错更正、以前年度支出收回等，需要调整财政拨款结转的金额。

年末结账后，本明细科目应无余额。

（2）与财政拨款调拨业务相关的明细科目。

1）"归集调入"。本明细科目核算按照规定从其他单位调入财政拨款结转资金时，实际调增的额度数额或调入的资金数额。年末结账后，本明细科目应无余额。

2）"归集调出"。本明细科目核算按照规定向其他单位调出财政拨款结转资金时，实际调减的额度数额或调出的资金数额。年末结账后，本明细科目应无余额。

3）"归集上缴"。本明细科目核算按照规定上缴财政拨款结转资金时，实际核销的额度数额或上缴的资金数额。年末结账后，本明细科目应无余额。

4）"单位内部调剂"。本明细科目核算经财政部门批准对财政拨款结余资金改变用途，调整用于本单位其他未完成项目等的调整金额。年末结账后，本明细科目应无余额。

（3）与年末财政拨款结转业务相关的明细科目。

1）"本年收支结转"。本明细科目核算单位本年度财政拨款收支相抵后的余额。年末结账后，本明细科目应无余额。

2）"累计结转"。本明细科目核算单位滚存的财政拨款结转资金。本明细科目年末贷方余额，反映单位财政拨款滚存的结转资金数额。

另外，"财政拨款结转"科目还应当设置"基本支出结转""项目支出结转"两个明细科目，并在"基本支出结转"明细科目下按照"人员经费""日常公用经费"进行明细核算，在"项目支出结转"明细科目下按照具体项目进行明细核算；同时，本科目还应按照《政府收支分类科目》中"支出功能分类科目"的相关科目进行明细核算。

有一般公共预算财政拨款、政府性基金预算财政拨款等两种或两种以上财政拨款的，还应当在本科目下按照财政拨款的种类进行明细核算。

2. 财政拨款结转的主要账务处理

（1）与会计差错更正、以前年度支出收回相关的账务处理。

1）因发生会计差错更正退回以前年度国库直接支付、授权支付款项或财政性货币资金，或者因发生会计差错更正增加以前年度国库直接支付、授权支付支出或财政性货币资金支出，属于以前年度财政拨款结转资金的，借记或贷记"资金结存——财政应返还额度、零余额账户用款额度、货币资金"科目，贷记或借记本科目（年初余额调整）。

【例 11-9】某行政单位年初发现上年一项记账错误，一项业务活动费用 5 000 元，款项已通过单位零余额账户支付，入账时误记为 500 元，上年的费用和支出少记 4 500 元，现予以更正。其会计分录为：

在预算会计中：

借：财政拨款结转——年初余额调整　　　　　　　　　　　　　4 500

　　贷：资金结存——零余额账户用款额度　　　　　　　　　　4 500

同时，在财务会计中：

借：以前年度盈余调整　　　　　　　　　　　　　　　　　　　4 500

　　贷：零余额账户用款额度　　　　　　　　　　　　　　　　4 500

2）因购货退回、预付款项收回等发生以前年度支出又收回国库直接支付、授权支付款项或收回财政性货币资金，属于以前年度财政拨款结转资金的，借记"资金结存——财政应返还额度、零余额账户用款额度、货币资金"科目，贷记本科目（年初余额调整）。

【例 11-10】某事业单位收回上年因采购材料而预付的 5 万元预付款，上年通过财政授权支付方式支付，款项已到单位零余额账户。其会计分录为：

在预算会计中：

借：资金结存——零余额账户用款额度　　　　　　　　　　　50 000

　　贷：财政拨款结转——年初余额调整　　　　　　　　　　50 000

同时，在财务会计中：

借：零余额账户用款额度　　　　　　　　　　　　　　　　　50 000

　　贷：预付账款　　　　　　　　　　　　　　　　　　　　50 000

（2）与财政拨款结转结余资金调整业务相关的账务处理。

1）按照规定从其他单位调入财政拨款结转资金的，按照实际调增的额度数额或调入的资金数额，借记"资金结存——财政应返还额度、零余额账户用款额度、货币资金"科目，贷记本科目（归集调入）。

2）按照规定向其他单位调出财政拨款结转资金的，按照实际调减的额度数额或调出的资金数额，借记本科目（归集调出），贷记"资金结存——财政应返还额度、零余额账户用款额度、货币资金"科目。

3）按照规定上缴财政拨款结转资金或注销财政拨款结转资金额度的，按照实际上缴资金数额或注销的资金额度数额，借记本科目（归集上缴），贷记"资金结存——财政应返还额度、零余额账户用款额度、货币资金"科目。

4）经财政部门批准对财政拨款结余资金改变用途，调整用于本单位基本支出或其他未完成项目支出的，按照批准调剂的金额，借记"财政拨款结余——单位内部调剂"科目，贷记本科目（单位内部调剂）。

【例 11-11】某行政单位按照规定向其他单位调出财政拨款结转资金 3 万元，实际调减相应的零余额账户用款额度。其会计分录为：

在预算会计中：

借：财政拨款结转——归集调出   30 000

    贷：资金结存——零余额账户用款额度   30 000

同时，在财务会计中：

借：累计盈余   30 000

    贷：零余额账户用款额度   30 000

【例 11-12】某事业单位经财政部门批准对财政拨款结余资金改变用途，调整用于本单位其他未完成项目，批准的调剂金额为 1 万元。其会计分录为：

在预算会计中：

借：财政拨款结余——单位内部调剂   10 000

    贷：财政拨款结转——单位内部调剂   10 000

财务会计不做处理。

（3）与年末财政拨款结转和结余业务相关的账务处理。

1）年末，将财政拨款预算收入本年发生额转入本科目，借记"财政拨款预算收入"科目，贷记本科目（本年收支结转）；将各项支出中财政拨款支出本年发生额转入本科目，借记本科目（本年收支结转），贷记各项支出（财政拨款支出）科目。

【例 11-13】某行政单位年末，"财政拨款预算收入"本年贷方发生额为 150 万元，"行政支出"借方发生额为 120 万元，"其他支出（财政拨款支出）"借方发生额为 15 万元。年末收支结转分录如下：

借：财政拨款预算收入   1 500 000

    贷：财政拨款结转——本年收支结转   1 500 000

借：财政拨款结转——本年收支结转   1 350 000

    贷：行政支出（财政拨款支出）   1 200 000

        其他支出（财政拨款支出）   150 000

2）年末冲销有关明细科目余额。将本科目（本年收支结转、年初余额调整、归集调入、归集调出、归集上缴、单位内部调剂）余额转入本科目（累计结转）。结转后，本科目除"累计结转"明细科目外，其他明细科目应无余额。

【例 11-14】某事业单位年末"财政拨款结转"有关明细科目的余额如表 11-1 所示。

表 11-1   财政拨款结转相关明细科目余额表   单位：元

财政拨款结转相关明细科目	借方余额	贷方余额
年初余额调整		30 000
归集调入		20 000
单位内部调剂		10 000
本年收支结转		150 000

续表

财政拨款结转相关明细科目	借方余额	贷方余额
归集上缴	15 000	
归集调出	20 000	
合计	35 000	210 000

借：财政拨款结转——年初余额调整　　　　　　　　　　30 000
　　　　　　——归集调入　　　　　　　　　　　20 000
　　　　　　——单位内部调剂　　　　　　　　　10 000
　　　　　　——本年收支结转　　　　　　　　　150 000
　　贷：财政拨款结转——累计结转　　　　　　　　210 000
借：财政拨款结转——累计结转　　　　　　　　　　　35 000
　　贷：财政拨款结转——归集上缴　　　　　　　　　15 000
　　　　　　——归集调出　　　　　　　　　　　20 000

3）年末完成上述结转后，应当对财政拨款结转各明细项目执行情况进行分析，按照有关规定将符合财政拨款结余性质的项目余额转入财政拨款结余，借记本科目（累计结转），贷记"财政拨款结余——结转转入"科目。

三、财政拨款结余

1. 财政拨款结余科目设置

行政事业单位应设置"财政拨款结余"总账科目核算单位取得的同级财政拨款项目支出结余资金的调整、结转和滚存情况。本科目年末贷方余额，反映单位滚存的财政拨款结余资金数额。

本科目应设置下列明细科目：

（1）与会计差错更正、以前年度支出收回相关的明细科目。"年初余额调整"明细科目核算因发生会计差错更正、以前年度支出收回等，需要调整财政拨款结余的金额。年末结账后，本明细科目应无余额。

（2）与财政拨款结余资金调整业务相关的明细科目。

1）"归集上缴"。本明细科目核算按照规定上缴财政拨款结余资金时，实际核销的额度数额或上缴的资金数额。年末结账后，本明细科目应无余额。

2）"单位内部调剂"。本明细科目核算经财政部门批准对财政拨款结余资金改变用途，调整用于本单位其他未完成项目等的调整金额。

年末结账后，本明细科目应无余额。

（3）与年末财政拨款结余业务相关的明细科目。

1）"结转转入"。本明细科目核算单位按照规定转入财政拨款结余的财政拨款结转资金。年末结账后，本明细科目应无余额。

2）"累计结余"。本明细科目核算单位滚存的财政拨款结余资金。

本明细科目年末贷方余额，反映单位财政拨款滚存的结余资金数额。

另外，财政拨款结余科目还应当按照具体项目、《政府收支分类科目》中"支出功能分类科目"的相关科目等进行明细核算。有一般公共预算财政拨款、政府性基金预算财政拨款等两种或两种以上财政拨款的，还应当在本科目下按照财政拨款的种类进行明细核算。

2. 财政拨款结余的主要账务处理

（1）与会计差错更正、以前年度支出收回相关的账务处理。

1）因发生会计差错更正退回以前年度国库直接支付、授权支付款项或财政性货币资金，或者因发生会计差错更正增加以前年度国库直接支付、授权支付支出或财政性货币资金支出，属于以前年度财政拨款结余资金的，借记或贷记"资金结存——财政应返还额度、零余额账户用款额度、货币资金"科目，贷记或借记本科目（年初余额调整）。

2）因购货退回、预付款项收回等发生以前年度支出又收回国库直接支付、授权支付款项或收回财政性货币资金，属于以前年度财政拨款结余资金的，借记"资金结存——财政应返还额度、零余额账户用款额度、货币资金"科目，贷记本科目（年初余额调整）。

【例 11–15】某单位年初发生了 30 万元的上年支付的预付账款收回财政授权支付额度业务，该款项属于以前年度结余资金，其会计分录为：

在预算会计中：

借：资金结存——零余额账户用款额度　　　　　　　　　　　　300 000

　　贷：财政拨款结余——年初余额调整　　　　　　　　　　　　300 000

同时，在财务会计中：

借：零余额账户用款额度　　　　　　　　　　　　　　　　　　300 000

　　贷：以前年度盈余调整　　　　　　　　　　　　　　　　　　300 000

（2）与财政拨款结余资金调整业务相关的账务处理。

1）经财政部门批准对财政拨款结余资金改变用途，调整用于本单位基本支出或其他未完成项目支出的，按照批准调剂的金额，借记本科目（单位内部调剂），贷记"财政拨款结转——单位内部调剂"科目。

2）按照规定上缴财政拨款结余资金或注销财政拨款结余资金额度的，按照实际上缴资金数额或注销的资金额度数额，借记本科目（归集上缴），贷记"资金结存——财政应返还额度、零余额账户用款额度、货币资金"科目。

【例 11–16】某单位本年度主校财政拨款财政授权内拨款结余资金 12 万元。其会计分录为：

在预算会计中：

借：财政拨款结余——归集上缴　　　　　　　　　　　　　　　120 000

贷：资金结存——零余额账户用款额度	120 000

同时，在财务会计中：

借：累计盈余	120 000
贷：零余额账户用款额度	120 000

（3）与年末财政拨款结转和结余业务相关的账务处理。

1）年末，对财政拨款结转各明细项目执行情况进行分析，按照有关规定将符合财政拨款结余性质的项目余额转入财政拨款结余，借记"财政拨款结转——累计结转"科目，贷记本科目（结转转入）。

【例 11 –17】某单位年末根据财政拨款结转各明细项目执行情况分析后，有 20 万元的项目符合财政拨款结余性质，将其余额转入结余。

借：财政拨款结转——累计结转	200 000
贷：财政拨款结余——结转转入	200 000

2）年末冲销有关明细科目余额。将本科目（年初余额调整、归集上缴、单位内部调剂、结转转入）余额转入本科目（累计结余）。结转后，本科目除"累计结余"明细科目外，其他明细科目应无余额。

【例 11 –18】年末，某单位"财政拨款结余"科目明细科目余额情况如下：结转转入贷方余额 20 万元，年初余额调整借方余额 5 000 元，单位内部调剂借方余额 15 000 元，归集上缴借方余额 2 万元。其会计分录如下：

借：财政拨款结余——累计结余	40 000
贷：财政拨款结余——年初余额调整	5 000
——归集上缴	20 000
——单位内部调剂	15 000
借：财政拨款结余——结转转入	200 000
贷：财政拨款结余——累计结余	200 000

四、非财政拨款结转

1. 非财政拨款结转科目设置

非财政拨款结转是指行政事业单位由财政拨款收支、经营收支以外各非同级财政拨款专项资金收支形成的结转资金。同级财政拨款的资金不形成非财政拨款结转资金，而形成财政拨款结转资金。非同级财政拨款的非专项资金也不形成非财政拨款结转资金，而形成非财政拨款结余资金。行政事业单位应当严格区分财政资金和非财政资金，对于非财政资金，应当进一步区分专项资金和非专项资金，对其分别进行会计核算。

行政事业单位应当设置"非财政拨款结转"总账科目核算单位除财政拨款收支、经营收支以外各非同级财政拨款专项资金的调整、结转和滚存情况。本科目年末贷方余额，反映单位滚存的非同级财政拨款专项结转资金数额。

本科目应设置下列明细科目：

（1）"年初余额调整"。本明细科目核算因发生会计差错更正、以前年度支出收回等，需要调整非财政拨款结转的资金。年末结账后，本明细科目应无余额。

（2）"缴回资金"。本明细科目核算按照规定缴回非财政拨款结转资金时，实际缴回的资金数额。年末结账后，本明细科目应无余额。

（3）"项目间接费用或管理费"。本明细科目核算单位取得的科研项目预算收入中，按照规定计提项目间接费用或管理费的数额。年末结账后，本明细科目应无余额。

（4）"本年收支结转"。本明细科目核算单位本年度非同级财政拨款专项收支相抵后的余额。年末结账后，本明细科目应无余额。

（5）"累计结转"。本明细科目核算单位滚存的非同级财政拨款专项结转资金。本明细科目年末贷方余额，反映单位非同级财政拨款滚存的专项结转资金数额。

另外，"非财政拨款结转"科目还应当按照具体项目、《政府收支分类科目》中"支出功能分类科目"的相关科目等进行明细核算。

2. 非财政拨款结转的主要账务处理

（1）按照规定从科研项目预算收入中提取项目管理费或间接费时，按照提取金额，借记本科目（项目间接费用或管理费），贷记"非财政拨款结余——项目间接费用或管理费"科目。

【例11-19】某高校按照规定从某科研项目中提取项目管理费用3 000元，其会计分录为：

在预算会计中：

借：非财政拨款结转——项目间接费用或管理费   3 000

  贷：非财政拨款结余——项目间接费用或管理费   3 000

同时，在财务会计中：

借：单位管理费用   3 000

  贷：预提费用——项目间接费用或管理费   3 000

（2）因会计差错更正收到或支出非同级财政拨款货币资金，属于非财政拨款结转资金的，按照收到或支出的金额，借记或贷记"资金结存——货币资金"科目，贷记或借记本科目（年初余额调整）。

因收回以前年度支出等收到非同级财政拨款货币资金，属于非财政拨款结转资金的，按照收到的金额，借记"资金结存——货币资金"科目，贷记本科目（年初余额调整）。

（3）按照规定缴回非财政拨款结转资金的，按照实际缴回资金数额，借记本科目（缴回资金），贷记"资金结存——货币资金"科目。

【例11-20】某高校按照规定缴回非财政拨款结转资金25万元，其会计分录为：

在预算会计中：

借：非财政拨款结转——缴回资金   250 000

  贷：资金结存——货币资金   250 000

同时，在财务会计中：

借：累计盈余   250 000

    贷：银行存款   250 000

（4）年末，将事业预算收入、上级补助预算收入、附属单位上缴预算收入、非同级财政拨款预算收入、债务预算收入、其他预算收入本年发生额中的专项资金收入转入本科目，借记"事业预算收入""上级补助预算收入""附属单位上缴预算收入""非同级财政拨款预算收入""债务预算收入""其他预算收入"科目下各专项资金收入明细科目，贷记本科目（本年收支结转）；将行政支出、事业支出、其他支出本年发生额中的非财政拨款专项资金支出转入本科目，借记本科目（本年收支结转），贷记"行政支出""事业支出""其他支出"科目下各非财政拨款专项资金支出明细科目。

【例 11-21】某事业单位年末非同级财政拨款专项资金有关科目收支余额情况如表 11-2 所示。

表 11-2 某事业单位年末非同级财政拨款专项资金有关科目收支余额表   单位：元

非同级财政拨款专项资金有关科目	借方余额	贷方余额
事业预算收入——非财政、专项		200 000
上级补助预算收入——非财政、专项		100 000
附属单位上缴预算收入——非财政、专项		50 000
非同级财政拨款预算收入——非财政、专项		300 000
债务预算收入——非财政、专项		500 000
其他预算收入——非财政、专项		30 000
事业支出——非财政、专项	1 050 000	
其他支出——非财政、专项	110 000	
合计	1 160 000	1 180 000

结转以上科目余额分录为：

借：事业预算收入——非财政、专项   200 000

    上级补助预算收入——非财政、专项   100 000

    附属单位上缴预算收入——非财政、专项   50 000

    非同级财政拨款预算收入——非财政、专项   300 000

    债务预算收入——非财政、专项   500 000

    其他预算收入——非财政、专项   30 000

    贷：非财政拨款结转——本年收支结转   1 180 000

借：非财政拨款结转——本年收支结转   1 160 000

    贷：事业支出——非财政、专项   1 050 000

        其他支出——非财政、专项   110 000

（5）年末冲销有关明细科目余额。将本科目（年初余额调整、项目间接费用或管理费、缴回资金、本年收支结转）余额转入本科目（累计结转）。结转后，本科目除"累计结转"明细科目外，其他明细科目应无余额。

（6）年末完成上述结转后，应当对非财政拨款专项结转资金各项目情况进行分析，将留归本单位使用的非财政拨款专项（项目已完成）剩余资金转入非财政拨款结余，借记本科目（累计结转），贷记"非财政拨款结余——结转转入"科目。

五、非财政拨款结余

1. 非财政拨款结余科目设置

行政事业单位应设置"非财政拨款结余"总账科目核算单位历年滚存的非限定用途的非同级财政拨款结余资金，主要为非财政拨款结余扣除结余分配后滚存的金额。本科目年末贷方余额，反映单位非同级财政拨款结余资金的累计滚存数额。

本科目应当设置下列明细科目：

（1）"年初余额调整"。本明细科目核算因发生会计差错更正、以前年度支出收回等，需要调整非财政拨款结余的资金。年末结账后，本明细科目应无余额。

（2）"项目间接费用或管理费"。本明细科目核算单位取得的科研项目预算收入中，按照规定计提的项目间接费用或管理费数额。年末结账后，本明细科目应无余额。

（3）"结转转入"。本明细科目核算按照规定留归单位使用，由单位统筹调配，纳入单位非财政拨款结余的非同级财政拨款专项剩余资金。年末结账后，本明细科目应无余额。

（4）"累计结余"。本明细科目核算单位历年滚存的非同级财政拨款、非专项结余资金。本明细科目年末贷方余额，反映单位非同级财政拨款滚存的非专项结余资金数额。

另外，"非财政拨款结余"科目还应当按照《政府收支分类科目》中"支出功能分类科目"的相关科目进行明细核算。

2. 非财政拨款结余的主要账务处理

（1）按照规定从科研项目预算收入中提取项目管理费或间接费时，借记"非财政拨款结转——项目间接费用或管理费"科目，贷记本科目（项目间接费用或管理费）。

（2）有企业所得税缴纳义务的事业单位实际缴纳企业所得税时，按照缴纳金额，借记本科目（累计结余），贷记"资金结存——货币资金"科目。

【例11-22】某事业单位年末用银行存款缴纳企业所得税15万元，其会计分录为：

在预算会计中：

借：非财政拨款结余——累计结余		150 000
贷：资金结存——货币资金		150 000

同时，在财务会计中：

借：其他应交税费——单位应交所得税		150 000
贷：银行存款		150 000

（3）因会计差错更正收到或支出非同级财政拨款货币资金，属于非财政拨款结余资金的，按照收到或支出的金额，借记或贷记"资金结存——货币资金"科目，贷记或借记本科目（年初余额调整）。

因收回以前年度支出等收到非同级财政拨款货币资金，属于非财政拨款结余资金的，按照收到的金额，借记"资金结存——货币资金"科目，贷记本科目（年初余额调整）。

（4）年末，将留归本单位使用的非财政拨款专项（项目已完成）剩余资金转入本科目，借记"非财政拨款结转——累计结转"科目，贷记本科目（结转转入）。

（5）年末冲销有关明细科目余额。将本科目（年初余额调整、项目间接费用或管理费、结转转入）余额结转入本科目（累计结余）。结转后，本科目除"累计结余"明细科目外，其他明细科目应无余额。

【例11-23】某单位年末非财政拨款结余明细科目情况如下：年初余额调整贷方40万元，项目管理费借方10万元，其会计分录为：

借：非财政拨款结余——年末余额调整   400 000

    贷：非财政拨款结余——累计结余   400 000

借：非财政拨款结余——累计结余   100 000

    贷：非财政拨款结余——项目管理费   100 000

（6）年末，事业单位将"非财政拨款结余分配"科目余额转入非财政拨款结余。"非财政拨款结余分配"科目为借方余额的，借记本科目（累计结余），贷记"非财政拨款结余分配"科目；"非财政拨款结余分配"科目为贷方余额的，借记"非财政拨款结余分配"科目，贷记本科目（累计结余）。

年末，行政单位将"其他结余"科目余额转入非财政拨款结余。"其他结余"科目为借方余额的，借记本科目（累计结余），贷记"其他结余"科目；"其他结余"科目为贷方余额的，借记"其他结余"科目，贷记本科目（累计结余）。

六、专用结余

1. 专用结余科目设置

事业单位应当设置"专用结余"科目核算事业单位按照规定从非财政拨款结余中提取的具有专门用途的资金的变动和滚存情况。本科目应当按照专用结余的类别进行明细核算。本科目年末贷方余额，反映事业单位从非同级财政拨款结余中提取的专用基金的累计滚存数额。

2. 专用结余的主要账务处理

（1）根据有关规定从本年度非财政拨款结余或经营结余中提取基金的，按照提取金额，借记"非财政拨款结余分配"科目，贷记本科目。

【例 11 - 24】某事业单位年末从本年度非财政拨款结余中提取专用基金 20 万元，其会计分录为：

在预算会计中：

借：非财政拨款结余分配 　　　　　　　　　　　　　　　　　200 000

　　贷：专用结余 　　　　　　　　　　　　　　　　　　　　　　200 000

同时，在财务会计中：

借：本年盈余分配 　　　　　　　　　　　　　　　　　　　　200 000

　　贷：专用基金 　　　　　　　　　　　　　　　　　　　　　　200 000

（2）根据规定使用从非财政拨款结余或经营结余中提取的专用基金时，按照使用金额，借记本科目，贷记"资金结存——货币资金"科目。

【例 11 - 25】2019 年 10 月 16 日，某事业单位按照规定使用从非财政拨款结余中提取的专用基金 2 400 元支付一项专门活动费用，另外，使用从预算收入中提取的专用基金 3 000 元购置一项固定资产，款项均通过银行存款账户支付。购置的固定资产用于开展专业业务活动及其辅助活动。其会计分录为：

在预算会计中：

借：专用结余 　　　　　　　　　　　　　　　　　　　　　　2 400

　　事业支出 　　　　　　　　　　　　　　　　　　　　　　3 000

　　　　贷：资金结存——货币资金 　　　　　　　　　　　　　　5 400

同时，在财务会计中：

借：专用基金 　　　　　　　　　　　　　　　　　　　　　　2 400

　　固定资产 　　　　　　　　　　　　　　　　　　　　　　3 000

　　　　贷：银行存款 　　　　　　　　　　　　　　　　　　　　5 400

借：专用基金 　　　　　　　　　　　　　　　　　　　　　　3 000

　　贷：累计盈余 　　　　　　　　　　　　　　　　　　　　　3 000

七、经营结余

1. 经营结余科目设置

事业单位应当设置"经营结余"科目核算事业单位本年度经营活动收支相抵后余额弥补以前年度经营亏损后的余额。本科目可以按照经营活动类别进行明细核算。年末结账后，本科目一般无余额；如为借方余额，反映事业单位累计发生的经营亏损。

2. 经营结余的主要账务处理

（1）年末，将经营预算收入本年发生额转入本科目，借记"经营预算收入"科目，贷记本科目；将经营支出本年发生额转入本科目，借记本科目，贷记"经营支出"科目。

（2）年末，完成上述（1）结转后，如本科目为贷方余额，将本科目贷方余额转入

"非财政拨款结余分配"科目,借记本科目,贷记"非财政拨款结余分配"科目;如本科目为借方余额,为经营亏损,不予结转。

【例 11 - 26】2019 年 12 月 31 日,某事业单位当年经营预算收入为 420 万元,经营支出为 135 万元。其经营预算收支结转会计分录为:

借:经营预算收入   4 200 000
　　贷:经营结余   4 200 000
借:经营结余   1 350 000
　　贷:经营支出   1 350 000
借:经营结余   2 850 000
　　贷:非财政拨款结余分配   2 850 000

八、其他结余

1. 其他结余科目设置

行政事业单位应当设置"其他结余"科目核算单位本年度除财政拨款收支、非同级财政专项资金收支和经营收支以外各项收支相抵后的余额。本科目年末结账后应无余额。

2. 其他结余的主要账务处理

(1)年末,将事业预算收入、上级补助预算收入、附属单位上缴预算收入、非同级财政拨款预算收入、债务预算收入、其他预算收入本年发生额中的非专项资金收入以及投资预算收益本年发生额转入本科目,借记"事业预算收入""上级补助预算收入""附属单位上缴预算收入""非同级财政拨款预算收入""债务预算收入""其他预算收入"科目下各非专项资金收入明细科目和"投资预算收益"科目,贷记本科目("投资预算收益"科目本年发生额为借方净额时,借记本科目,贷记"投资预算收益"科目);将行政支出、事业支出、其他支出本年发生额中的非同级财政、非专项资金支出,以及上缴上级支出、对附属单位补助支出、投资支出、债务还本支出本年发生额转入本科目,借记本科目,贷记"行政支出""事业支出""其他支出"科目下各非同级财政、非专项资金支出明细科目和"上缴上级支出""对附属单位补助支出""投资支出""债务还本支出"科目。

(2)年末,完成上述(1)结转后,行政单位将本科目余额转入"非财政拨款结余——累计结余"科目;事业单位将本科目余额转入"非财政拨款结余分配"科目。当本科目为贷方余额时,借记本科目,贷记"非财政拨款结余——累计结余"或"非财政拨款结余分配"科目;当本科目为借方余额时,借记"非财政拨款结余——累计结余"或"非财政拨款结余分配"科目,贷记本科目。

【例 11 - 27】某事业单位年末有关非财政拨款非专项资金预算收支科目本年发生额情况如表 11 - 3 所示。

表 11-3　非财政拨款非专项资金有关科目收支发生额　　　　单位：元

非财政拨款非专项资金有关科目	借方余额	贷方余额
事业预算收入——非财政、非专项资金收入		200 000
上级补助预算收入——非财政、非专项资金收入		100 000
附属单位上缴预算收入——非财政、非专项资金收入		50 000
非同级财政拨款预算收入——非财政、非专项资金收入		50 000
债务预算收入——非财政、非专项资金收入		300 000
其他预算收入——非财政、非专项资金收入		50 000
投资预算收益		250 000
事业支出——非财政、非专项	500 000	
其他支出——非财政、非专项	80 000	
上缴上级支出	100 000	
对附属单位补助支出	80 000	
投资支出	100 000	
合计	860 000	1 000 000

结转以上收支科目余额分录为：

借：事业预算收入——非财政、非专项资金收入　　　　　　　　　200 000

　　上级补助预算收入——非财政、非专项资金收入　　　　　　　100 000

　　附属单位上缴预算收入——非财政、非专项资金收入　　　　　 50 000

　　非同级财政拨款预算收入——非财政、非专项资金收入　　　　 50 000

　　债务预算收入——非财政、非专项资金收入　　　　　　　　　300 000

　　其他预算收入——非财政、非专项资金收入　　　　　　　　　 50 000

　　投资预算收益　　　　　　　　　　　　　　　　　　　　　　250 000

　　　贷：其他结余　　　　　　　　　　　　　　　　　　　　1 000 000

借：其他结余　　　　　　　　　　　　　　　　　　　　　　　　860 000

　　　贷：事业支出——非财政、非专项　　　　　　　　　　　　500 000

　　　　　其他支出——非财政、非专项　　　　　　　　　　　　 80 000

　　　　　上缴上级支出　　　　　　　　　　　　　　　　　　　100 000

　　　　　对附属单位补助支出　　　　　　　　　　　　　　　　 80 000

　　　　　投资支出　　　　　　　　　　　　　　　　　　　　　100 000

经过结转后，其他结余为贷方余额 14 万元，转入非财政拨款结余分配。

借：其他结余　　　　　　　　　　　　　　　　　　　　　　　　140 000

　　　贷：非财政拨款结余分配　　　　　　　　　　　　　　　　140 000

九、非财政拨款结余分配

1. 非财政拨款结余分配科目设置

事业单位应当设置"非财政拨款结余分配"科目核算事业单位本年度非财政拨款结余分配的情况和结果。本科目年末结账后应无余额。

2. 非财政拨款结余分配的主要账务处理

（1）年末，将"其他结余"科目余额转入本科目，当"其他结余"科目为贷方余额时，借记"其他结余"科目，贷记本科目；当"其他结余"科目为借方余额时，借记本科目，贷记"其他结余"科目。年末，将"经营结余"科目贷方余额转入本科目，借记"经营结余"科目，贷记本科目。

（2）根据有关规定提取专用基金的，按照提取的金额，借记本科目，贷记"专用结余"科目。

（3）年末，按照规定完成上述处理后，将本科目余额转入非财政拨款结余。当本科目为借方余额时，借记"非财政拨款结余——累计结余"科目，贷记本科目；当本科目为贷方余额时，借记本科目，贷记"非财政拨款结余——累计结余"科目。

【例11－28】某事业单位年末收支结转后，经营结余贷方余额为285万元，其他结余贷方余额为14万元，将其结转至非财政拨款结余分配的分录为：

借：经营结余　　　　　　　　　　　　　　　　　　　　　　2 850 000
　　其他结余　　　　　　　　　　　　　　　　　　　　　　　 140 000
　　　贷：非财政拨款结余分配　　　　　　　　　　　　　　　2 990 000

该事业单位从非财政拨款结余中提取专用基金10万元。其会计分录为：

在预算会计中：

借：非财政拨款结余分配　　　　　　　　　　　　　　　　　　100 000
　　　贷：专用结余　　　　　　　　　　　　　　　　　　　　 100 000

该事业单位将非财政拨款结余分配余额转入非财政拨款结余——累计结余，其会计分录为：

借：非财政拨款结余分配　　　　　　　　　　　　　　　　　2 890 000
　　　贷：非财政拨款结余——累计结余　　　　　　　　　　 2 890 000

经过年末结账，该事业单位"其他结余""经营结余"和"非财政拨款结余分配"科目均无余额，相应数额分别转入"非财政拨款结余"和"专用结余"科目。其中，非财政拨款结余应当安排用于开展专业业务活动及其辅助活动，专用结余应当安排用于专门用途。

复习思考题

1. 什么是行政事业单位的预算结余？行政事业单位的预算结余主要包括哪些种类？

2. 行政事业单位的预算结余是按照什么会计基础进行核算的？

3. 累计盈余包含哪些核算内容？

4. 什么是专用基金？什么是专用结余？两者核算的内容有什么不同？

5. 什么是资金结存？行政事业单位的资金结存具体包括哪些内容？

6. 什么是财政拨款结转？行政事业单位应当如何核算财政拨款结转？

7. 什么是财政拨款结余？行政事业单位应当如何核算财政拨款结余？

8. 什么是非财政拨款结转？什么是非财政拨款结余？两者有什么区别和联系？

9. 什么是其他结余？什么是经营结余？其他结余和经营结余在年末结账后是否还有余额？为什么？

第十二章
行政事业单位财务会计报表

【学习目标】

本章主要介绍了行政事业单位财务会计报表的概念和作用、编制格式及各报表相应项目的编制方法。本章的学习目标是掌握财务会计各报表的编制方法。

行政事业单位会计报表是反映行政事业单位财务状况、运行情况以及预算执行情况等信息的书面文件，由财务会计报表和预算会计报表构成。各级各类行政事业单位应当根据《政府会计制度——行政事业单位会计科目和报表》的规定编制并提供真实、完整的会计报表；不得违反规定，随意更改会计报表的格式、编制依据和方法；不得随意改变会计报表有关数据的会计口径。

第一节　行政事业单位财务会计报表

行政事业单位财务会计报表包括资产负债表、收入费用表、净资产变动表和现金流量表。如表 12 - 1 所示。

表 12 - 1　会计报表名称及编制期

编号	报表名称	编制期
会政财 01 表	资产负债表	月度、年度
会政财 02 表	收入费用表	月度、年度
会政财 03 表	净资产变动表	年度
会政财 04 表	现金流量表	年度
	附注	年度

一、资产负债表

1. 资产负债表的概念和作用

资产负债表是反映行政事业单位在某一特定日期全部资产、负债和净资产情况的报表。资产负债表的作用主要体现在：

（1）提供某一特定日期资产总额及其构成情况的信息。

（2）提供某一特定日期负债总额及其构成情况的信息。

（3）提供某一特定日期净资产总额及其构成情况的信息。

2. 资产负债表的格式

行政事业单位资产负债表应当分资产、负债和净资产反映相应组成项目期末余额和年初余额的信息。采用的平衡等式为：资产 = 负债 + 净资产。该表的格式如表 12 - 2 所示。

表 12 - 2　资产负债表

编制单位：　　　　　　　　　　年　　月　　日　　　　　　　　　　单位：元

资产	期末余额	年初余额	负债和净资产	期末余额	年初余额
流动资产：			流动负债：		
货币资金			短期借款		
短期投资			应交增值税		
财政应返还额度			其他应交税费		
应收票据			应缴财政款		
应收账款净额			应付职工薪酬		
预付账款			应付票据		
应收股利			应付账款		
应收利息			应付政府补贴款		
其他应收款净额			应付利息		
存货			预收账款		
待摊费用			其他应付款		
一年内到期的非流动资产			预提费用		
其他流动资产					
流动资产合计			一年内到期的非流动负债		
非流动资产：			其他流动负债		
长期股权投资			流动负债合计		
长期债券投资			非流动负债：		
固定资产原值			长期借款		
减：固定资产累计折旧			长期应付款		
固定资产净值			预计负债		
工程物资			其他非流动负债		
在建工程			非流动负债合计		
无形资产原值			受托代理负债		
减：无形资产累计摊销			负债合计		
无形资产净值					

续表

资产	期末余额	年初余额	负债和净资产	期末余额	年初余额
研发支出					
公共基础设施原值					
减：公共基础设施累计折旧（摊销）					
公共基础设施净值					
政府储备物资					
文物文化资产					
保障性住房原值					
减：保障性住房累计折旧			净资产：		
保障性住房净值			累计盈余		
长期待摊费用			专用基金		
待处理财产损溢			权益法调整		
其他非流动资产			无偿调拨净资产（＊）		
非流动资产合计			本期盈余（＊）		
受托代理资产			净资产合计		
资产总计			负债和净资产合计		

注："＊"标识项目为月报项目，年报中不需列示。

3. 资产负债表编制说明

本表"年初余额"栏内各项数字，应当根据上年末资产负债表"期末余额"栏内数字填列。

如果本年度资产负债表规定的项目名称和内容同上年度不一致，应当对上年末资产负债表项目的名称和数字按照本年度的规定进行调整，将调整后的数字填入本表"年初余额"栏内。

如果本年度单位发生了因前期差错更正、会计政策变更等调整以前年度盈余的事项，还应当对"年初余额"栏中的有关项目金额进行相应调整。

本表中"资产总计"项目期末（年初）余额应当与"负债和净资产总计"项目期末（年初）余额相等。

本表"期末余额"栏各项目的内容和填列方法如下：

（1）资产类项目。

1）"货币资金"项目，反映单位期末库存现金、银行存款、零余额账户用款额度、其他货币资金的合计数。本项目应当根据"库存现金""银行存款""零余额账户用款额度""其他货币资金"科目的期末余额的合计数填列；若单位存在通过"库存现金""银行存款"科目核算的受托代理资产，还应当按照前述合计数扣减"库存现金""银行存款"科目下"受托代理资产"明细科目的期末余额后的金额填列。

2）"短期投资"项目，反映事业单位期末持有的短期投资账面余额。本项目应当根据"短期投资"科目的期末余额填列。

3）"财政应返还额度"项目，反映单位期末财政应返还额度的金额。本项目应当根据"财政应返还额度"科目的期末余额填列。

4）"应收票据"项目，反映事业单位期末持有的应收票据的票面金额。本项目应当根据"应收票据"科目的期末余额填列。

5）"应收账款净额"项目，反映单位期末尚未收回的应收账款减去已计提的坏账准备后的净额。本项目应当根据"应收账款"科目的期末余额，减去"坏账准备"科目中对应收账款计提的坏账准备的期末余额后的金额填列。

6）"预付账款"项目，反映单位期末预付给商品或者劳务供应单位的款项。本项目应当根据"预付账款"科目的期末余额填列。

7）"应收股利"项目，反映事业单位期末因股权投资而应收取的现金股利或应当分得的利润。本项目应当根据"应收股利"科目的期末余额填列。

8）"应收利息"项目，反映事业单位期末因债券投资等而应收取的利息。事业单位购入的到期一次还本付息的长期债券投资持有期间应收的利息，不包括在本项目内。本项目应当根据"应收利息"科目的期末余额填列。

9）"其他应收款净额"项目，反映单位期末尚未收回的其他应收款减去已计提的坏账准备后的净额。本项目应当根据"其他应收款"科目的期末余额减去"坏账准备"科目中对其他应收款计提的坏账准备的期末余额后的金额填列。

10）"存货"项目，反映单位期末存储的存货的实际成本。本项目应当根据"在途物品""库存物品""加工物品"科目的期末余额的合计数填列。

11）"待摊费用"项目，反映单位期末已经支出，但应当由本期和以后各期负担的分摊期在1年以内（含1年）的各项费用。本项目应当根据"待摊费用"科目的期末余额填列。

12）"一年内到期的非流动资产"项目，反映单位期末非流动资产项目中将在1年内（含1年）到期的金额，如事业单位将在1年内（含1年）到期的长期债券投资金额。本项目应当根据"长期债券投资"等科目的明细科目的期末余额分析填列。

13）"其他流动资产"项目，反映单位期末除本表中上述各项之外的其他流动资产的合计金额。本项目应当根据有关科目期末余额的合计数填列。

14）"流动资产合计"项目，反映单位期末流动资产的合计数。本项目应当根据本表中"货币资金""短期投资""财政应返还额度""应收票据""应收账款净额""预付账款""应收股利""应收利息""其他应收款净额""存货""待摊费用""一年内到期的非流动资产""其他流动资产"项目金额的合计数填列。

15）"长期股权投资"项目，反映事业单位期末持有的长期股权投资的账面余额。本项目应当根据"长期股权投资"科目的期末余额填列。

16）"长期债券投资"项目，反映事业单位期末持有的长期债券投资的账面余额。本项目应当根据"长期债券投资"科目的期末余额减去其中将于 1 年内（含 1 年）到期的长期债券投资余额后的金额填列。

17）"固定资产原值"项目，反映单位期末固定资产的原值。本项目应当根据"固定资产"科目的期末余额填列。

"固定资产累计折旧"项目，反映单位期末固定资产已计提的累计折旧额。本项目应当根据"固定资产累计折旧"科目的期末余额填列。

"固定资产净值"项目，反映单位期末固定资产的账面价值。本项目应当根据"固定资产"科目期末余额减去"固定资产累计折旧"科目期末余额后的金额填列。

18）"工程物资"项目，反映单位期末为在建工程准备的各种物资的实际成本。本项目应当根据"工程物资"科目的期末余额填列。

19）"在建工程"项目，反映单位期末所有的建设项目工程的实际成本。本项目应当根据"在建工程"科目的期末余额填列。

20）"无形资产原值"项目，反映单位期末无形资产的原值。本项目应当根据"无形资产"科目的期末余额填列。

"无形资产累计摊销"项目，反映单位期末无形资产已计提的累计摊销额。本项目应当根据"无形资产累计摊销"科目的期末余额填列。

"无形资产净值"项目，反映单位期末无形资产的账面价值。本项目应当根据"无形资产"科目期末余额减去"无形资产累计摊销"科目期末余额后的金额填列。

21）"研发支出"项目，反映单位期末正在进行的无形资产开发项目开发阶段发生的累计支出数。本项目应当根据"研发支出"科目的期末余额填列。

22）"公共基础设施原值"项目，反映单位期末控制的公共基础设施的原值。本项目应当根据"公共基础设施"科目的期末余额填列。

"公共基础设施累计折旧（摊销）"项目，反映单位期末控制的公共基础设施已计提的累计折旧和累计摊销金额。本项目应当根据"公共基础设施累计折旧（摊销）"科目的期末余额填列。

"公共基础设施净值"项目，反映单位期末控制的公共基础设施的账面价值。本项目应当根据"公共基础设施"科目期末余额减去"公共基础设施累计折旧（摊销）"科目期末余额后的金额填列。

23）"政府储备物资"项目，反映单位期末控制的政府储备物资的实际成本。本项目应当根据"政府储备物资"科目的期末余额填列。

24）"文物文化资产"项目，反映单位期末控制的文物文化资产的成本。本项目应当根据"文物文化资产"科目的期末余额填列。

25）"保障性住房原值"项目，反映单位期末控制的保障性住房的原值。本项目应当根据"保障性住房"科目的期末余额填列。

"保障性住房累计折旧"项目，反映单位期末控制的保障性住房已计提的累计折旧金额。本项目应当根据"保障性住房累计折旧"科目的期末余额填列。

"保障性住房净值"项目，反映单位期末控制的保障性住房的账面价值。本项目应当根据"保障性住房"科目期末余额减去"保障性住房累计折旧"科目期末余额后的金额填列。

26）"长期待摊费用"项目，反映单位期末已经支出，但应由本期和以后各期负担的分摊期限在 1 年以上（不含 1 年）的各项费用。本项目应当根据"长期待摊费用"科目的期末余额填列。

27）"待处理财产损溢"项目，反映单位期末尚未处理完毕的各种资产的净损失或净溢余。本项目应当根据"待处理财产损溢"科目的期末借方余额填列；如"待处理财产损溢"科目期末为贷方余额，以"－"号填列。

28）"其他非流动资产"项目，反映单位期末除本表中上述各项之外的其他非流动资产的合计数。本项目应当根据有关科目的期末余额合计数填列。

29）"非流动资产合计"项目，反映单位期末非流动资产的合计数。本项目应当根据本表中"长期股权投资""长期债券投资""固定资产净值""工程物资""在建工程""无形资产净值""研发支出""公共基础设施净值""政府储备物资""文物文化资产""保障性住房净值""长期待摊费用""待处理财产损溢""其他非流动资产"项目的合计数填列。

30）"受托代理资产"项目，反映单位期末受托代理资产的价值。本项目应当根据"受托代理资产"科目的期末余额与"库存现金""银行存款"科目下"受托代理资产"明细科目的期末余额的合计数填列。

31）"资产总计"项目，反映单位期末资产的合计数。本项目应当根据本表中"流动资产合计""非流动资产合计""受托代理资产"项目金额的合计数填列。

（2）负债类项目。

1）"短期借款"项目，反映事业单位期末短期借款的余额。本项目应当根据"短期借款"科目的期末余额填列。

2）"应交增值税"项目，反映单位期末应缴未缴的增值税税额。本项目应当根据"应交增值税"科目的期末余额填列，如"应交增值税"科目期末为借方余额，以"－"号填列。

3）"其他应交税费"项目，反映单位期末应缴未缴的除增值税以外的税费金额。本项目应当根据"其他应交税费"科目的期末余额填列，如"其他应交税费"科目期末为借方余额，以"－"号填列。

4）"应缴财政款"项目，反映单位期末应当上缴财政但尚未缴纳的款项。本项目应当根据"应缴财政款"科目的期末余额填列。

5）"应付职工薪酬"项目，反映单位期末按有关规定应付给职工及为职工支付的各种薪酬。本项目应当根据"应付职工薪酬"科目的期末余额填列。

6）"应付票据"项目，反映事业单位期末应付票据的金额。本项目应当根据"应付票据"科目的期末余额填列。

7）"应付账款"项目，反映单位期末应当支付但尚未支付的偿还期限在 1 年以内（含 1 年）的应付账款的金额。本项目应当根据"应付账款"科目的期末余额填列。

8）"应付政府补贴款"项目，反映负责发放政府补贴的行政单位期末按照规定应当支付给政府补贴接受者的各种政府补贴款余额。本项目应当根据"应付政府补贴款"科目的期末余额填列。

9）"应付利息"项目，反映事业单位期末按照合同约定应支付的借款利息。事业单位到期一次还本付息的长期借款利息不包括在本项目内。本项目应当根据"应付利息"科目的期末余额填列。

10）"预收账款"项目，反映事业单位期末预先收取但尚未确认收入和实际结算的款项余额。本项目应当根据"预收账款"科目的期末余额填列。

11）"其他应付款"项目，反映单位期末其他各项偿还期限在1年内（含1年）的应付及暂收款项余额。本项目应当根据"其他应付款"科目的期末余额填列。

12）"预提费用"项目，反映单位期末已预先提取的已经发生但尚未支付的各项费用。本项目应当根据"预提费用"科目的期末余额填列。

13）"一年内到期的非流动负债"项目，反映单位期末将于1年内（含1年）偿还的非流动负债的余额。本项目应当根据"长期应付款""长期借款"等科目及其所属明细科目的期末余额分析填列。

14）"其他流动负债"项目，反映单位期末除本表中上述各项之外的其他流动负债的合计数。本项目应当根据有关科目期末余额的合计数填列。

15）"流动负债合计"项目，反映单位期末流动负债合计数。本项目应当根据本表"短期借款""应交增值税""其他应交税费""应缴财政款""应付职工薪酬""应付票据""应付账款""应付政府补贴款""应付利息""预收账款""其他应付款""预提费用""一年内到期的非流动负债""其他流动负债"项目金额的合计数填列。

16）"长期借款"项目，反映事业单位期末长期借款的余额。本项目应当根据"长期借款"科目的期末余额减去其中将于1年内（含1年）到期的长期借款余额后的金额填列。

17）"长期应付款"项目，反映单位期末长期应付款的余额。本项目应当根据"长期应付款"科目的期末余额减去其中将于1年内（含1年）到期的长期应付款余额后的金额填列。

18）"预计负债"项目，反映单位期末已确认但尚未偿付的预计负债的余额。本项目应当根据"预计负债"科目的期末余额填列。

19）"其他非流动负债"项目，反映单位期末除本表中上述各项之外的其他非流动负债的合计数。本项目应当根据有关科目的期末余额合计数填列。

20）"非流动负债合计"项目，反映单位期末非流动负债合计数。本项目应当根据本表中"长期借款""长期应付款""预计负债""其他非流动负债"项目金额的合计数填列。

21）"受托代理负债"项目，反映单位期末受托代理负债的金额。本项目应当根据"受托代理负债"科目的期末余额填列。

22）"负债合计"项目，反映单位期末负债的合计数。本项目应当根据本表中"流动负债合计""非流动负债合计""受托代理负债"项目金额的合计数填列。

（3）净资产类项目。

1）"累计盈余"项目，反映单位期末未分配盈余（或未弥补亏损）以及无偿调拨净资产变动的累计数。本项目应当根据"累计盈余"科目的期末余额填列。

2）"专用基金"项目，反映事业单位期末累计提取或设置但尚未使用的专用基金余额。本项目应当根据"专用基金"科目的期末余额填列。

3）"权益法调整"项目，反映事业单位期末在被投资单位除净损益和利润分配以外的所有者权益变动中累计享有的份额。本项目应当根据"权益法调整"科目的期末余额填列。如"权益法调整"科目期末为借方余额，以"-"号填列。

4）"无偿调拨净资产"项目，反映单位本年度截至报告期期末无偿调入的非现金资产价值扣减无偿调出的非现金资产价值后的净值。本项目仅在月度报表中列示，年度报表中不列示。月度报表中本项目应当根据"无偿调拨净资产"科目的期末余额填列；"无偿调拨净资产"科目期末为借方余额时，以"-"号填列。

5）"本期盈余"项目，反映单位本年度截至报告期期末实现的累计盈余或亏损。本项目仅在月度报表中列示，年度报表中不列示。月度报表中本项目应当根据"本期盈余"科目的期末余额填列；"本期盈余"科目期末为借方余额时，以"-"号填列。

6）"净资产合计"项目，反映单位期末净资产合计数。本项目应当根据本表中"累计盈余""专用基金""权益法调整""无偿调拨净资产"（月度报表）"本期盈余"（月度报表）项目金额的合计数填列。

7）"负债和净资产合计"项目，应当按照本表中"负债合计""净资产合计"项目金额的合计数填列。

二、收入费用表

1. 收入费用表的概念和作用

收入费用表是反映单位在某一会计期间内发生的收入、费用及当期盈余情况的报表。收入费用表的作用主要表现在：

（1）提供某一会计期间收入总额及其构成情况的信息。

（2）提供某一会计期间费用总额及其构成情况的信息。

（3）提供某一会计期间本期盈余的信息。

2. 收入费用表的格式

行政事业单位资产负债表应当分资产、负债和净资产反映相应组成项目期末余额和年初余额的信息。采用的平衡等式为：资产＝负债＋净资产。该表的格式如表12-3所示：

表 12-3 收入费用表

编制单位：　　　　　　　　　　　　　　年　月　日　　　　　　　　　　单位：元

项目	本月数	本年累计数
一、本期收入		
（一）财政拨款收入		
其中：政府性基金收入		
（二）事业收入		
（三）上级补助收入		
（四）附属单位上缴收入		
（五）经营收入		
（六）非同级财政拨款收入		
（七）投资收益		
（八）捐赠收入		
（九）利息收入		
（十）租金收入		
（十一）其他收入		
二、本期费用		
（一）业务活动费用		
（二）单位管理费用		
（三）经营费用		
（四）资产处置费用		
（五）上缴上级费用		
（六）对附属单位补助费用		
（七）所得税费用		
（八）其他费用		
三、本期盈余		

3. 收入费用表编制说明

本表"本月数"栏反映各项目的本月实际发生数。编制年度收入费用表时，应当将本栏改为"本年数"，反映本年度各项目的实际发生数。

本表"本年累计数"栏反映各项目自年初至报告期期末的累计实际发生数。编制年度收入费用表时，应当将本栏改为"上年数"，反映上年度各项目的实际发生数，"上年数"栏应当根据上年度收入费用表中"本年数"栏内所列数字填列。

如果本年度收入费用表规定的项目名称和内容同上年度不一致，应当对上年度收入费用表项目的名称和数字按照本年度的规定进行调整，将调整后的金额填入本年度收入费用表的"上年数"栏内。

如果本年度单位发生了因前期差错更正、会计政策变更等调整以前年度盈余的事项，还应当对年度收入费用表中"上年数"栏中的有关项目金额进行相应调整。

本表"本月数"栏各项目的内容和填列方法如下：

（1）本期收入。

1）"本期收入"项目，反映单位本期收入总额。本项目应当根据本表中"财政拨款收入""事业收入""上级补助收入""附属单位上缴收入""经营收入""非同级财政拨款收入""投资收益""捐赠收入""利息收入""租金收入""其他收入"项目金额的合计数填列。

2）"财政拨款收入"项目，反映单位本期从同级政府财政部门取得的各类财政拨款。本项目应当根据"财政拨款收入"科目的本期发生额填列。

"政府性基金收入"项目，反映单位本期取得的财政拨款收入中属于政府性基金预算拨款的金额。本项目应当根据"财政拨款收入"相关明细科目的本期发生额填列。

3）"事业收入"项目，反映事业单位本期开展专业业务活动及其辅助活动实现的收入。本项目应当根据"事业收入"科目的本期发生额填列。

4）"上级补助收入"项目，反映事业单位本期从主管部门和上级单位收到或应收的非财政拨款收入。本项目应当根据"上级补助收入"科目的本期发生额填列。

5）"附属单位上缴收入"项目，反映事业单位本期收到或应收的独立核算的附属单位按照有关规定上缴的收入。本项目应当根据"附属单位上缴收入"科目的本期发生额填列。

6）"经营收入"项目，反映事业单位本期在专业业务活动及其辅助活动之外开展非独立核算经营活动实现的收入。本项目应当根据"经营收入"科目的本期发生额填列。

7）"非同级财政拨款收入"项目，反映单位本期从非同级政府财政部门取得的财政拨款，不包括事业单位因开展科研及其辅助活动从非同级财政部门取得的经费拨款。本项目应当根据"非同级财政拨款收入"科目的本期发生额填列。

8）"投资收益"项目，反映事业单位本期股权投资和债券投资所实现的收益或发生的损失。本项目应当根据"投资收益"科目的本期发生额填列；如为投资净损失，以"－"号填列。

9）"捐赠收入"项目，反映单位本期接受捐赠取得的收入。本项目应当根据"捐赠收入"科目的本期发生额填列。

10）"利息收入"项目，反映单位本期取得的银行存款利息收入。本项目应当根据"利息收入"科目的本期发生额填列。

11）"租金收入"项目，反映单位本期经批准利用国有资产出租取得并按规定纳入本单位预算管理的租金收入。本项目应当根据"租金收入"科目的本期发生额填列。

12）"其他收入"项目，反映单位本期取得的除以上收入项目外的其他收入的总额。本项目应当根据"其他收入"科目的本期发生额填列。

（2）本期费用。

1）"本期费用"项目，反映单位本期费用总额。本项目应当根据本表中"业务活动费用""单位管理费用""经营费用""资产处置费用""上缴上级费用""对附属单位补助费用""所得税费用"和"其他费用"项目金额的合计数填列。

2）"业务活动费用"项目，反映单位本期为实现其职能目标，依法履职或开展专业业务活动及其辅助活动所发生的各项费用。本项目应当根据"业务活动费用"科目本期发生额填列。

3）"单位管理费用"项目，反映事业单位本期本级行政及后勤管理部门开展管理活动发生的各项费用，以及由单位统一负担的离退休人员经费、工会经费、诉讼费、中介费等。本项目应当根据"单位管理费用"科目的本期发生额填列。

4）"经营费用"项目，反映事业单位本期在专业业务活动及其辅助活动之外开展非独立核算经营活动发生的各项费用。本项目应当根据"经营费用"科目的本期发生额填列。

5）"资产处置费用"项目，反映单位本期经批准处置资产时转销的资产价值以及在处置过程中发生的相关费用或者处置收入小于处置费用形成的净支出。本项目应当根据"资产处置费用"科目的本期发生额填列。

6）"上缴上级费用"项目，反映事业单位按照规定上缴上级单位款项发生的费用。本项目应当根据"上缴上级费用"科目的本期发生额填列。

7）"对附属单位补助费用"项目，反映事业单位用财政拨款收入之外的收入对附属单位补助发生的费用。本项目应当根据"对附属单位补助费用"科目的本期发生额填列。

8）"所得税费用"项目，反映有企业所得税缴纳义务的事业单位本期计算应缴纳的企业所得税。本项目应当根据"所得税费用"科目的本期发生额填列。

9）"其他费用"项目，反映单位本期发生的除以上费用项目外的其他费用的总额。本项目应当根据"其他费用"科目的本期发生额填列。

（3）本期盈余。

"本期盈余"项目，反映单位本期收入扣除本期费用后的净额。本项目应当根据本表中"本期收入"项目金额减去"本期费用"项目金额后的金额填列；如为负数，以"－"号填列。

三、净资产变动表

（一）净资产变动表的概念和作用

净资产变动表是反映单位在某一会计期间内净资产项目变动情况的报表。净资产变动表的作用主要体现在：

（1）提供某一会计期间内累计盈余变动情况的信息。

（2）提供某一会计期间内专用基金变动情况的信息。

（3）提供某一会计期间内权益法调整变动情况的信息。

（二）净资产变动表的格式

行政事业单位净资产变动表采用矩阵的格式，即一方面列示净资产的各组成部分，如列示累计盈余、专用基金、权益法调整等；另一方面列示净资产各组成部分增减变动的具体原因，如列示本年盈余、无偿调拨净资产、归集调整预算结转结余、提取或设置专用基金、使用专用基金等。具体格式如表 12 - 4 所示：

表 12 - 4　净资产变动表

编制单位：　　　　　　　　　　　　年　　月　　日　　　　　　　　　单位：元

项目	本年数				上年数			
	累计盈余	专用基金	权益法调整	净资产合计	累计盈余	专用基金	权益法调整	净资产合计
一、上年年末余额								
二、以前年度盈余调整（减少以"－"号填列）	—	—			—	—		
三、本年年初余额								
四、本年变动金额（减少以"－"号填列）								
（一）本年盈余	—	—			—	—		
（二）无偿调拨净资产		—				—		
（三）归集调整预算结转结余		—				—		
（四）提取或设置专用基金								
其中：从预算收入中提取		—			—			
从预算结余中提取		—						
设置的专用基金		—				—		
（五）使用专用基金								
（六）权益法调整		—			—	—		
五、本年年末余额								

注："—"标识单元格不需填列。

3. 净资产变动表的编制说明

本表"本年数"栏反映本年度各项目的实际变动数。本表"上年数"栏反映上年度各项目的实际变动数，应当根据上年度净资产变动表中"本年数"栏内所列数字填列。

如果上年度净资产变动表规定的项目名称和内容与本年度不一致，应对上年度净资产变动表项目的名称和数字按照本年度的规定进行调整，将调整后金额填入本年度净资产变动表"上年数"栏内。

本表"本年数"栏各项目的内容和填列方法如下：

1）"上年年末余额"项目，反映单位净资产各项目上年末的余额。本行各项目应当根据"累计盈余""专用基金""权益法调整"科目上年年末余额填列。

2）"以前年度盈余调整"项目，反映单位本年度调整以前年度盈余的事项对累计盈余进行调整的金额。本行"累计盈余"项目应当根据本年度"以前年度盈余调整"科目转入"累计盈余"科目的金额填列。如调整减少累计盈余，以"－"号填列。

3）"本年年初余额"项目，反映经过以前年度盈余调整后，单位净资产各项目的本年年初余额。本行"累计盈余""专用基金""权益法调整"项目应当根据其各自在"上年年末余额"和"以前年度盈余调整"行对应项目金额的合计数填列。

4）"本年变动金额"项目，反映单位净资产各项目本年变动总金额。本行"累计盈余""专用基金""权益法调整"项目应当根据其各自在"本年盈余""无偿调拨净资产""归集调整预算结转结余""提取或设置专用基金""使用专用基金""权益法调整"行对应项目金额的合计数填列。

5）"本年盈余"项目，反映单位本年发生的收入、费用对净资产的影响。本行"累计盈余"项目应当根据年末由"本期盈余"科目转入"本年盈余分配"科目的金额填列；如转入时借记"本年盈余分配"科目，则以"－"号填列。

6）"无偿调拨净资产"项目，反映单位本年无偿调入、调出非现金资产事项对净资产的影响。本行"累计盈余"项目应当根据年末由"无偿调拨净资产"科目转入"累计盈余"科目的金额填列；如转入时借记"累计盈余"科目，则以"－"号填列。

7）"归集调整预算结转结余"项目，反映单位本年财政拨款结转结余资金归集调入、归集上缴或调出，以及非财政拨款结转资金缴回对净资产的影响。本行"累计盈余"项目应当根据"累计盈余"科目明细账记录分析填列；如归集调整减少预算结转结余，则以"－"号填列。

8）"提取或设置专用基金"项目，反映单位本年提取或设置专用基金对净资产的影响。本行"累计盈余"项目应当根据"从预算结余中提取"行"累计盈余"项目的金额填列。本行"专用基金"项目应当根据"从预算收入中提取""从预算结余中提取""设置的专用基金"行"专用基金"项目金额的合计数填列。

"从预算收入中提取"项目，反映单位本年从预算收入中提取专用基金对净资产的影响。本行"专用基金"项目应当通过对"专用基金"科目明细账记录的分析，根据本年按有关规定从预算收入中提取基金的金额填列。

"从预算结余中提取"项目，反映单位本年根据有关规定从本年度非财政拨款结余或经营结余中提取专用基金对净资产的影响。本行"累计盈余""专用基金"项目应当通过对"专用基金"科目明细账记录的分析，根据本年按有关规定从本年度非财政拨款结余或经营结余中提取专用基金的金额填列；本行"累计盈余"项目以"－"号填列。

"设置的专用基金"项目，反映单位本年根据有关规定设置的其他专用基金对净资产的影响。本行"专用基金"项目应当通过对"专用基金"科目明细账记录的分析，根据本年按有关规定设置的其他专用基金的金额填列。

9）"使用专用基金"项目，反映单位本年按规定使用专用基金对净资产的影响。本行"累计盈余""专用基金"项目应当通过对"专用基金"科目明细账记录的分析，根据本年按规定使用专用基金的金额填列；本行"专用基金"项目以"－"号填列。

10）"权益法调整"项目，反映单位本年按照被投资单位除净损益和利润分配以外的所有者权益变动份额而调整长期股权投资账面余额对净资产的影响。本行"权益法调整"项目应当根据"权益法调整"科目本年发生额填列；若本年净发生额为借方时，以"－"号填列。

11）"本年年末余额"项目，反映单位本年各净资产项目的年末余额。本行"累计盈余""专用基金""权益法调整"项目应当根据其各自在"本年年初余额""本年变动金额"行对应项目金额的合计数填列。

12）本表各行"净资产合计"项目，应当根据所在行"累计盈余""专用基金""权益法调整"项目金额的合计数填列。

四、现金流量表

1. 现金流量表的概念和作用

现金流量表是反映单位在某一会计期间内现金流入和流出信息的报表。现金流量表的作用主要表现在：

1）提供某一会计期间内日常活动产生的现金流量的信息。

2）提供某一会计期间内投资活动产生的现金流量的信息。

3）提供某一会计期间内筹资活动产生的现金流量的信息。

2. 现金流量表的格式

行政事业单位现金流量表应当分别反映日常活动、投资活动及筹资活动的现金流入与现金流出的信息。采用的计算公式为：现金流入－现金流出＝现金流量净额。具体格式如表12－5所示。

表12－5 现金流量表

编制单位： 年 月 日 单位：元

项目	本年金额	上年金额
一、日常活动产生的现金流量		
财政基本支出拨款收到的现金		
财政非资本性项目拨款收到的现金		
事业活动收到的除财政拨款以外的现金		
收到的其他与日常活动有关的现金		
日常活动的现金流入小计		
购买商品、接受劳务支付的现金		
支付给职工以及为职工支付的现金		
支付的各项税费		
支付的其他与日常活动有关的现金		

续表

项目	本年金额	上年金额
日常活动的现金流出小计		
日常活动产生的现金流量净额		
二、投资活动产生的现金流量		
收回投资收到的现金		
取得投资收益收到的现金		
处置固定资产、无形资产、公共基础设施等收回的现金净额		
收到的其他与投资活动有关的现金		
投资活动的现金流入小计		
购建固定资产、无形资产、公共基础设施等支付的现金		
对外投资支付的现金		
上缴处置固定资产、无形资产、公共基础设施等净收入支付的现金		
支付的其他与投资活动有关的现金		
投资活动的现金流出小计		
投资活动产生的现金流量净额		
三、筹资活动产生的现金流量		
财政资本性项目拨款收到的现金		
取得借款收到的现金		
收到的其他与筹资活动有关的现金		
筹资活动的现金流入小计		
偿还借款支付的现金		
偿还利息支付的现金		
支付的其他与筹资活动有关的现金		
筹资活动的现金流出小计		
筹资活动产生的现金流量净额		
四、汇率变动对现金的影响额		
五、现金净增加额		

3. 现金流量表的编制说明

本表所指的现金是指单位的库存现金以及其他可以随时用于支付的款项，包括库存现金、可以随时用于支付的银行存款、其他货币资金、零余额账户用款额度、财政应返还额度，以及通过财政直接支付方式支付的款项。

本表"本年金额"栏反映各项目的本年实际发生数。本表"上年金额"栏反映各项目的上年实际发生数，应当根据上年现金流量表中"本年金额"栏内所列数字填列。

单位应当采用直接法编制现金流量表。

本表"本年金额"栏各项目的填列方法如下：

（1）日常活动产生的现金流量。

1）"财政基本支出拨款收到的现金"项目，反映单位本年接受财政基本支出拨款取得的现金。本项目应当根据"零余额账户用款额度""财政拨款收入""银行存款"等科目及其所属明细科目的记录分析填列。

2）"财政非资本性项目拨款收到的现金"项目，反映单位本年接受除用于购建固定资产、无形资产、公共基础设施等资本性项目以外的财政项目拨款取得的现金。本项目应当根据"银行存款""零余额账户用款额度""财政拨款收入"等科目及其所属明细科目的记录分析填列。

3）"事业活动收到的除财政拨款以外的现金"项目，反映事业单位本年开展专业业务活动及其辅助活动取得的除财政拨款以外的现金。本项目应当根据"库存现金""银行存款""其他货币资金""应收账款""应收票据""预收账款""事业收入"等科目及其所属明细科目的记录分析填列。

4）"收到的其他与日常活动有关的现金"项目，反映单位本年收到的除以上项目之外的与日常活动有关的现金。本项目应当根据"库存现金""银行存款""其他货币资金""上级补助收入""附属单位上缴收入""经营收入""非同级财政拨款收入""捐赠收入""利息收入""租金收入""其他收入"等科目及其所属明细科目的记录分析填列。

5）"日常活动的现金流入小计"项目，反映单位本年日常活动产生的现金流入的合计数。本项目应当根据本表中"财政基本支出拨款收到的现金""财政非资本性项目拨款收到的现金""事业活动收到的除财政拨款以外的现金""收到的其他与日常活动有关的现金"项目金额的合计数填列。

6）"购买商品、接受劳务支付的现金"项目，反映单位本年在日常活动中用于购买商品、接受劳务支付的现金。本项目应当根据"库存现金""银行存款""财政拨款收入""零余额账户用款额度""预付账款""在途物品""库存物品""应付账款""应付票据""业务活动费用""单位管理费用""经营费用"等科目及其所属明细科目的记录分析填列。

7）"支付给职工以及为职工支付的现金"项目，反映单位本年支付给职工以及为职工支付的现金。本项目应当根据"库存现金""银行存款""零余额账户用款额度""财政拨款收入""应付职工薪酬""业务活动费用""单位管理费用""经营费用"等科目及其所属明细科目的记录分析填列。

8）"支付的各项税费"项目，反映单位本年用于缴纳日常活动相关税费而支付的现金。本项目应当根据"库存现金""银行存款""零余额账户用款额度""应交增值税""其他应交税费""业务活动费用""单位管理费用""经营费用""所得税费用"等科目及其所属明细科目的记录分析填列。

9）"支付的其他与日常活动有关的现金"项目，反映单位本年支付的除上述项目之外与日常活动有关的现金。本项目应当根据"库存现金""银行存款""零余额账户用款额度""财政拨款收入""其他应付款""业务活动费用""单位管理费用""经营费用""其他费用"等科目及其所属明细科目的记录分析填列。

10）"日常活动的现金流出小计"项目，反映单位本年日常活动产生的现金流出的合计数。本项目应当根据本表中"购买商品、接受劳务支付的现金""支付给职工以及为职工支付的现金""支付的各项税费""支付的其他与日常活动有关的现金"项目金额的合计数填列。

11）"日常活动产生的现金流量净额"项目，应当按照本表中"日常活动的现金流入小计"项目金额减去"日常活动的现金流出小计"项目金额后的金额填列；如为负数，以"－"号填列。

（2）投资活动产生的现金流量。

1）"收回投资收到的现金"项目，反映单位本年出售、转让或者收回投资收到的现金。本项目应该根据"库存现金""银行存款""短期投资""长期股权投资""长期债券投资"等科目的记录分析填列。

2）"取得投资收益收到的现金"项目，反映单位本年因对外投资而收到被投资单位分配的股利或利润，以及收到投资利息而取得的现金。本项目应当根据"库存现金""银行存款""应收股利""应收利息""投资收益"等科目的记录分析填列。

3）"处置固定资产、无形资产、公共基础设施等收回的现金净额"项目，反映单位本年处置固定资产、无形资产、公共基础设施等非流动资产所取得的现金，减去为处置这些资产而支付的有关费用之后的净额。由于自然灾害所造成的固定资产等长期资产损失而收到的保险赔款收入，也在本项目反映。本项目应当根据"库存现金""银行存款""待处理财产损溢"等科目的记录分析填列。

4）"收到的其他与投资活动有关的现金"项目，反映单位本年收到的除上述项目之外与投资活动有关的现金。对于金额较大的现金流入，应当单列项目反映。本项目应当根据"库存现金""银行存款"等有关科目的记录分析填列。

5）"投资活动的现金流入小计"项目，反映单位本年投资活动产生的现金流入的合计数。本项目应当根据本表中"收回投资收到的现金""取得投资收益收到的现金""处置固定资产、无形资产、公共基础设施等收回的现金净额""收到的其他与投资活动有关的现金"项目的合计数填列。

6）"购建固定资产、无形资产、公共基础设施等支付的现金"项目，反映单位本年购买和建造固定资产、无形资产、公共基础设施等非流动资产所支付的现金；融资租入固定资产支付的租赁费不在本项目反映，在筹资活动的现金流量中反映。本项目应当根据"库存现金""银行存款""固定资产""工程物资""在建工程""无形资产""研发支出""公共基础设施""保障性住房"等科目的记录分析填列。

7）"对外投资支付的现金"项目，反映单位本年为取得短期投资、长期股权投资、长期债券投资而支付的现金。本项目应当根据"库存现金""银行存款""短期投资""长期股权投资""长期债券投资"等科目的记录分析填列。

8）"上缴处置固定资产、无形资产、公共基础设施等净收入支付的现金"项目，反映本年单位将处置固定资产、无形资产、公共基础设施等非流动资产所收回的现金净额予以上缴财政所支付的现金。本项目应当根据"库存现金""银行存款""应缴财政款"等科目的记录分析填列。

9）"支付的其他与投资活动有关的现金"项目，反映单位本年支付的除上述项目之外与投资活动有关的现金。对于金额较大的现金流出，应当单列项目反映。本项目应当根据"库存现金""银行存款"等有关科目的记录分析填列。

10）"投资活动的现金流出小计"项目，反映单位本年投资活动产生的现金流出的合计数。本项目应当根据本表中"购建固定资产、无形资产、公共基础设施等支付的现金""对外投资支付的现金""上缴处置固定资产、无形资产、公共基础设施等净收入支付的现金""支付的其他与投资活动有关的现金"项目的合计数填列。

11）"投资活动产生的现金流量净额"项目，应当按照本表中"投资活动的现金流入小计"项目金额减去"投资活动的现金流出小计"项目金额后的金额填列；如为负数，以"－"号填列。

（3）筹资活动产生的现金流量。

1）"财政资本性项目拨款收到的现金"项目，反映单位本年接受用于购建固定资产、无形资产、公共基础设施等资本性项目的财政项目拨款取得的现金。本项目应当根据"银行存款""零余额账户用款额度""财政拨款收入"等科目及其所属明细科目的记录分析填列。

2）"取得借款收到的现金"项目，反映事业单位本年短期借款、长期借款所收到的现金。本项目应当根据"库存现金""银行存款""短期借款""长期借款"等科目记录分析填列。

3）"收到的其他与筹资活动有关的现金"项目，反映单位本年收到的除上述项目之外与筹资活动有关的现金。对于金额较大的现金流入，应当单列项目反映。本项目应当根据"库存现金""银行存款"等有关科目的记录分析填列。

4）"筹资活动的现金流入小计"项目，反映单位本年筹资活动产生的现金流入的合计数。本项目应当根据本表中"财政资本性项目拨款收到的现金""取得借款收到的现金""收到的其他与筹资活动有关的现金"项目的合计数填列。

5）"偿还借款支付的现金"项目，反映事业单位本年偿还借款本金所支付的现金。本项目应当根据"库存现金""银行存款""短期借款""长期借款"等科目的记录分析填列。

6）"偿付利息支付的现金"项目，反映事业单位本年支付的借款利息等。本项目应当根据"库存现金""银行存款""应付利息""长期借款"等科目的记录分析填列。

7）"支付的其他与筹资活动有关的现金"项目，反映单位本年支付的除上述项目之外与筹资活动有关的现金，如融资租入固定资产所支付的租赁费。本项目应当根据"库存现金""银行存款""长期应付款"等科目的记录分析填列。

8）"筹资活动的现金流出小计"项目，反映单位本年筹资活动产生的现金流出的合计数。本项目应当根据本表中"偿还借款支付的现金""偿付利息支付的现金""支付的其他与筹资活动有关的现金"项目的合计数填列。

9）"筹资活动产生的现金流量净额"项目，应当按照本表中"筹资活动的现金流入小计"项目金额减去"筹资活动的现金流出小计"金额后的金额填列；如为负数，以"－"号填列。

（4）"汇率变动对现金的影响额"项目。反映单位本年外币现金流量折算为人民币时，所采用的现金流量发生日的汇率折算的人民币金额与外币现金流量净额按期末汇率折算的人民币金额之间的差额。

（5）"现金净增加额"项目。反映单位本年现金变动的净额。本项目应当根据本表中"日常活动产生的现金流量净额""投资活动产生的现金流量净额""筹资活动产生的现金流量净额"和"汇率变动对现金的影响额"项目的合计数填列；如为负数，以"－"号填列。

五、财务会计报表附注

会计报表附注是对会计报表中列示的项目所做的进一步说明，以及对未能在会计报表中列示项目的说明。财务会计报表附注是财务会计报表的重要组成部分。凡对报表使用者的决策有重要影响的会计信息，行政事业单位均应当在会计报表附注中进行充分披露。

根据现行政府会计制度的规定，财务会计报表附注主要包括以下内容：

1. 单位的基本情况

单位应当简要披露其基本情况，包括单位主要职能、主要业务活动、所在地、预算管理关系等。

2. 会计报表编制基础

3. 遵循政府会计准则、制度的声明

4. 重要会计政策和会计估计

行政事业单位应当采用与其业务特点相适应的具体会计政策，并充分披露报告期内采用的重要会计政策和会计估计。主要包括以下内容：

（1）会计期间。

（2）记账本位币，外币折算汇率。

（3）坏账准备的计提方法。

（4）存货类别、发出存货的计价方法、存货的盘存制度，以及低值易耗品和包装物的摊销方法。

（5）长期股权投资的核算方法。

（6）固定资产分类、折旧方法、折旧年限和年折旧率；融资租入固定资产的计价和折旧方法。

（7）无形资产的计价方法；使用寿命有限的无形资产，其使用寿命估计情况；使用寿命不确定的无形资产，其使用寿命不确定的判断依据；单位内部研究开发项目划分研究阶段和开发阶段的具体标准。

（8）公共基础设施的分类、折旧（摊销）方法、折旧（摊销）年限，以及其确定依据。

（9）政府储备物资分类，以及确定其发出成本所采用的方法。

（10）保障性住房的分类、折旧方法、折旧年限。

（11）其他重要的会计政策和会计估计。

（12）本期发生重要会计政策和会计估计变更的，变更的内容和原因、受其重要影响的报表项目名称和金额、相关审批程序，以及会计估计变更开始适用的时点。

5. 会计报表重要项目说明

行政事业单位应当按照资产负债表和收入费用表项目列示顺序，采用文字和数据描述相结合的方式披露重要项目的明细信息。报表重要项目的明细金额合计，应当与报表项目金额相衔接。报表重要项目说明应包括但不限于下列内容：

（1）货币资金的明细信息，包括货币资金的种类、每种货币资金的年初余额、期末余额等情况。

（2）应收账款的明细信息，包括债务人的类别和名称、应收各债务人的年初余额、期末余额等情况。

（3）存货的明细信息，包括存货的种类、每种存货的年初余额、期末余额等情况。

（4）其他流动资产的明细信息，包括其他流动资产的种类、每种其他流动资产的年初余额、期末余额等情况。

（5）长期投资的明细信息，包括长期债券投资、长期股权投资的明细信息、当期发生的重大投资净损益项目、金额及原因。

1）其中，长期债券投资的明细信息包括债券发行主体，每一主体的年初余额、本期增减变动数额、期末余额等情况。长期债券投资的披露格式如表 12-6 所示：

表 12-6　长期债券投资的披露格式

债券发行主体	年初余额	本期增加额	本期减少额	期末余额
1.				
……				
合计				

注：有短期投资的，可比照长期债券投资进行披露。

2）长期股权投资的明细信息包括被投资单位，每一被投资单位的核算方法、年初余额、本期增减变动数额、期末余额等情况。长期股权投资的披露格式如表 12-7 所示。

表 12 - 7 长期股权投资的披露格式

被投资单位	核算方法	年初余额	本期增加额	本期减少额	期末余额
1.					
......					
合计					

3）当期发生的重大投资净损益项目、金额及原因。

（6）固定资产的明细信息，包括固定资产的种类，每种固定资产的原值、累计折旧、账面价值、年初余额、本期增减变动数额、期末余额等；已提足折旧的固定资产名称、数量等；出租、出借固定资产以及固定资产对外投资等。如表 12 - 8 所示。

表 12 - 8 固定资产的明细

项目	年初余额	本期增加额	本期减少额	期末余额
一、原值合计				
其中：房屋及构筑物				
通用设备				
专用设备				
文物和陈列品				
图书、档案				
家具、用具、装具及动植物				
二、累计折旧合计				
其中：房屋及构筑物				
通用设备				
专用设备				
家具、用具、装具及动植物				
三、账面价值合计				
其中：房屋及构筑物				
通用设备				
专用设备				
文物和陈列品				
图书、档案				
家具、用具、装具及动植物				

（7）在建工程的明细信息，包括在建工程的项目名称，各项目的年初余额、本期增减变动数额、期末余额等。

（8）无形资产的明细信息，包括无形资产的种类，每种无形资产的原值、累计摊销、账面价值、年初余额、本期增减变动数额、期末余额等；计入当期损益的研发支出金额、确认为无形资产的研发支出金额；无形资产、对外投资等的处置情况。

（9）公共基础设施的明细信息，包括公共基础设施的种类，每种公共基础设施的原值、累计折旧、账面价值、年初余额、本期增减变动数额、期末余额等情况；确认为公共基础设施的单独计价入账的土地使用权的账面余额、累计摊销额及变动情况；已提足折旧继续使用的公共基础设施的名称、数量等。

（10）政府储备物资的明细信息，包括政府储备物资的种类、各种类物资的年初余额、本期增减变动数额、期末余额等情况。

（11）受托代理资产的明细信息，包括受托代理资产的种类、各种类资产的年初余额、本期增减变动数额、期末余额等情况。

（12）应付账款的明细信息，包括债权人的类别和名称、应付各债权人的年初余额、期末余额等情况。

（13）其他流动负债的明细信息，包括其他流动负债的项目、各项目的年初余额和期末余额等情况。

（14）长期借款的明细信息，包括债权人的名称，向各债权人借款的年初余额和期末余额等情况。单位有基建借款的，应当分基建项目披露长期借款的年初数、本年变动数、年末数及到期期限。

（15）事业收入的明细信息，包括事业收入的来源渠道，每种事业收入的本期发生额和上期发生额等情况。

（16）非同级财政拨款收入的明细信息，包括非同级财政拨款收入的来源渠道，每种非同级财政拨款收入的本期发生额和上期发生额等情况。

（17）其他收入的明细信息，包括其他收入的来源渠道，每种其他收入的本期发生额和上期发生额等情况。

（18）业务活动费用的明细信息，包括按经济分类的明细信息和按支付对象分类的明细信息。

1）按经济分类的披露格式如表 12 - 9 所示。

表 12 - 9　按经济分类的披露格式

项目	本期发生额	上期发生额
工资福利费用		
商品和服务费用		
对个人和家庭的补助费用		
对企业补助费用		
固定资产折旧费		
无形资产摊销费		
公共基础设施折旧（摊销）费		
保障性住房折旧费		

项目	本期发生额	上期发生额
计提专用基金		
……		
合计		

注：有管理费用、经营费用的，可比照（业务活动费用）此表进行披露。

2）按支付对象的披露格式如表12-10所示。

表12-10　按支付对象的披露格式

支付对象	本期发生额	上期发生额
本部门内部单位		
单位1		
……		
其他		
单位2		
……		
合计		

注：有管理费用、经营费用的，可比照（业务活动费用）此表进行披露。

（19）其他费用的明细信息，包括其他费用的类别，每一费用类别的本期发生额和上期发生额。其他费用的类别如利息费用、坏账损失、罚没支付等。

（20）本期费用的明细信息，包括本期费用的项目，每一费用项目的本年数和上年数等情况。

6. 本年盈余与预算结余的差异情况说明

为了反映财务会计和预算会计因核算基础和核算范围不同所产生的本年盈余数与本年预算结余数之间的差异，单位应当按照重要性原则，对本年度发生的各类影响收入（预算收入）和费用（预算支出）的业务进行适度归并和分析，披露将年度预算收入支出表中"本年预算收支差额"调节为年度收入费用表中"本期盈余"的信息。有关披露格式如表12-11所示。

表12-11　本年预算收支差额和本期盈余调节表

项目	金额
一、本年预算结余（本年预算收支差额）	
二、差异调节	
（一）重要事项的差异	

续表

项目	金额
加：1. 当期确认为收入但没有确认为预算收入	
（1）应收款项、预收账款确认的收入	
（2）接受非货币性资产捐赠确认的收入	
2. 当期确认为预算支出但没有确认为费用	
（1）支付应付款项、预付账款的支出	
（2）为取得存货、政府储备物资等计入物资成本的支出	
（3）为购建固定资产等的资本性支出	
（4）偿还借款本息支出	
减：1. 当期确认为预算收入但没有确认为收入	
（1）收到应收款项、预收账款确认的预算收入	
（2）取得借款确认的预算收入	
2. 当期确认为费用但没有确认为预算支出	
（1）发出存货、政府储备物资等确认的费用	
（2）计提的折旧费用和摊销费用	
（3）确认的资产处置费用（处置资产价值）	
（4）应付款项、预付账款确认的费用	
（二）其他事项差异	
三、本年盈余（本年收入与费用的差额）	

7. 其他重要事项说明

（1）资产负债表日存在的重要或有事项说明。没有重要或有事项的，也应说明。

（2）以名义金额计量的资产名称、数量等情况，以及以名义金额计量理由的说明。

（3）通过债务资金形成的固定资产、公共基础设施、保障性住房等资产的账面价值、使用情况、收益情况及与此相关的债务偿还情况等的说明。

（4）重要资产置换、无偿调入（出）、捐入（出）、报废、重大毁损等情况的说明。

（5）事业单位将单位内部独立核算单位的会计信息纳入本单位财务报表情况的说明。

（6）《政府会计准则》中要求附注披露的其他内容。

（7）有助于理解和分析单位财务报表需要说明的其他事项。

第二节　行政事业单位预算会计报表

行政事业单位预算会计报表（见表 12 - 12）包括预算收入支出表、预算结转结余变动表和财政拨款预算收入支出表。具体包含：

表 12－12　行政事业单位会计报表名称及编制期

编号	报表名称	编制期
会政预 01 表	预算收入支出表	年度
会政预 02 表	预算结转结余变动表	年度
会政预 03 表	财政拨款预算收入支出表	年度

一、预算收入支出表

1. 预算收入支出表的概念和作用

预算收入支出表是反映单位在某一会计年度内各预算收入、预算支出和预算收支差额情况的报表。预算收入支出表的作用主要表现在：

（1）提供某一会计年度内预算收入总额及其构成情况的信息。

（2）提供某一会计年度内预算支出总额及其构成情况的信息。

（3）提供某一会计年度内收支差额的信息。

2. 预算收入支出表的格式

行政事业单位预算收入支出表应当分别反映本年预算收入、预算支出和预算收支差额相应项目本年数和上年数的信息，采用的计算公式为：本年预算收入 － 本年预算支出 = 本年预算收支差额。具体格式如表 12－13 所示。

表 12－13　预算收入支出表

编制单位：　　　　　　　年　月　日　　　　　　　　单位：元

项目	本年数	上年数
一、本年预算收入		
（一）财政拨款预算收入		
其中：政府性基金收入		
（二）事业预算收入		
（三）上级补助预算收入		
（四）附属单位上缴预算收入		
（五）经营预算收入		
（六）债务预算收入		
（七）非同级财政拨款预算收入		
（八）投资预算收益		
（九）其他预算收入		

续表

项目	本年数	上年数
其中：利息预算收入		
捐赠预算收入		
租金预算收入		
二、本年预算支出		
（一）行政支出		
（二）事业支出		
（三）经营支出		
（四）上缴上级支出		
（五）对附属单位补助支出		
（六）投资支出		
（七）债务还本支出		
（八）其他支出		
其中：利息支出		
捐赠支出		
三、本年预算收支差额		

3. 预算收入支出表的编制说明

本表"本年数"栏反映各项目的本年实际发生数，"上年数"栏反映各项目上年度的实际发生数，应当根据上年度预算收入支出表中"本年数"栏内所列数字填列。

如果本年度预算收入支出表规定的项目名称和内容同上年度不一致，应当对上年度预算收入支出表项目的名称和数字按照本年度的规定进行调整，将调整后金额填入本年度预算收入支出表的"上年数"栏。

本表"本年数"栏各项目的内容和填列方法如下：

（1）本年预算收入。

1）"本年预算收入"项目，反映单位本年预算收入总额。本项目应当根据本表中"财政拨款预算收入""事业预算收入""上级补助预算收入""附属单位上缴预算收入""经营预算收入""债务预算收入""非同级财政拨款预算收入""投资预算收益""其他预算收入"项目的合计数填列。

2）"财政拨款预算收入"项目，反映单位本年从同级政府财政部门取得的各类财政拨款。本项目应当根据"财政拨款预算收入"科目的本年发生额填列。

"政府性基金收入"项目，反映单位本年取得的财政拨款收入中属于政府性基金预算拨款的金额。本项目应当根据"财政拨款预算收入"相关明细科目的本年发生额填列。

3）"事业预算收入"项目，反映事业单位本年开展专业业务活动及其辅助活动取得的预算收入。本项目应当根据"事业预算收入"科目的本年发生额填列。

4）"上级补助预算收入"项目，反映事业单位本年从主管部门和上级单位取得的非财政补助预算收入。本项目应当根据"上级补助预算收入"科目的本年发生额填列。

5）"附属单位上缴预算收入"项目，反映事业单位本年收到的独立核算的附属单位按照有关规定上缴的预算收入。本项目应当根据"附属单位上缴预算收入"科目的本年发生额填列。

6）"经营预算收入"项目，反映事业单位本年在专业业务活动及其辅助活动之外开展非独立核算经营活动取得的预算收入。本项目应当根据"经营预算收入"科目的本年发生额填列。

7）"债务预算收入"项目，反映事业单位本年按照规定从金融机构等借入的、纳入部门预算管理的债务预算收入。本项目应当根据"债务预算收入"的本年发生额填列。

8）"非同级财政拨款预算收入"项目，反映单位本年从非同级政府财政部门取得的财政拨款。本项目应当根据"非同级财政拨款预算收入"科目的本年发生额填列。

9）"投资预算收益"项目，反映事业单位本年取得的按规定纳入单位预算管理的投资收益。本项目应当根据"投资预算收益"科目的本年发生额填列。

10）"其他预算收入"项目，反映单位本年取得的除上述收入以外的纳入单位预算管理的各项预算收入。本项目应当根据"其他预算收入"科目的本年发生额填列。

"利息预算收入"项目，反映单位本年取得的利息预算收入。本项目应当根据"其他预算收入"科目的明细记录分析填列。单位单设"利息预算收入"科目的，应当根据"利息预算收入"科目的本年发生额填列。

"捐赠预算收入"项目，反映单位本年取得的捐赠预算收入。本项目应当根据"其他预算收入"科目明细账记录分析填列。单位单设"捐赠预算收入"科目的，应当根据"捐赠预算收入"科目的本年发生额填列。

"租金预算收入"项目，反映单位本年取得的租金预算收入。本项目应当根据"其他预算收入"科目明细账记录分析填列。单位单设"租金预算收入"科目的，应当根据"租金预算收入"科目的本年发生额填列。

（2）本年预算支出。

1）"本年预算支出"项目，反映单位本年预算支出总额。本项目应当根据本表中"行政支出""事业支出""经营支出""上缴上级支出""对附属单位补助支出""投资支出""债务还本支出"和"其他支出"项目金额的合计数填列。

2）"行政支出"项目，反映行政单位本年履行职责实际发生的支出。本项目应当根据"行政支出"科目的本年发生额填列。

3）"事业支出"项目，反映事业单位本年开展专业业务活动及其辅助活动发生的支出。本项目应当根据"事业支出"科目的本年发生额填列。

4）"经营支出"项目，反映事业单位本年在专业业务活动及其辅助活动之外开展非独立核算经营活动发生的支出。本项目应当根据"经营支出"科目的本年发生额填列。

5）"上缴上级支出"项目，反映事业单位本年按照财政部门和主管部门的规定上缴上级单位的支出。本项目应当根据"上缴上级支出"科目的本年发生额填列。

6）"对附属单位补助支出"项目，反映事业单位本年用财政拨款收入之外的收入对附属单位补助发生的支出。本项目应当根据"对附属单位补助支出"科目的本年发生额填列。

7）"投资支出"项目，反映事业单位本年以货币资金对外投资发生的支出。本项目应当根据"投资支出"科目的本年发生额填列。

8）"债务还本支出"项目，反映事业单位本年偿还自身承担的纳入预算管理的从金融机构举借的债务本金的支出。本项目应当根据"债务还本支出"科目的本年发生额填列。

9）"其他支出"项目，反映单位本年除以上支出以外的各项支出。本项目应当根据"其他支出"科目的本年发生额填列。

"利息支出"项目，反映单位本年发生的利息支出。本项目应当根据"其他支出"科目明细账记录分析填列。单位单设"利息支出"科目的，应当根据"利息支出"科目的本年发生额填列。

"捐赠支出"项目，反映单位本年发生的捐赠支出。本项目应当根据"其他支出"科目明细账记录分析填列。单位单设"捐赠支出"科目的，应当根据"捐赠支出"科目的本年发生额填列。

（3）本年预算收支差额。"本年预算收支差额"项目，反映单位本年各项预算收支相抵后的差额。本项目应当根据本表中"本期预算收入"项目金额减去"本期预算支出"项目金额后的金额填列；如相减后金额为负数，以"－"号填列。

二、预算结转结余变动表

1. 预算结转结余变动表的概念及作用

预算结转结余变动表是反映单位在某一会计年度内预算结转结余变动情况的报表。该表的作用主要表现在：

（1）提供某一会计年度内预算结转结余变动情况的信息。

（2）提供年末预算结转结余构成情况的信息。

2. 预算结转结余变动表的格式

表 12 - 14　预算结转结余变动表

编制单位：　　　　　　　　　　年　　月　　日　　　　　　　　　单位：元

项目	本年数	上年数
一、年初预算结转结余		
（一）财政拨款结转结余		

续表

项目	本年数	上年数
（二）其他资金结转结余		
二、年初余额调整（减少以"－"号填列）		
（一）财政拨款结转结余		
（二）其他资金结转结余		
三、本年变动金额（减少以"－"号填列）		
（一）财政拨款结转结余		
1. 本年收支差额		
2. 归集调入		
3. 归集上缴或调出		
（二）其他资金结转结余		
1. 本年收支差额		
2. 缴回资金		
3. 使用专用结余		
4. 支付所得税		
四、年末预算结转结余		
（一）财政拨款结转结余		
1. 财政拨款结转		
2. 财政拨款结余		
（二）其他资金结转结余		
1. 非财政拨款结转		
2. 非财政拨款结余		
3. 专用结余		
4. 经营结余（如有余额，以"－"号填列）		

3. 预算结转结余变动表的编制说明

本表"本年数"栏反映各项目的本年实际发生数，"上年数"栏反映各项目的上年实际发生数，应当根据上年度预算结转结余变动表中"本年数"栏内所列数字填列。

如果本年度预算结转结余变动表规定的项目名称和内容同上年度不一致，应当对上年度预算结转结余变动表项目的名称和数字按照本年度的规定进行调整，将调整后金额填入本年度预算结转结余变动表的"上年数"栏。

本表中"年末预算结转结余"项目金额等于"年初预算结转结余""年初余额调整""本年变动金额"三个项目的合计数。

本表"本年数"栏各项目的内容和填列方法如下：

（1）"年初预算结转结余"项目。反映单位本年预算结转结余的年初余额。本项目应当根据本项目下"财政拨款结转结余""其他资金结转结余"项目金额的合计数填列。

1）"财政拨款结转结余"项目，反映单位本年财政拨款结转结余资金的年初余额。本项目应当根据"财政拨款结转""财政拨款结余"科目本年年初余额合计数填列。

2）"其他资金结转结余"项目，反映单位本年其他资金结转结余的年初余额。本项目应当根据"非财政拨款结转""非财政拨款结余""专用结余""经营结余"科目本年年初余额的合计数填列。

（2）"年初余额调整"项目。反映单位本年预算结转结余年初余额调整的金额。本项目应当根据本项目下"财政拨款结转结余""其他资金结转结余"项目金额的合计数填列。

1）"财政拨款结转结余"项目，反映单位本年财政拨款结转结余资金的年初余额调整金额。本项目应当根据"财政拨款结转""财政拨款结余"科目下"年初余额调整"明细科目的本年发生额的合计数填列；如调整减少年初财政拨款结转结余，以"－"号填列。

2）"其他资金结转结余"项目，反映单位本年其他资金结转结余的年初余额调整金额。本项目应当根据"非财政拨款结转""非财政拨款结余"科目下"年初余额调整"明细科目的本年发生额的合计数填列；如调整减少年初其他资金结转结余，以"－"号填列。

（3）"本年变动金额"项目。"本年变动金额"项目，反映单位本年预算结转结余变动的金额。本项目应当根据本项目下"财政拨款结转结余""其他资金结转结余"项目金额的合计数填列。

1）"财政拨款结转结余"项目，反映单位本年财政拨款结转结余资金的变动。本项目应当根据本项目下"本年收支差额""归集调入""归集上缴或调出"项目金额的合计数填列。

① "本年收支差额"项目，反映单位本年财政拨款资金收支相抵后的差额。本项目应当根据"财政拨款结转"科目下"本年收支结转"明细科目本年转入的预算收入与预算支出的差额填列；差额为负数的，以"－"号填列。

② "归集调入"项目，反映单位本年按照规定从其他单位归集调入的财政拨款结转资金。本项目应当根据"财政拨款结转"科目下"归集调入"明细科目的本年发生额填列。

③ "归集上缴或调出"项目，反映单位本年按照规定上缴的财政拨款结转结余资金及按照规定向其他单位调出的财政拨款结转资金。本项目应当根据"财政拨款结转""财政拨款结余"科目下"归集上缴"明细科目，以及"财政拨款结转"科目下"归集调出"明细科目本年发生额的合计数填列，以"－"号填列。

2）"其他资金结转结余"项目，反映单位本年其他资金结转结余的变动。本项目应当根据本项目下"本年收支差额""缴回资金""使用专用结余""支付所得税"项目的合计数填列。

①"本年收支差额"项目，反映单位本年除财政拨款外的其他资金收支相抵后的差额。本项目应当根据"非财政拨款结转"科目下"本年收支结转"明细科目、"其他结余"科目、"经营结余"科目本年转入的预算收入与预算支出的差额的合计数填列；如为负数，以"－"号填列。

②"缴回资金"项目，反映单位本年按照规定缴回的非财政拨款结转资金。本项目应当根据"非财政拨款结转"科目下"缴回资金"明细科目本年发生额的合计数填列，以"－"号填列。

③"使用专用结余"项目，反映本年事业单位根据规定使用从非财政拨款结余或经营结余中提取的专用基金的金额。本项目应当根据"专用结余"科目明细账中本年使用专用结余业务的发生额填列，以"－"号填列。

④"支付所得税"项目，反映有企业所得税缴纳义务的事业单位本年实际缴纳的企业所得税金额。本项目应当根据"非财政拨款结余"明细账中本年实际缴纳企业所得税业务的发生额填列，以"－"号填列。

（4）年末预算结转结余。"年末预算结转结余"项目，反映单位本年预算结转结余的年末余额。本项目应当根据本项目下"财政拨款结转结余""其他资金结转结余"项目金额的合计数填列。

1）"财政拨款结转结余"项目，反映单位本年财政拨款结转结余的年末余额。本项目应当根据本项目下"财政拨款结转""财政拨款结余"项目金额的合计数填列。本项目下"财政拨款结转""财政拨款结余"项目，应当分别根据"财政拨款结转""财政拨款结余"科目的本年末余额填列。

2）"其他资金结转结余"项目，反映单位本年其他资金结转结余的年末余额。本项目应当根据本项目下"非财政拨款结转""非财政拨款结余""专用结余""经营结余"项目金额的合计数填列。本项目下"非财政拨款结转""非财政拨款结余""专用结余""经营结余"项目，应当分别根据"非财政拨款结转""非财政拨款结余""专用结余""经营结余"科目的本年末余额填列。

三、财政拨款预算收入支出表

1. 财政拨款预算收入支出表的概念及作用

财政拨款预算收入支出表是反映单位本年财政预算资金收入、支出及相关变动情况的报表。

财政拨款预算收入支出表的主要作用表现在可以提供某一会计年度内财政拨款预算资金增减变动情况的信息。相对于预算结转结余变动表，财政拨款预算收入支出表专门针对财政拨款预算资金及其增减变动情况进行详细的反映。

2. 财政拨款预算收入支出表的格式

表 12 - 15　财政拨款预算收入支出表　　　　　单位：元

项目	年初财政拨款结转结余		调整年初财政拨款结转结余	本年归集调入	本年归集上缴或调出	单位内部调剂		本年财政拨款收入	本年财政拨款支出	年末财政拨款结转结余	
	结转	结余				结转	结余			结转	结余
一、一般公共预算财政拨款											
（一）基本支出											
1. 人员经费											
2. 日常公用经费											
（二）项目支出											
1. ××项目											
2. ××项目											
……											
二、政府性基金预算财政拨款											
（一）基本支出											
1. 人员经费											
2. 日常公用经费											
（二）项目支出											
1. ××项目											
2. ××项目											
……											
合计											

3. 财政拨款预算收入支出表的编制说明

本表"项目"栏内各项目，应当根据单位取得的财政拨款种类分项设置。其中"项目支出"项目下，根据每个项目设置；单位取得除一般公共财政预算拨款和政府性基金预算拨款以外的其他财政拨款的，应当按照财政拨款种类增加相应的资金项目及其明细项目。

本表各栏及其对应项目的内容和填列方法如下：

（1）"年初财政拨款结转结余"栏中各项目，反映单位年初各项财政拨款结转结余的金额。各项目应当根据"财政拨款结转""财政拨款结余"及其明细科目的年初余额填列。本栏中各项目的数额应当与上年度财政拨款预算收入支出表中"年末财政拨款结转结余"栏中各项目的数额相等。

（2）"调整年初财政拨款结转结余"栏中各项目，反映单位对年初财政拨款结转结余的调整金额。各项目应当根据"财政拨款结转""财政拨款结余"科目下"年初余额调整"明细科目及其所属明细科目的本年发生额填列；如调整减少年初财政拨款结转结余，以"－"号填列。

（3）"本年归集调入"栏中各项目，反映单位本年按规定从其他单位调入的财政拨款结转资金金额。各项目应当根据"财政拨款结转"科目下"归集调入"明细科目及其所属明细科目的本年发生额填列。

（4）"本年归集上缴或调出"栏中各项目，反映单位本年按规定实际上缴的财政拨款结转结余资金，及按照规定向其他单位调出的财政拨款结转资金金额。各项目应当根据"财政拨款结转""财政拨款结余"科目下"归集上缴"科目和"财政拨款结转"科目下"归集调出"明细科目，及其所属明细科目的本年发生额填列，以"－"号填列。

（5）"单位内部调剂"栏中各项目，反映单位本年财政拨款结转结余资金在单位内部不同项目等之间的调剂金额。各项目应当根据"财政拨款结转"和"财政拨款结余"科目下的"单位内部调剂"明细科目及其所属明细科目的本年发生额填列；对单位内部调剂减少的财政拨款结余金额，以"－"号填列。

（6）"本年财政拨款收入"栏中各项目，反映单位本年从同级财政部门取得的各类财政预算拨款金额。各项目应当根据"财政拨款预算收入"科目及其所属明细科目的本年发生额填列。

（7）"本年财政拨款支出"栏中各项目，反映单位本年发生的财政拨款支出金额。各项目应当根据"行政支出""事业支出"等科目及其所属明细科目本年发生额中的财政拨款支出的合计数填列。

（8）"年末财政拨款结转结余"栏中各项目，反映单位年末财政拨款结转结余的金额。各项目应当根据"财政拨款结转""财政拨款结余"科目及其所属明细科目的年末余额填列。

复习思考题

1. 什么是行政事业单位预算收入支出表？行政事业单位预算收入支出表中各大类项目之间的关系是什么？

2. 什么是行政事业单位财政拨款预算收入支出表？行政事业单位财政拨款预算收入支出表中的项目主要有哪些？

3. 行政事业单位在将年度预算收入支出表中的本年预算收支差额调节为年度收入费用表中的本年盈余时，需要调节哪些重要事项？

4. 什么是行政事业单位会计报表？行政事业单位会计报表可以分成哪两大类？分别

包括哪些具体种类？

5. 什么是行政事业单位资产负债表？行政事业单位资产负债表采用什么平衡等式？

6. 什么是行政事业单位收入费用表？行政事业单位收入费用表中各大类项目之间的相等关系是什么？

7. 什么是行政事业单位净资产变动表？行政事业单位净资产变动表采用什么格式？

8. 什么是行政事业单位现金流量表？行政事业单位现金流量表中的现金流量分成哪三种？

9. 什么是行政事业单位财务会计报表附注？行政事业单位财务会计报表附注主要包括哪几大类内容？

第三篇　财政总预算会计

第十三章
财政总预算会计概述

![学习目标图标]【学习目标】

本章主要介绍财政总预算会计的概念、特点及会计科目表。本章的学习目标在于了解财政总预算会计的概念、特点；掌握财政总预算会计科目。

第一节　财政总预算会计及其特点

一、财政总预算会计的概念

财政总预算会计是各级政府财政部门核算和监督政府预算执行和财政周转性资金活动的专业会计，是政府会计的一个分支。

财政总预算会计是我国政府会计的重要组成部分。财政总预算会计以各级政府总体财政收入、财政支出为核算对象。

财政总预算会计体系（见图 13 - 1）与国家预算管理体系一致。我国实行一级政府一级预算，具体分为中央、省（自治区、直辖市）、市、县、乡（镇）五级，总预算会计也相应分为五级，分别负责本级财政的会计核算工作。

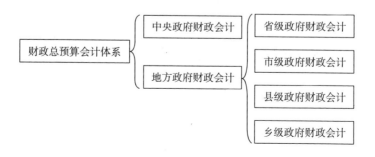

图 13 - 1　财政总预算会计体系

二、财政总预算会计的特点

财政总预算会计的特点主要体现在以下几个方面：

1. 财政总预算会计核算的主体是一级政府

财政总预算会计核算的主体是一级政府，如中央政府、省政府、市政府等。财政总预算会计反映的会计信息是以一级政府作为特定的空间范围的。各级政府的财政总预算是相对独立完整的，相应的财政总预算会计信息也是相对独立完整的。

2. 财政总预算会计核算的对象是财政预算资金的运动

财政是预算会计核算的对象是财政是预算资金的运动，具体包括预算资金的收入和支出，以及由此形成的财政总预算资金的结余等内容。由于财政总预算只是对所取得的财政资金进行分配，因此，财政是预算会计中没有诸如库存现金、库存材料、固定资产、专利权、土地使用权等实物资产和无形资产的核算内容，也没有成本核算的内容。上述内容在相应的行政事业单位会计来核算。

3. 财政总预算会计核算的主要依据是财政总预算的编制形式和收支分类

财政总预算会计核算的主要依据是财政总预算的编制形式和收支分类。目前，我国的政府财政总预算分成一般公共预算、政府性基金预算、国有资本经营预算等，各类预算相对独立完整。为如实反映各种类预算的执行情况，财政总预算会计需要分别为相应种类的财政总预算核算其相对独立完整的内容。

财政总预算收支分类反映政府财政总预算收支的内容，具体表现为财政总预算收支科目。财政总预算收支科目是财政总预算会计设置会计科目的直接依据。因此，政府财政总预算的编制形式和内容决定了财政总预算会计核算的形式和内容。

4. 财政总预算会计核算的内容是财政总预算的执行情况及其结果

政府财政总预算的执行情况由财政总预算会计予以记录和反映。将财政总预算会计记录和反映的年末收支预算执行数据与年初报经批准的政府财政总预算的收支预算数据进行比较，是考核政府年度财政总预算执行情况的常用方法。

第二节 财政总预算会计制度与会计科目

一、财政总预算会计制度

《财政总预算会计制度》于1998年1月1日起在全国范围内统一实施，共十三章，分为总则、一般原则、资产、负债、净资产、收入、支出、会计科目、会计结账和结算、会计报表编审、会计电算化、会计监督和附则。该制度适用于各级财政部门核算反映、监督政府预算执行和财政周转金等各项财政性资金活动。为了进一步规范各级政府财政总预算会计核算，提高会计信息质量，充分发挥总预算会计的职能作用，2015 年 10 月 10 日，财政部对《财政总预算会计制度》（财预字〔1997〕287 号）进行了修订，自 2016 年 1 月 1 日起施行。

二、财政总预算会计科目表

财政总预算会计科目是对其会计要素的进一步分类。它既是财政总预算会计设置账户、核算和归集经济业务的依据，也是汇总和检查财政总预算资金活动情况及其结果的依据。根据财政总预算会计要素的分类，其会计科目分为资产、负债、净资产、收入和支出五类。具体科目汇总表如表 13 - 1 所示。

表 13 - 1　各级财政总预算会计适用的会计科目

序号	编号	科目名称	序号	编号	科目名称
		一、资产类			三、净资产类
1	1001	国库存款	27	3001	一般公共预算结转结余
2	1003	国库现金管理存款	28	3002	政府性基金预算结转结余
3	1004	其他财政存款	29	3003	国有资本经营预算结转结余
4	1005	财政零余额账户存款	30	3005	财政专户管理资金结余
5	1006	有价证券	31	3007	专用基金结余
6	1007	在途款	32	3031	预算稳定调节基金
7	1011	预拨经费	33	3033	预算周转金
8	1021	借出款项		3081	资产基金
9	1022	应收股利		308101	应收地方政府债券转贷款
10	1031	与下级往来	34	308102	应收主权外债转贷款
11	1036	其他应收款		308103	股权投资
12	1041	应收地方政府债券转贷款		308104	应收股利
13	1045	应收主权外债转贷款		3082	待偿债净资产
14	1071	股权投资		308201	应付短期政府债券
15	1081	待发国债		308202	应付长期政府债券
		二、负债类	35	308203	借入款项
16	2001	应付短期政府债券		308204	应付地方政府债券转贷款
17	2011	应付国库集中支付结余		308205	应付主权外债转贷款
18	2012	与上级往来		308206	其他负债
19	2015	其他应付款			四、收入类
20	2017	应付代管资金	36	4001	一般公共预算本级收入
21	2021	应付长期政府债券	37	4002	政府性基金预算本级收入
22	2022	借入款项	38	4003	国有资本经营预算本级收入
23	2026	应付地方政府债券转贷款	39	4005	财政专户管理资金收入
24	2027	应付主权外债转贷款	40	4007	专用基金收入
25	2045	其他负债	41	4011	补助收入
26	2091	已结报支出	42	4012	上解收入

续表

序号	编号	科目名称	序号	编号	科目名称
43	4013	地区间援助收入	51	5005	财政专户管理资金支出
44	4021	调入资金	52	5007	专用基金支出
45	4031	动用预算稳定调节基金	53	5011	补助支出
46	4041	债务收入	54	5012	上解支出
47	4042	债务转贷收入	55	5013	地区间援助支出
		五、支出类	56	5021	调出资金
48	5001	一般公共预算本级支出	57	5031	安排预算稳定调节基金
49	5002	政府性基金预算本级支出	58	5041	债务还本支出
50	5003	国有资本经营预算本级支出	59	5042	债务转贷支出

各级财政总预算会计科目的使用要求如下：

其一，各级财政总预算会计应按《财政总预算会计制度》规定设置会计科目，并按科目使用说明使用。不需要的可以不用，不得擅自更改科目名称。

其二，明细科目的设置，除《财政总预算会计制度》已有规定外，各级总预算会计可根据需要，自行设置。

其三，为了便于编制会计凭证、登记账簿、查阅账目和实行会计电算化，《财政总预算会计制度》统一规定了会计科目编码。各级总预算会计不得随意变更或打乱科目编码。

其四，各级财政总预算会计在填制会计凭证、登记账簿时，应填列会计科目名称或者同时填列名称和编码，不得只填编码而不填名称。

复习思考题

1. 什么是财政总预算会计？

2. 财政总预算会计的特点和职责是什么？

3. 财政总预算会计科目分为哪五类？使用时应当遵循哪些要求？

第十四章
财政总预算会计的资产核算

【学习目标】

    本章主要介绍财政总预算会计资产的概念、管理要求及其相应会计科目的会计核算。本章的学习目标：了解财政总预算会计资产的概念；理解国库单一账户制度的意义及其内容；明确财政总预算会计对财政性存款以及有价证券的管理要求；掌握各项财政总预算会计资产类科目的核算。

    财政总预算会计的资产是指政府财政占有或控制的，能以货币计量的经济资源。资产按照流动性，分为流动资产和非流动资产。流动资产是指预计在 1 年内（含 1 年）变现的资产；非流动资产是指流动资产以外的资产。具体而言，流动资产包括国库存款、国库现金管理存款、其他财政存款；有价证券、在途款、预拨经费、借出款项、应收股利、应收利息；与下级往来、其他应收款等科目；非流动资产包括应收地方政府债券转贷款、应收主权外债转贷款、股权投资、待发国债等科目。

第一节　流动资产

一、财政性存款

1. 财政性存款的概念及管理要求

    财政性存款是财政部门代表政府所掌管的财政预算资金，财政部门对其拥有支配权。财政总预算会计根据同级人民代表大会通过的年度预算和财政有关职能部门根据上述预算核定的单位预算，具体支配库款，负责管理、调度和统一支付。

    财政性存款按照存放地点不同，分为国库存款、国库现金管理存款、其他财政存款。其中，国库存款是指各级政府财政总预算会计在中国人民银行国库的一般公共预算资金存款、政府性基金预算存款和国有资本经营预算资金存款等；国库现金管理存款是指政府财政实行国库现金管理业务存放在商业银行的款项；其他财政性存款是指政府财政未列入"国库存款""国库现金管理存款"科目反映的各项存款，如财政周转金、未设国库的乡（镇）财政在商业银行的预算资金存款以及部分由财政部门指定存入商业银行的专用基金存款等。

财政性存款由财政总预算会计负责管理，统一收付。财政总预算会计在管理财政性存款时，应当遵循以下原则：

（1）集中资金，统一调度。各种应由财政部门掌管的资金，都应纳入财政总预算会计的存款户，由财政总预算会计统一收纳、支拨和管理。这样，有利于财政总预算会计统一调度财政资金，提高使用效益。

（2）严格控制存款开户。财政部门的预算资金除财政部门有明确规定外，一律由财政总预算会计统一在国库或指定的银行开立存款账户，不得在国家规定之外将预算资金或其他财政性资金任意转存其他金融机构，便于加强总预算会计对财政资金的管理。

（3）执行预算，计划支拨。财政总预算会计应当根据全国人民代表大会的年度预算和经财政有关职能部门批准的单位季度分月用款计划拨付财政资金，不得办理超预算、无计划的拨款，便于发挥总预算会计的监督职能。

（4）转账结算，不提现金。财政总预算会计的各种资金拨付凭证，只能用于转账业务，不得用于提取现金，便于保护国库存款的安全。应当明确的是，财政总预算会计行使的是财政资金的分配职能，不是财政资金的直接使用者。

（5）在存款余额内支取，不能透支。财政总预算会计只能在国库存款和其他财政存款账户的余额内办理支付，不能办理超余额的支付。这样，有利于确保财政收支平衡。

2. 财政资金管理制度——国库单一账户制度

国库单一账户制度是指将政府所有财政性资金集中在国库或国库指定的代理银行开设账户，所有财政收入直接缴入这一账户，所有财政支出直接通过这一账户进行拨付的财政资金管理制度。实行国库单一账户制度，对于从根本上解决有关部门滥设过渡账户、随意截留和挪用财政资金，以及由于财政资金管理分散而形成的使用效率不高、宏观调控能力不强等问题具有重要的现实意义。

国库单一账户体系由财政部门开设的银行账户、财政部门为预算单位开设的银行账户以及特设银行账户组成。

（1）财政部门开设的银行账户。

1）国库存款账户。该账户为中国人民银行开设的国库单一账户，用于记录、核算和反映纳入预算管理的财政收入和支出，并用于与财政部门在商业银行开设的财政零余额账户以及财政部门为预算单位在商业银行开设的预算单位零余额账户进行清算，实现支付。

2）财政部门零余额账户。该账户为过渡账户，用于财政直接支付以及与国库单一账户进行清算。代理银行根据财政部门开具的支付指令向有关货品或劳务供应商支付款项，并按日向国库单一账户申请清算后，该账户的余额即为零。因此，该账户被称为财政零余额账户，且该账户不实存财政资金。

3）财政专户。该账户在商业银行开设，用于记录、核算和反映实行财政专户管理的资金收入和支出，并用于财政专户管理资金日常收支清算。

（2）财政部门为预算单位开设的银行账户。

1）预算单位零余额账户。该账户主要是财政部门为预算单位在商业银行开设的预算单位零余额账户，主要用于财政授权支付以及与国库单一账户进行清算，也是过渡性账户。代理银行在根据预算单位开具的支付令向有关货品或劳务供应商支付款项，并按日向国库单一账户申请清算后，该账户余额即为零。因此，该账户被称为预算单位零余额账户，且该账户不实存财政资金。

2）财政汇缴零余额账户。该账户也称为财政汇缴账户，是财政部门为预算单位在商业银行开设的零余额账户，用于反映预算单位作为执收单位收取的应当汇缴财政国库或财政专户的财政性资金收入。由于执收单位收取的相关收费等财政资金收入应当在汇总缴入财政汇缴零余额账户后的当日即转入财政国库存款账户或财政专户，该账户每日汇缴后的余额为零，因此该账户被称为零余额账户。

（3）特设银行账户。该账户是指经国务院和省级人民政府批准或授权财政部门开设的特殊过渡性账户。该账户主要用于核算和反映预算单位的特殊专项支出活动，并用于与国库单一账户进行清算。一般情况下，该账户为实存资金账户。

在以上相关账户中，财政部门零余额账户和财政汇缴零余额账户的性质为专用专款账户。预算单位零余额账户的性质为基本存款账户或专用存款账户。预算单位未开立基本存款账户，或原基本存款账户在国库集中支付改革后已经按财政部门要求撤销的，经同级财政部门批准，预算单位零余额账户作为基本存款账户；除上述情况外，预算单位零余额账户作为专用存款账户。

根据相关规定，财政部门原则上只能为预算单位开立一个预算单位零余额账户，为执收单位开立一个财政汇缴零余额账户。财政部门在同一家代理银行原则上只能开立一个财政部门零余额账户。财政部门零余额账户和预算单位零余额账户的用款额度具有与人民币相同的支付结算功能。财政部门零余额账户可以办理转账等支付结算业务，但不得提取现金。预算单位零余额账户可以办理转账、汇兑、委托收款和提取现金等支付结算业务。

3. 财政性存款的核算

财政性存款主要分为国库存款、国库现金管理存款和其他财政存款。为了核算财政性存款业务，各级财政会计应设置"国库存款""国库现金管理存款"和"其他财政存款"科目。

（1）国库存款的核算。该科目用于核算政府财政存放在国库单一账户的款项。该科目借方登记国库存款的增加数，贷方登记国库存款的减少数，借方余额反映国库存款的余额。该科目可按一般公共预算存款、政府性基金预算存款和国有资本预算存款进行明细核算。

1）国库存款增加的核算。国库存款增加的业务主要有财政总预算会计收到预算收入、国库存款利息收入、上级预算补助、下级上解收入或其他缴入国库的来源不清的款项等。财政总预算会计收到预算收入时，根据国库报来的预算收入日报表入账，借记本科目，贷记"一般公共预算本级收入""政府性基金预算本级收入""国有资本经营预算本级收入"等科目；收到国库存款利息收入时，借记本科目，贷记"一般公共预算本级收入"科目；收到上级预算补助或下级上解收入时，根据国库转来的有关结算凭证入账，借记本科目，贷记"补助收入""上解收入"等科目；收到缴入国库的来源不清款项时，借记本科目，贷记"其他应付款"等科目。

【例14-1】某级财政收到国库转来的预算收入日报表，列明当日一般预算收入100 000元，基金预算收入80 000元。其会计分录为：

借：国库存款   100 000
                                  80 000
    贷：一般公共预算本级收入   100 000
        政府性基金预算本级收入   80 000

2）国库存款减少的核算。国库存款减少时，按照实际支付的金额，借记有关科目，贷记本科目。国库存款减少的业务通常包括办理库款拨付、上解上级财政、对下级财政进行补助等，在核算相关业务时，应凭有关支付结算凭证入账，借记"一般公共预算本级支出""政府性基金预算本级支出""国有资本经营预算本级支出""上解支出"和"补助支出"等。

【例14-2】某市级财政按照财政体制向上级省财政上解一般预算收入100 000元；同时，以国库一般预算存款向所属下级某县财政专项补助150 000元。其会计分录为：

借：上解支出   100 000
    贷：国库存款——一般预算存款   100 000
借：补助支出   150 000
    贷：国库存款——一般预算存款   150 000

（2）国库现金管理存款的核算。该科目核算政府财政实行国库现金管理业务存放在商业银行的款项。按照国库现金管理有关规定，将库款转存商业银行时，按照存入商业银行的金额，借记本科目，贷记"国库存款"科目。国库现金管理存款收回国库时，按照实际收回的金额，借记"国库存款"科目，按照原存入商业银行的存款本金，贷记本科目，按照两者的差额，贷记"一般公共预算本级收入"科目。本科目期末借方余额反映政府财政实行国库现金管理业务持有的存款。

【例14-3】A市财政按照国库现金管理有关规定，将库款100 000元转存商业银行。其会计分录为：

借：国库现金管理存款   100 000
    贷：国库存款   100 000

后来，A市财政国库存款执行机构将国库现金管理存款150 000元收回国库。其会计分录为：

借：国库存款   150 000
    贷：国库现金管理存款   100 000
        一般公共预算本级收入   50 000

（3）其他财政存款的核算。"其他财政存款"核算各级总预算会计未列入"国库存款""国库现金管理存款"科目反映的各项财政性存款。包括财政周转金、未设国库的乡（镇）财政在专业银行的预算资金存款以及部分由财政部指定存入专业银行的专用基金存款等。

"其他财政存款"借方登记增加数，贷方登记减少数。本科目借方余额，反映其他财政存款的实际结存数，其年终余额结转下年。其他财政存款产生的利息收入，除规定作为专户资金收入外，其他利息收入都应缴入国库，纳入一般公共预算管理。取得其他财政存款利息收入时，按照实际获得的利息金额，根据以下情况分别处理：

1）按规定作为专户资金收入的，借记本科目，贷记"应付待管资金"或有关收入科目。

2）按规定应缴入国库的，借记本科目，贷记"其他应付款"科目。将其他财政存款利息收入缴入国库时，借记"其他应付款"科目，贷记本科目；同时，借记"国库存款"科目，贷记"一般公共预算本级收入"科目。

【例14－4】A乡未设国库，按规定在某专业银行开设预算资金存款账户。乡财政收到上级某县财政预付的收入分成款360 000元。会计分录如下：

　　借：其他财政存款　　　　　　　　　　　　　　　　　　360 000
　　　　贷：与上级往来　　　　　　　　　　　　　　　　　360 000

【例14－5】某市财政收到上级省财政拨入的专用基金345 000元，款项按规定存入某专业银行的专用基金存款账户。会计分录如下：

　　借：其他财政存款　　　　　　　　　　　　　　　　　　345 000
　　　　贷：专用基金收入　　　　　　　　　　　　　　　　345 000

【例14－6】某乡未设国库，乡财政采用实拨资金的方式向某预算单位拨付预算业务经费54 000元。会计分录如下：

　　借：一般公共预算本级支出　　　　　　　　　　　　　　54 000
　　　　贷：其他财政存款　　　　　　　　　　　　　　　　54 000

4. 财政国库支付执行机构的有关业务核算

财政国库执行机构是财政总预算会计的延伸。根据其特点，会计核算应设置"财政零余额账户存款"与"已结报支出"两个特殊的总账科目。

（1）财政零余额账户存款的核算。

"财政零余额账户存款"科目用于核算财政国库执行机构在代理银行办理财政直接支付的业务。未单设财政国库支付执行机构的地区，不使用本科目。该科目贷方登记财政国库支付中心当天发生直接支付资金数；借方登记当天国库单一账户存款划入冲销数；该科目当日资金结算后，余额为零。

财政零余额账户存款的主要账务处理如下：

1）财政国库支付执行机构为预算单位直接支付款项时，借记有关预算支出科目，贷记"财政零余额账户存款"科目。

2）财政国库支付执行机构每日将有关部门分"类""款""项"汇总的预算支出结算清单等结算单与中国人民银行划款凭证核对无误后，送财政总预算会计结算资金，按照结算的金额，借记"财政零余额账户存款"科目，贷记"已结报支出"科目。

（2）已结报支出的核算。"已结报支出"科目核算财政国库支付执行机构已清算的国库集中支付数额。财政未单设国库支付执行机构的地区，不使用本科目。当天业务结束后，该科目余额应等于一般公共预算支出与政府性基金预算支出之和。

已结报支出的主要账务处理如下：

1）每日汇总清算后，财政国库支付执行机构会计根据有关划款凭证回执联和按部门分"类""款""项"汇总的"预算支出结算清单"，对于财政直接支付，借记"财政零余额账户存款"科目，贷记"已结报支出"科目；对于财政授权支付，借记"一般公共预算本级支出""政府性基金预算本级支出"等科目，贷记"已结报支出"科目。

2）年终，财政国库支付执行机构按照累计结清的支出数额，与有关方面核对一致后转账时，借记"已结报支出"科目，贷记"一般公共预算本级支出""政府性基金预算本级支出"等科目。

【例14-7】A市财政国库支付执行机构为某预算单位直接支付以一般预算安排的款项32 000元。财政国库支付执行机构应编制如下会计分录：

借：一般公共预算本级支出   32 000
    贷：财政零余额账户存款   32 000

【例14-8】A市财政国库支付执行机构汇总编制了《预算支出结算清单》，其中，汇总的财政直接支付应结算资金数额为32 000元。该《预算支出结算清单》已与中国人民银行国库划款凭证核对无误，并已送财政总预算会计结算资金。财政国库支付执行机构应编制如下会计分录：

借：财政零余额账户存款   32 000
    贷：已结报支出——财政直接支付   32 000

【例14-9】财政国库支付执行机构收到代理银行报来的《财政支出日报表》。其中，以一般预算安排的授权支出4 000元，以基金预算安排的授权支出1 000元。经与中国人民银行国库划款凭证核对无误后，财政国库支付执行机构应编制如下会计分录：

借：一般公共预算本级支出   4 000
    政府性基金预算本级支出   1 000
    贷：已结报支出——财政授权支付   5 000

二、有价证券

1. 有价证券的概念与管理要求

总预算会计核算的有价证券是指中央财政以信用方式发行的政府公债。发行有价证券是调节宏观经济、平衡预算、筹集国家重点建设资金的一种手段。

财政总预算会计管理和核算有价证券的要求是：①只能用各项财政结余（包括一般公共预算结余和政府性基金预算结余）购买国家指定的有价证券。②购入有价证券时，支付的资金不能列入预算支出核算。③当期取得有价证券的兑付利息及转让有价证券取得的收入和账面成本的差额，应按购入有价证券时的资金来源分别作为一般公共预算本级收入或政府性基金预算本级收入。④购入的有价证券应视同货币一样妥善保管。

2. 有价证券的核算

为了核算各级财政的有价证券业务，财政总预算会计应设置"有价证券"科目。购入有价证券时，按照实际支付的金额，借记本科目，贷记"国库存款""其他财政存款"等科目；转让或到期兑付有价证券时，按照实际收到的金额，借记"国库存款""其他财政存款"等科目，按照该有价证券的账面余额，贷记本科目，按其差额，贷记"一般公共预算本级收入""政府基金预算本级收入"等科目。

【例 14－10】某市财政用基金预算结余购买有价证券 85 000 元。财政总预算会计应编制如下会计分录：

借：有价证券——基金预算结余购入　　　　　　　　　　　　　85 000
　　贷：国库存款　　　　　　　　　　　　　　　　　　　　　　85 000

【例 14－11】某市财政收到用基金预算结余购入的有价证券到期兑付本金 85 000 元，利息收入 10 000 元。财政总预算会计应编制如下会计分录：

借：国库存款　　　　　　　　　　　　　　　　　　　　　　　85 000
　　贷：有价证券　　　　　　　　　　　　　　　　　　　　　　85 000
借：国库存款　　　　　　　　　　　　　　　　　　　　　　　10 000
　　贷：政府性基金预算本级收入　　　　　　　　　　　　　　　10 000

三、与下级往来和在途款

1. 与下级往来

与下级往来是指本级政府财政与下级政府财政的往来待结算款项。上下级财政之间，由于财政资金周转调度的需要，往往会发生下级财政借款周转的业务；在年终财政体制结算中，也会发生下级财政向上级财政上解资金或上级财政向下级财政补助资金的业务。上述业务属于上下级财政间的待结算业务。对于上级财政来说，这类业务即属于与下级往来业务。与下级往来的款项，财政总预算会计应及时清理结算，不能长期挂账。

为核算与下级往来业务，财政总预算会计应设置"与下级往来"科目。该科目期末借方余额反映下级政府财政欠本级政府财政的款项；期末贷方余额反映本级政府财政欠下级政府财政的款项。具体账务处理如下：

（1）当财政总预算会计因特殊原因经批准借给下级政府财政款项时，借记本科目，贷记"国库存款"科目。

（2）借款收回、转作补助支出或体制结算应当补助下级政府财政的支出，借记"国库存款""补助支出"等有关科目，贷记本科目。

（3）体制结算中应当由下级政府财政上交的收入数，借记本科目，贷记"上解收入"科目。

（4）发生上解多交应当退回的，按照应当退回的金额，借记"上解收入"科目，贷记本科目；发生补助多补应当退回的，按照应当退回的金额，借记本科目，贷记"补助支出"科目。

【例 14 - 12】某市财政总预算会计发生如下与下级往来业务：

（1）市财政局同意 A 县财政局申请，借给其临时周转金 100 000 元。其会计分录为：

借：与下级往来——A 县财政 100 000
　　贷：国库存款 100 000

（2）将借给所属 A 县财政的往来款项 100 000 元转作对该县的补助。其会计分录为：

借：补助支出 100 000
　　贷：与下级往来——A 县财政 100 000

（3）根据财政体制结算的规定，年终计算出 B 县财政应上交市财政一般预算款 50 000 元。其会计分录为：

借：与下级往来——B 县财政 50 000
　　贷：上解收入 50 000

2. 在途款

在途款是指在规定的库款报解整理期和决算清理期内，财政总预算会计收到的应属于上年度收入的款项和收回的不应在上年度列支的款项，或其他需要作为在途款过渡的资金数。为清理和核实一年的财政收支，应保证属于当年的财政收支能全部反映到当年的财政决算中。根据规定，年度终了，国库应设置 10 天的库款报解整理期。在库款报解整理期和决算整理期内，财政总预算会计收到的属于上年度的收入应当计入上年度账，上年度已拨付的不属于上年度支出的应当予以收回。

为核算在途款业务，各级财政总预算会计应设置"在途款"科目。库款整理期内和决算期内，财政总预算会计收到属于上年度收入款项时，在上年度账上借记本科目，贷记相关收入科目。同时，在新年度账上借记"国库存款"科目，贷记本科目；收回不应在上年度列支的款项时，在上年度账上借记本科目，贷记"预拨经费"或有关支出科目，同时，在新年度账上借记"国库存款"科目，贷记本科目。该科目借方余额，表示本年度尚未入库的财政预算收入，或本年应当予以收回的财政支出。

【例 14 - 13】某市财政总预算会计发生如下业务：

（1）在库款报解整理期内收到国库报来预算收入日报表及其附件，列示所属上年度的一般预算收入 50 000 元。其会计分录为：

借：在途款 50 000
　　贷：一般公共预算本级收入 50 000

在本年度新账上记：

借：国库存款　　　　　　　　　　　　　　　　　　　　　　　　50 000

　　贷：在途款　　　　　　　　　　　　　　　　　　　　　　　　50 000

（2）在决算清理期内财政局收到国库报来的收回上年度单位预拨款 60 000 元。其会计分录为：

在上年度账上记录：

借：在途款　　　　　　　　　　　　　　　　　　　　　　　　60 000

　　贷：预拨经费　　　　　　　　　　　　　　　　　　　　　　60 000

在本年度账上记录：

借：国库存款　　　　　　　　　　　　　　　　　　　　　　　　60 000

　　贷：在途款　　　　　　　　　　　　　　　　　　　　　　　　60 000

四、借出款项与预拨经费

1. 借出款项

该科目核算政府财政按照对外借款管理相关规定借给预算单位临时急需的，并需按期收回的款项。该科目应当按照借款单位等进行明细核算。借出款项的主要账务处理如下：将款项借出时，按照实际支付的金额，借记本科目，贷记"国库存款"等科目；收回借款时，按照实际收到的金额，借记"国库存款"等科目，贷记本科目。本科目期末借方余额反映政府财政借给预算单位尚未收回的款项。

【例 14 – 14】A 市财政按照对外借款管理相关规定借给某预算单位临时急需款项 50 000 元。其会计分录为：

借：借出款项　　　　　　　　　　　　　　　　　　　　　　　　50 000

　　贷：国库存款　　　　　　　　　　　　　　　　　　　　　　50 000

到期收回借款 50 000 元时，其会计分录为：

借：国库存款　　　　　　　　　　　　　　　　　　　　　　　　50 000

　　贷：借出款项　　　　　　　　　　　　　　　　　　　　　　50 000

2. 预拨经费

（1）预拨经费的概念。预拨经费是政府财政预拨给预算单位尚未列为预算支出的款项，主要包括以下两项内容：其一，年度终了前预拨给用款单位下年度的经费款。其二，年度预算执行中预拨给用款单位应在以后各期列支的经费。

财政总预算会计应加强预拨经费的管理。首先，预拨经费应掌握个别、特殊的原则，并控制在计划规定的额度之内，不得任意预拨。其次，预拨经费应按照用款单位经费领报关系预拨，凡有上级主管部门的单位，不能直接与各级财政部门发生预拨关系。最后，预拨经费应在规定的列支期限内及时地列作支出，不能长期挂账。

（2）预拨经费的核算。该科目核算政府财政预拨给预算单位尚未列为预算支出的款项。本科目应当按照预拨经费种类、预算单位等进行明细核算。

预拨经费的主要账务处理如下：拨出款项时，借记本科目，贷记"国库存款"科目；转列支出或收回预拨款项时，借记"一般公共预算本级支出""政府性基金预算本级支出""国库存款"等科目，贷记本科目。本科目借方余额反映政府财政年末尚未转列支出或尚待收回的预拨经费。

【例 14 – 15】某县财政尚未实行国库集中支付制度改革。该县财政总预算会计发生下列经济业务：

（1）采用实拨资金方式预拨给其所属 A 单位下一年度一般预算经费 80 000 元。其会计分录为：

借：预拨经费——A 单位　　　　　　　　　　　　　　　　　　　　80 000

　　贷：国库存款—— 一般预算存款　　　　　　　　　　　　　　　　80 000

（2）将预拨给上述所属某单位的经费 80 000 元转为预算支出。其会计分录为：

借：一般公共预算本级支出　　　　　　　　　　　　　　　　　　　80 000

　　贷：预拨经费——A 单位　　　　　　　　　　　　　　　　　　　80 000

五、应收款项

1. 应收股利

该科目核算政府因持有股权投资应当收取的现金股利或利润。本科目应当按照被投资主体进行明细核算。

应收股利的主要账务处理如下：

（1）当持有股权投资期间被投资主体宣告发放现金股利或利润的，按应上缴政府财政的部分，借记本科目，贷记"资产基金——应收股利"科目；按照相同的金额，借记"资产基金——股权投资"科目，贷记"股权投资（损益调整）"科目。

（2）当实际收到现金股利或利润，借记"国库存款"等科目，贷记有关收入科目；按照相同的金额，借记"资产基金——应收股利"科目，贷记本科目。本科目期末借方余额反映政府尚未收回的现金股利或利润。

2. 其他应收款

该科目核算政府财政临时发生的其他应收、暂付、垫付款项。项目单位拖欠外国政府和国际金融组织贷款本息和相关费用导致相关政府财政履行担保责任，代偿的贷款本息，也通过本科目核算。本科目应当按照资金性质、债务单位等进行明细核算。

其他应收款的主要账务处理如下：

（1）发生其他应收款项时，借记本科目，贷记"国库存款""其他财政存款"等科目。

（2）收回或转作预算支出时，借记"国库存款""其他财政存款"或有关支出科目，贷记本科目。

（3）政府财政对使用外国政府和国际金融组织贷款资金的项目单位履行担保责任，代偿贷款本息费时，借记本科目，贷记"国库存款""其他财政存款"等科目。政府财政行使追索权，收回项目单位贷款本息时，借记"国库存款""其他财政存款"等科目，贷记本科目。政府财政最终未收回项目单位贷款本息费，经核准列支时，借记"一般公共预算本级支出"等科目，贷记本科目。本科目应及时清理结算。年终，本科目原则上应无余额。

【例 14 - 16】某省财政发生如下业务：

（1）因所属 B 市财政未及时上缴转贷债务本金，为其垫付应上缴中央财政，由中央财政代为偿还的到期地方政府债券本金 400 000 元。其会计分录为：

借：其他应收款　　　　　　　　　　　　　　　　　　　　　　400 000
　　贷：国库存款　　　　　　　　　　　　　　　　　　　　　　400 000

（2）收到上述所属 B 市财政缴来的垫付地方政府债券本金 400 000 元。其会计分录为：

借：国库存款　　　　　　　　　　　　　　　　　　　　　　　400 000
　　贷：其他应收款　　　　　　　　　　　　　　　　　　　　　400 000

（3）经研究同意，将为所属甲单位临时垫付的款项 100 000 元全数转为一般公共预算本级支出。其会计分录为：

借：一般公共预算本级支出　　　　　　　　　　　　　　　　　100 000
　　贷：其他应收款　　　　　　　　　　　　　　　　　　　　　100 000

第二节　非流动资产

一、应收转贷款

应收转贷款是指政府财政将借入的资金转贷给下级政府财政的款项，包括应收地方政府债券转贷款和应收主权外债转贷款等。

1. 应收地方政府债券转贷款

该科目核算本级政府财政转贷给下级政府财政的地方政府债券资金的本金及利息。本科目下应当设置"应收地方政府一般债券转贷款"和"应收地方政府专项债券转贷款"明细科目，其下分别设置"应收本金"和"应收利息"两个明细科目，并按照转贷对象进行明细核算。

应收地方政府债券转贷款的主要账务处理如下：

（1）向下级政府财政转贷地方政府债券资金时，按照转贷的金额，借记"债务转贷支出"科目，贷记"国库存款"科目；根据债务管理部门转来的相关资料，按照到期应收回的转贷本金金额，借记本科目，贷记"资产基金——应收地方政府债券转贷款"科目。

（2）期末确认地方政府债券转贷款的应收利息时，根据债务管理部门计算出的转贷款本期应收未收利息金额，借记本科目，贷记"资产基金——应收地方政府债券转贷款"科目。

（3）收回下级政府财政偿还的转贷款本息时，按照收回的金额，借记"国库存款"等科目，贷记"其他应付款"或"其他应收款"科目；根据债务管理部门转来的相关资料，按照收回的转贷款本金及已确认的应收利息金额，借记"资产基金——应收地方政府债券转贷款"科目，贷记本科目。

（4）扣缴下级政府财政的转贷款本息时，按照扣缴的金额，借记"与下级往来"科目，贷记"其他应付款"或"其他应收款"科目；根据债务管理部门转来的相关资料，按照扣缴的转贷款本金及已确认的应收利息金额，借记"资产基金——应收地方政府债券转贷款"科目，贷记本科目。本科目期末借方余额反映政府财政应收未收的地方政府债券转贷款本金和利息。

【例14-17】某省财政发生如下业务：

（1）1月1日，向所属A市财政转贷地方政府一般债券资金1 000 000元。其会计分录为：

借：债务转贷支出　　　　　　　　　　　　　　　　　　　　1 000 000
　　贷：国库存款　　　　　　　　　　　　　　　　　　　　　　1 000 000

同时：

借：应收地方政府债券转贷款——应收地方政府一般债券转贷款——应收本金
　　　　　　　　　　　　　　　　　　　　　　　　　　　　　　1 000 000
　　贷：资产基金——应收地方政府债券转贷款　　　　　　　　　　1 000 000

（2）1月31日，确认地方政府债券转贷款的应收利息时，根据债务管理计算的本期应收利息100 000元，其会计分录为：

借：应收地方政府债券转贷款——应收地方政府一般债券转贷款——应收利息
　　　　　　　　　　　　　　　　　　　　　　　　　　　　　　100 000
　　贷：资产基金——应收地方政府债券转贷款　　　　　　　　　　100 000

（3）收回下级政府财政偿还的转贷本息1 100 000元。其会计分录为：

借：国库存款　　　　　　　　　　　　　　　　　　　　　　1 100 000
　　贷：其他应收款　　　　　　　　　　　　　　　　　　　　　1 100 000

同时：

借：资产基金——应收地方政府债券转贷款　　　　　　　　　　1 100 000
　　贷：应收地方政府债券转贷款——应收地方政府一般债券转贷款——应收本金
　　　　　　　　　　　　　　　　　　　　　　　　　　　　　　1 000 000
　　　　　　　　　　　　——应收利息　　　　　　　　　　　　　100 000

2. 应收主权外债转贷款

该科目核算本级政府财政转贷给下级政府财政的外国政府和国际金融组织贷款等主权外债资金的本金及利息。本科目下应当设置"应收本金"和"应收利息"两个明细科目，并按照转贷对象进行明细核算。

应收主权外债转贷款的主要账务处理如下：

（1）本级政府财政向下级政府财政转贷主权外债资金，且主权外债最终还款责任由下级政府财政承担的，相关账务处理如下：

其一，本级政府财政支付转贷资金时，根据转贷资金支付相关资料，借记"债务转贷支出"科目，贷记"其他财政存款"科目；根据债务管理部门转来的相关资料，按照实际持有的债权金额，借记本科目，贷记"资产基金——应收主权外债转贷款"科目。

其二，外方将贷款资金直接支付给用款单位或供应商时，本级政府财政根据转贷资金支付相关资料，借记"债务转贷支出"科目，贷记"债务收入"或"债务转贷收入"科目；根据债务管理部门转来的相关资料，按照实际持有的债权金额，借记本科目，贷记"资产基金——应收主权外债转贷款"科目；同时，借记"待偿债净资产"科目，贷记"借入款项"或"应付主权外债转贷款"科目。

（2）期末确认主权外债转贷款的应收利息时，根据债务管理部门计算出转贷款的本期应收未收利息金额，借记本科目，贷记"资产基金——应收主权外债转贷款"科目。

（3）收回转贷给下级政府财政主权外债的本息时，按照收回的金额，借记"其他财政存款"科目，贷记"其他应付款"或"其他应收款"科目；根据债务管理部门转来的相关资料，按照实际收回的转贷款本金及已确认的应收利息金额，借记"资产基金——应收主权外债转贷款"科目，贷记本科目。

（4）扣缴下级政府财政的转贷款本息时，按照扣缴的金额，借记"与下级往来"科目，贷记"其他应付款"或"其他应收款"科目；根据债务管理部门转来的相关资料，按照扣缴的转贷款本金及已确认的应收利息金额，借记"资产基金——应收主权外债转贷款"科目，贷记本科目。本科目期末借方余额反映政府财政应收未收的主权外债转贷款本金和利息。

二、股权投资

该科目核算政府持有的各类股权投资。包括国际金融组织股权投资、投资基金股权投资和企业股权投资等。股权投资一般采用权益法进行核算。本科目应当按照"国际金融组织股权投资""投资基金股权投资"及"企业股权投资"设置一级明细科目，在一级明细科目下，可根据管理需要，按照被投资主体进行明细核算。对每一被投资主体还可按"投资成本""收益转增投资""损益调整"和"其他权益变动"进行明细核算。

股权投资的主要账务处理如下：

1. 国际金融组织股权投资

（1）政府财政代表政府认缴国际金融组织股本时，按照实际支付的金额，借记"一般公共预算本级支出"等科目，贷记"国库存款"科目；根据股权投资确认相关资料，按照确定的股权投资成本，借记本科目，贷记"资产基金——股权投资"科目。

（2）从国际金融组织撤出股本时，按照收回的金额，借记"国库存款"科目，贷记"一般公共预算本级支出"科目；根据股权投资清算相关资料，按照实际撤出的股本，借记"资产基金——股权投资"科目，贷记本科目。

2. 投资基金股权投资

（1）政府财政对投资基金进行股权投资时，按照实际支付的金额，借记"一般公共预算本级支出"等科目，贷记"国库存款"等科目；根据股权投资确认相关资料，按照实际支付的金额，借记本科目（投资成本），按照确定的在被投资基金中占有的权益金额与实际支付金额的差额，借记或贷记本科目（其他权益变动），按照确定的在被投资基金中占有的权益金额，贷记"资产基金——股权投资"科目。

（2）年末，根据政府财政在被投资基金当期净利润或净亏损中占有的份额，借记或贷记本科目（损益调整），贷记或借记"资产基金——股权投资"科目。

（3）政府财政将归属财政的收益留作基金滚动使用时，借记本科目（收益转增投资），贷记本科目（损益调整）。

（4）被投资基金宣告发放现金股利或利润时，按照应上缴政府财政的部分，借记"应收股利"科目，贷记"资产基金——应收股利"科目；同时按照相同的金额，借记"资产基金——股权投资"科目，贷记本科目（损益调整）。

（5）被投资基金发生除净损益以外的其他权益变动时，按照政府财政持股比例计算应享有的部分，借记或贷记本科目（其他权益变动），贷记或借记"资产基金——股权投资"科目。

（6）投资基金存续期满、清算或政府财政从投资基金退出需收回出资时，政府财政按照实际收回的资金，借记"国库存款"等科目，按照收回的原实际出资部分，贷记"一般公共预算本级支出"等科目，按照超出原实际出资的部分，贷记"一般公共预算本级收入"等科目；根据股权投资清算相关资料，按照因收回股权投资而减少在被投资基金中占有的权益金额，借记"资产基金——股权投资"科目，贷记本科目。

3. 企业股权投资

企业股权投资的账务处理，根据管理条件和管理需要，参照投资基金股权投资的账务处理。本科目期末借方余额反映政府持有的各种股权投资金额。

三、待发国债

该科目核算为弥补中央财政预算收支差额，中央财政预计发行国债与实际发行国债之间的差额。待发国债的主要账务处理如下：

年度终了，实际发行国债收入用于债务还本支出后，小于为弥补中央财政预算收支差额，中央财政预计发行国债时，按两者的差额，借记本科目，贷记相关科目；实际发行国债收入用于债务还本支出后，大于为弥补中央财政预算收支差额，中央财政预计发行国债时，按两者的差额，借记相关科目，贷记本科目。本科目期末借方余额反映中央财政尚未使用的国债发行额度。

复习思考题

1. 什么是财政总预算会计的资产？包括哪些内容？

2. 什么是国库单一存款制度？国库单一账户体系由哪些账户组成？各账户的用途是什么？

3. 什么是借出款项？应当如何核算？

4. 什么是应收转贷款的业务？应当如何核算？

5. 什么是股权投资的业务？应当如何核算？

第十五章
财政总预算会计负债的核算

【学习目标】

　　本章主要介绍财政总预算会计负债的概念及其会计核算。本章学习目标在于了解财政总预算会计负债的概念；明确财政总预算会计对政府负债的管理要求；掌握财政总预算会计负债类科目的会计核算。

　　财政总预算会计的负债是指政府财政承担的能以货币计量、需以资产偿付的债务。负债按照流动性分为流动负债和非流动负债。流动负债是指预计在1年内（含1年）偿还的负债；非流动负债是指流动负债以外的负债。具体而言，流动负债包括应付短期政府债券、应付利息、应付国库集中支付结余、与上级往来、其他应付款、应付代管资金、一年内到期的非流动负债等科目；非流动负债包括应付长期政府债券、借入款项、应付地方政府债券转贷款、应付主权外债转贷款、其他负债等科目。

第一节　流动负债

一、应付短期政府债券

1. 应付短期政府债券的概念

　　政府债券是指政府财政部门以政府名义发行的国债和地方政府债券，政府债券按归还期的长短分为短期政府债券和长期政府债券，按债券资金的用途分为一般债券和专项债券。

　　政府债券的会计核算主要分为债券发行收款、按期计息付息和到期还本三个环节。在债券发行收款环节，既要按收付实现制反映债务收入，又要按权责发生制反映长短期债务；在计息环节，只需按权责发生制反映债务（应付利息）增加；在每期实际付息环节，既要按收付实现制反映有关支出增加，又要按权责发生制反映债务（应付利息）减少；在到期还款环节，既要按收付实现制反映债务还本支出，又要按权责发生制反映债务偿还。

为了分类反映政府债券的发行、计息和还本付息情况，总预算会计制度规定，设置"应付短期政府债券"和"应付长期政府债券"两个总账科目，并分别在总账科目下设置"应付国债""应付地方政府一般债券""应付地方政府专项债券"三个二级明细科目，在二级科目下设置"应付本金""应付利息"两个三级明细科目。同时，还要求设置辅助账，用于记录每期政府债券金额、种类、期限、发行日、到期日、票面利率、偿还本金、付息等。

该科目核算政府财政部门以政府名义发行的期限不超过1年（含1年）的国债和地方政府债券的应付本金和利息。

2. 应付短期政府债券的主要账务处理

（1）实际收到短期政府债券发行收入时，按照实际收到的金额，借记"国库存款"科目，按照短期政府债券实际发行额，贷记"债务收入"科目，按照发行收入和发行额的差额，借记或贷记有关支出科目；根据债券发行确认文件等相关债券管理资料，按照到期应付的短期政府债券本金金额，借记"待偿债净资产——应付短期政府债券"科目，贷记本科目。

（2）期末确认短期政府债券的应付利息时，根据债务管理部门计算出的本期应付未付利息金额，借记"待偿债净资产——应付短期政府债券"科目，贷记本科目。

（3）实际支付本级政府财政承担的短期政府债券利息时，借记"一般公共预算本级支出"或"政府性基金预算本级支出"科目，贷记"国库存款"等科目；实际支付利息金额中属于已确认的应付利息部分，还应根据债券兑付确认文件等相关债券管理资料，借记本科目，贷记"待偿债净资产——应付短期政府债券"科目。

（4）实际偿还本级政府财政承担的短期政府债券本金时，借记"债务还本支出"科目，贷记"国库存款"等科目；根据债券兑付确认文件等相关债券管理资料，借记本科目，贷记"待偿债净资产——应付短期政府债券"科目。

（5）省级财政部门采用定向承销方式发行短期地方政府债券置换存量债务时，根据债权债务确认相关资料，按照置换本级政府存量债务的额度，借记"债务还本支出"科目，贷记"债务收入"科目；根据债务管理部门转来的相关资料，按照置换本级政府存量债务的额度，借记"待偿债净资产——应付短期政府债券"科目，贷记本科目。本科目期末贷方余额，反映政府财政尚未偿还的短期政府债券本金和利息。

【例15-1】A省财政厅经政府批准于2016年7月1日发行为期9个月的一般债券1 000万元，发行9个月的专项债券2 000万元，支付债券印刷费、发行费等240万元，债券利息按月计息并支付，月利率4‰，2017年3月31日偿还到期一般债券本金1 000万元，2017年4月30日采用定向承销方式发行短期政府专项债券置换存量债务2 000万元。要求，A省政府财政总预算会计编制短期证券发行、按月计息、付息和到期债券归还等相关会计分录。

（1）2016年7月1日A省财政收到短期政府债券发行收入时：

借：国库存款　　　　　　　　　　　　　　　　　　　　27 600 000

　　一般公共预算本级支出　　　　　　　　　　　　　　　　800 000

政府性基金预算本级支出   1 600 000

   贷：债务收入   30 000 000

借：待偿债净资产——应付短期政府债券   30 000 000

   贷：应付短期政府债券——应付地方政府一般债券——应付本金   10 000 000

         ——应付地方政府专项债券——应付本金   20 000 000

（2）每月计提债券应付利息时：

地方政府一般债券利息 = 1 000 × 4‰ = 4（万元）

地方政府专项债券利息 = 2 000 × 4‰ = 8（万元）

借：待偿债净资产——应付短期政府债券   120 000

   贷：应付短期政府债券——应付地方政府一般债券——应付利息   40 000

         ——应付地方政府专项债券——应付利息   80 000

（3）每月实际支付债券利息时：

借：一般公共预算本级支出   40 000

   政府性基金预算本级支出   80 000

   贷：国库存款   120 000

借：应付短期政府债券——应付地方政府一般债券——应付利息   40 000

       ——应付地方政府专项债券——应付利息   80 000

   贷：待偿债净资产——应付短期政府债券   120 000

（4）2017年3月31日，偿还本级短期政府一般债券本金时：

借：债务还本支出   10 000 000

   贷：国库存款   10 000 000

借：应付短期政府债券——应付地方政府一般债券——应付本金   10 000 000

   贷：待偿债净资产——应付短期政府债券   10 000 000

（5）2017年4月30日，地方政府短期专项债券到期时：

借：应付短期政府债券——应付地方政府专项债券——应付本金   20 000 000

   贷：待偿债净资产——应付短期政府债券   20 000 000

（6）2017年4月30日，采用定向承销方式发行短期政府专项债券置换存量债务时：

借：债务还本支出（按置换本级政府存量债务的额度）   20 000 000

   贷：债务收入   20 000 000

借：待偿债净资产——应付短期政府债券   20 000 000

   贷：应付短期政府债券——应付地方政府专项债券——应付本金   20 000 000

二、应付国库集中支付结余

1. 应付国库集中支付结余的概念

应付国库集中支付结余是指国库集中支付中，按照财政部门批复的部门预算，当年未支而需结转下一年度支付的款项采用权责发生制列支后形成的债务。

财政总预算会计实行收付实现制，但对于年终预算结转和结余资金，应当按照规定采用权责发生制。在财政国库集中支付制度下，预算单位在年终尚未使用的财政预算资金留存在财政总预算会计账上，这部分财政预算资金形成预算单位的年终结转和结余资金。按照规定，预算单位的项目经费收支余额，需要区分情况进行处理。对于目标已经完成的项目经费收支余额，应当统筹安排用于次年的预算，即作为年终收支结余处理。对于目标尚未完成，需要在次年继续使用的，应当于次年继续用于相关项目，即应当作为年终收支结转处理。预算单位的年终预算结转和结余资金，以预算单位经批复的部门预算数与年度内实际支出数为依据进行计算，预算单位的年终结转和结余资金还可以表现为财政直接支付结转和结余、财政授权支付结转和结余、政府采购资金结转和结余等形式。

由于预算单位年终预算结转和结余资金原则上仍然归预算单位使用，财政总预算会计为不虚增当年度财政结转和结余数额，年终对这部分资金实行权责发生制，确认预算支出，减少预算结转和结余。由于年终财政总预算会计并未实际从国库拨付这部分财政资金，因此将相应的数额作为应付国库集中支付结余予以记录。财政总预算会计平时不对预算单位的财政预算资金结转和结余数额做账务处理，年终一次核定。

2. 应付国库集中支付结余的核算

该科目核算政府财政采用权责发生制列支，预算单位尚未使用的国库集中支付结余资金，应当根据管理需要，按照政府收支分类科目等进行相应明细核算。

应付国库集中支付结余的主要账务处理如下：

（1）年末，对当年形成的国库集中支付结余采用权责发生制列支时，借记"一般公共预算本级支出"等科目，贷记本科目。

（2）以后年度实际支付国库集中支付结余时，分以下情况进行处理：

其一，按原结转预算科目支出的，借记本科目，贷记"国库存款"科目；

其二，调整支出预算科目的，应当按原结转预算科目作冲销处理，借记本科目，贷记"一般公共预算本级支出"科目。同时，按实际支出预算科目作列支账务处理，借记"一般公共预算本级支出"科目，贷记"国库存款"科目。

【例15－2】A市财政总预算会计发生如下业务：

（1）年终核定当年确实无法实现拨款，按规定应留归预算单位在下一年度继续使用的本年终预算结转和结余资金共计70 000元。会计分录为：

借：一般公共预算本级支出   70 000

    贷：应付国库集中支付结余   70 000

（2）下一年按原结转预算科目支出资金时，会计分录为：

借：应付国库集中支付结余   70 000

    贷：国库存款   70 000

三、与上级往来

与上级往来是本级财政与上级财政之间由于财政资金的借款周转以及年终财政体制结算发生的应补助、应上解财政资金等事项而形成的待结算款项。该科目贷方余额，反映本级政府财政欠上级政府财政的款项，借方余额为上级政府财政欠本级政府财政的款项。该科目应及时清理结算，年终未能结清的余额，结转下年。

为核算与上级往来业务，财政总预算会计应设置"与上级往来"科目。具体账务处理如下：

（1）本级政府财政向上级政府财政借款或计算出体制结算中应上缴上级财政的款项时，借记"国库存款""上解支出"科目，贷记本科目。

（2）归还借款、计算出体制结算中应由上级财政补助给本级财政的款项时，以及将上级财政借入的财政周转款项转作收入时，借记本科目，贷记"国库存款""补助收入"等科目。

【例 15-3】A 市财政总预算会计发生如下与上级往来业务：

（1）向省财政借入一般预算款项 1 000 000 元，款项存入国库存款户。会计分录为：

借：国库存款   1 000 000

    贷：与上级往来   1 000 000

（2）将上述借款中的 500 000 元归还省财政厅，另外，经省财政厅同意，500 000 元转作本市预算补助款。会计分录为：

借：与上级往来   500 000

    贷：国库存款   500 000

借：与上级往来   500 000

    贷：补助收入   500 000

四、其他应付款

1. 其他应付款的概念

该科目核算政府财政临时发生的暂收、应付和收到的不明性质款项。税务机关待征入库的社会保险费、项目单位使用并承担还款责任的外国政府和国际金融组织贷款，也通过本科目核算。本科目应当按照债权单位或资金来源等进行明细核算。

2. 其他应付款的主要账务处理

（1）收到暂存款项时，借记"国库存款""其他财政存款"等科目，贷记本科目。

（2）将暂存款项清理退还或转作收入时，借记本科目，贷记"国库存款""其他财政存款"或有关收入科目。

（3）社会保险费待征入库时，借记"国库存款"科目，贷记本科目。社会保险费国库缴存社保基金财政专户时，借记本科目，贷记"国库存款"科目。

（4）收到项目单位承担还款责任的外国政府和国际金融组织贷款资金时，借记"其他财政存款"科目，贷记本科目；付给项目单位时，借记本科目，贷记"其他财政存款"科目。收到项目单位偿还贷款资金时，借记"其他财政存款"科目，贷记本科目；付给外国政府和国际金融组织项目单位还款资金时，借记本科目，贷记"其他财政存款"科目。本科目期末贷方余额反映政府财政尚未结清的其他应付款项。

【例 15 - 4】A 省财政总预算会计发生如下业务：

（1）政府性基金预算存款账户收到甲单位性质不明的缴款 20 000 元。其会计分录为：

借：国库存款　　　　　　　　　　　　　　　　　　　　20 000
　　贷：其他应付款　　　　　　　　　　　　　　　　　　20 000

（2）经查明，上述款项中，5 000 元属于误入，予以退回。其余转作政府性基金预算本级收入。其会计分录为：

借：其他应付款　　　　　　　　　　　　　　　　　　　　20 000
　　贷：政府性基金预算本级收入　　　　　　　　　　　　15 000
　　　　国库存款　　　　　　　　　　　　　　　　　　　 5 000

（3）代收所属市财政缴来的转贷地方政府债券还本资金 100 000 元，准备按规定转交中央财政代为偿还地方政府债券本金。会计分录为：

借：国库存款　　　　　　　　　　　　　　　　　　　　100 000
　　贷：其他应付款　　　　　　　　　　　　　　　　　　100 000

（4）向中央财政上缴代收所属市财政缴来的转贷地方政府债券还本资金 100 000 元。会计分录为：

借：其他应付款　　　　　　　　　　　　　　　　　　　100 000
　　贷：国库存款　　　　　　　　　　　　　　　　　　　100 000

五、应付代管资金

该科目核算政府财政代为管理的、使用权属于被代管主体的资金。本科目应当根据管理需要进行相关明细核算。

应付代管资金的主要账务处理如下：

（1）收到代管资金时，借记"其他财政存款"等科目，贷记本科目。

（2）支付代管资金时，借记本科目，贷记"其他财政存款"等科目。

（3）代管资金产生的利息收入按照相关规定仍属于代管资金的，借记"其他财政存款"等科目，贷记本科目。本科目期末贷方余额反映政府财政尚未支付的代管资金。

第二节　非流动负债

一、应付长期政府债券

该科目核算政府财政部门以政府名义发行的期限超过 1 年的国债和地方政府债券的应付本金和利息。应付长期政府债券的主要账务处理如下：

（1）实际收到长期政府债券发行收入时，按照实际收到的金额，借记"国库存款"科目，按照长期政府债券实际发行额，贷记"债务收入"科目，按照发行收入和发行额的差额，借记或贷记有关支出科目；根据债券发行确认文件等相关债券管理资料，按照到期应付的长期政府债券本金金额，借记"待偿债净资产——应付长期政府债券"科目，贷记本科目。

（2）期末确认长期政府债券的应付利息时，根据债务管理部门计算出的本期应付未付利息金额，借记"待偿债净资产——应付长期政府债券"科目，贷记本科目。

（3）实际支付本级政府财政承担的长期政府债券利息时，借记"一般公共预算本级支出"或"政府性基金预算本级支出"科目，贷记"国库存款"等科目；实际支付利息金额中属于已确认的应付利息部分，还应根据债券兑付确认文件等相关债券管理资料，借记本科目，贷记"待偿债净资产——应付长期政府债券"科目。

（4）实际偿还本级政府财政承担的长期政府债券本金时，借记"债务还本支出"科目，贷记"国库存款"等科目；根据债券兑付确认文件等相关债券管理资料，借记本科目，贷记"待偿债净资产——应付长期政府债券"科目。

（5）本级政府财政偿还下级政府财政承担的地方政府债券本息时，借记"其他应付款"或"其他应收款"科目，贷记"国库存款"科目；根据债券兑付确认文件等相关债券管理资料，按照实际偿还的长期政府债券本金及已确认的应付利息金额，借记本科目，贷记"待偿债净资产——应付长期政府债券"科目。

（6）省级财政部门采用定向承销方式发行长期地方政府债券置换存量债务时，根据债权债务确认相关资料，按照置换本级政府存量债务的额度，借记"债务还本支出"科目，按照置换下级政府存量债务的额度，借记"债务转贷支出"科目，按照置换存量债务的总额度，贷记"债务收入"科目；根据债务管理部门转来的相关资料，按照置换存量债务的总额度，借记"待偿债净资产——应付长期政府债券"科目，贷记本科目。同时，按照置换下级政府存量债务额度，借记"应收地方政府债券转贷款"科目，贷记"资产基金——应收地方政府债券转贷款"科目。本科目期末贷方余额反映政府财政尚未偿还的长期政府债券本金和利息。

【例 15－5】中央财政发行一批 3 年期电子式储蓄国债，票面年利率为 3.8%，实际发行债券面值金额为 450 000 元，实际收到债券发行收入 450 000 元，实际债券发行额为

450 000元，经确认的到期应付债券本金为 450 000 元。该期债券每年支付一次利息，到期偿还本金并支付最后一年利息。中央财政向相关债券承销团成员按承销债券面值的 0.1% 支付债券发行手续费，共计 450 元。债券发行 3 个月后到达期末，该期债券计算 3 个月的应计利息 4 275 元。1 年后，该期债券支付 1 年的利息 17 100 元（450 000×3.8%）。3 年后，该期债券偿还本金 450 000 元并支付最后一年利息 17 100 元。财政总预算会计应编制如下会计分录：

（1）实际收到长期政府债券发行收入时：

借：国库存款　　　　　　　　　　　　　　　　　　　　　　450 000

　　贷：债务收入　　　　　　　　　　　　　　　　　　　　　　450 000

同时：

借：待偿债净资产——应付长期政府债券　　　　　　　　　　450 000

　　贷：应付长期政府债券　　　　　　　　　　　　　　　　　　450 000

（2）向债券承销团成员按承销债券面值的 0.1% 支付债券发行手续费时：

借：一般公共预算本级支出　　　　　　　　　　　　　　　　　450

　　贷：国库存款　　　　　　　　　　　　　　　　　　　　　　　450

（3）期末确认长期应付债券的应付利息时：

借：待偿债净资产——应付长期政府债券　　　　　　　　　　4 275

　　贷：应付长期政府债券　　　　　　　　　　　　　　　　　　4 275

（4）实际支付长期应付债券利息时：

借：一般公共预算本级支出　　　　　　　　　　　　　　　　17 100

　　贷：国库存款　　　　　　　　　　　　　　　　　　　　　17 100

借：应付长期政府债券　　　　　　　　　　　　　　　　　　4 275

　　贷：待偿债净资产——应付长期政府债券　　　　　　　　　　4 275

（5）实际偿还长期政府债券本金并支付最后一年利息时：

借：债务还本支出　　　　　　　　　　　　　　　　　　　450 000

　　一般公共预算本级支出　　　　　　　　　　　　　　　　17 100

　　贷：国库存款　　　　　　　　　　　　　　　　　　　　467 100

同时：

借：应付长期政府债券　　　　　　　　　　　　　　　　　454 275

　　贷：待偿债净资产——应付长期政府债券　　　　　　　　454 275

二、借入款项

1. 借入款的内容

借入款是指按法定程序和核定的预算举借的债务，即指中央财政按全国人民代表大会批准的数额举借的国内和国外债务，以及地方财政根据国家法律或国务院特别规定举借的债务，主要包括向外国政府、国际金融组织等借入的款项，以及通过国务院批准的其他方式借款形成的负债。

2. 借入款的核算

本科目下应当设置"应付本金""应付利息"明细科目，分别对借入款项的应付本金和利息进行明细核算，还应当按照债权人进行明细核算。债务管理部门应当设置相应的辅助账，详细记录每笔借入款项的期限、借入日期、偿还及付息情况等。下面以借入主权外债来说明借入款项主要的账务处理。

（1）本级政府财政借入主权外债。

1）本级政府财政收到借入的主权外债资金。本级政府财政收到借入的主权外债资金时，借记"其他财政存款"科目，贷记"债务收入"科目；根据债务管理部门转来的相关资料，按照实际承担的债务金额，借记"待偿债净资产——借入款项"科目，贷记本科目。

2）由外方将贷款资金直接支付给用款单位或供应商。本级政府财政借入主权外债，且由外方将贷款资金直接支付给用款单位或供应商时，应根据以下情况分别处理：

①本级政府财政承担还款责任，贷款资金由本级政府财政同级部门（单位）使用的，本级政府财政部门根据贷款资金支付相关资料，借记"一般公共预算本级支出"等科目，贷记"债务收入"科目；根据债务管理部门转来的相关资料，按照实际承担的债务金额，借记"待偿债净资产——借入款项"科目，贷记本科目。

②本级政府财政承担还款责任，贷款资金由下级政府财政同级部门（单位）使用的，本级政府财政部门根据贷款资金支付相关资料及预算指标文件，借记"补助支出"科目，贷记"债务收入"科目；根据债务管理部门转来的相关资料，按照实际承担的债务金额，借记"待偿债净资产——借入款项"科目，贷记本科目。

③下级政府财政承担还款责任，贷款资金由下级政府财政同级部门（单位）使用的，本级政府财政部门根据贷款资金支付相关资料，借记"债务转贷支出"科目，贷记"债务收入"科目；根据债务管理部门转来的相关资料，按照实际承担的债务金额，借记"待偿债净资产——借入款项"科目，贷记本科目；同时，借记"应收主权外债转贷款"科目，贷记"资产基金——应收主权外债转贷款"科目。

（2）期末确认借入主权外债的应付利息。期末确认借入主权外债的应付利息时，根据债务管理部门计算出的本期应付未付利息金额，借记"待偿债净资产——借入款项"科目，贷记本科目。

（3）偿还本级政府财政承担的借入主权外债本息。

1）偿还本级政府财政承担的借入主权外债本金。偿还本级政府财政承担的借入主权外债本金时，借记"债务还本支出"科目，贷记"国库存款""其他财政存款"等科目；根据债务管理部门转来的相关资料，按照实际偿还的本金，借记本科目，贷记"待偿债净资产——借入款项"科目。

2）偿还本级政府财政承担的借入主权外债利息。偿还本级政府财政承担的借入主权外债利息时，借记"一般公共预算本级支出"等科目，贷记"国库存款""其他财政存款"等科目；实际偿还利息金额中属于已确认的应付利息部分，还应根据债务管理部门转来的相关资料，借记本科目，贷记"待偿债净资产——借入款项"科目。

（4）偿还下级政府财政承担的借入主权外债的本息。偿还下级政府财政承担的借入主权外债的本息时，借记"其他应付款"或"其他应收款"科目，贷记"国库存款""其他财政存款"等科目；根据债务管理部门转来的相关资料，按照实际偿还的本金及已确认的应付利息，借记本科目，贷记"待偿债净资产——借入款项"科目。

（5）被上级政府财政扣缴借入主权外债的本息。被上级政府财政扣缴借入主权外债的本息时，借记"其他应收款"科目，贷记"与上级往来"科目；根据债务管理部门转来的相关资料，按照实际扣缴的本金及已确认的应付利息金额，借记本科目，贷记"待偿债净资产——借入款项"科目。列报支出时，对应由本级政府财政承担的还本支出，借记"债务还本支出"科目，贷记"其他应收款"科目；对应由本级政府财政承担的利息支出，借记"一般公共预算本级支出"科目，贷记"其他应收款"科目。

（6）债权人豁免本级政府财政承担偿还责任的借入主权外债本息。债权人豁免本级政府财政承担偿还责任的借入主权外债本息时，根据债务管理部门转来的相关资料，按照被豁免的本金及已确认的应付利息金额，借记本科目，贷记"待偿债净资产——借入款项"科目。

债权人豁免下级政府财政承担偿还责任的借入主权外债本息时，根据债务管理部门转来的相关资料，按照被豁免的本金及已确认的应付利息金额，借记本科目，贷记"待偿债净资产——借入款项"科目；同时，借记"资产基金——应收主权外债转贷款"科目，贷记"应收主权外债转贷款"科目。

【例15-6】某省财政收到向某国际金融组织借入的一笔主权外债款项880 000元，借款用途为该省范围内的生态环境保护，实际承担的债务金额为880 000元。年末，省财政确认该笔借入主权外债的应付利息2 200元。次年，省财政向该国际金融组织支付本级政府财政承担的借入主权外债年度利息8 800元。5年后借款到期，省财政向该国际金融组织偿还借入主权外债本金880 000元。由于该生态环境保护项目实施效果良好，对周边地区的生态环境保护也产生了溢出效应，即周边地区的生态环境也得到了有效保护，该国际金融组织经评估豁免了由该省政府财政承担偿还责任的最后一年借款利息8 800元。财政总预算会计应编制如下会计分录：

（1）收到向某国际金融组织借入的主权外债款项时：

借：其他财政存款 880 000
  贷：债务收入 880 000

同时：

借：待偿债净资产——借入款项 880 000
  贷：借入款项 880 000

（2）年末确认主权外债的应付利息时：

借：待偿债净资产——借入款项 2 200

贷：借入款项	2 200

（3）次年支付主权外债利息时：

借：一般公共预算本级支出	8 800
贷：国库存款	8 800

同时：

借：借入款项	2 200
贷：待偿债净资产——借入款项	2 200

（4）到期偿还借入主权外债本金时：

借：债务还本支出	880 000
贷：国库存款	880 000

同时：

借：借入款项	880 000
贷：待偿债净资产——借入款项	880 000

三、应付地方政府债券转贷款

该科目核算地方政府财政从上级政府财政借入的地方政府债券转贷款的本金和利息。本科目应当设置"应付地方政府一般债券转贷款"和"应付地方政府专项债券转贷款"一级明细科目，在一级明细科目下设置"应付本金"和"应付利息"两个明细科目，分别对应付本金和利息进行明细核算。应付地方政府债券转贷款的主要账务处理如下：

（1）收到上级政府财政转贷的地方政府债券资金时，借记"国库存款"科目，贷记"债务转贷收入"科目；根据债务管理部门转来的相关资料，按照到期应偿还的转贷款本金金额，借记"待偿债净资产——应付地方政府债券转贷款"科目，贷记本科目。

（2）期末确认地方政府债券转贷款的应付利息时，根据债务管理部门计算出的本期应付未付利息金额，借记"待偿债净资产——应付地方政府债券转贷款"科目，贷记本科目。

（3）偿还本级政府财政承担的地方政府债券转贷款本金时，借记"债务还本支出"科目，贷记"国库存款"等科目；根据债务管理部门转来的相关资料，按照实际偿还的本金金额，借记本科目，贷记"待偿债净资产——应付地方政府债券转贷款"科目。

（4）偿还本级政府财政承担的地方政府债券转贷款的利息时，借记"一般公共预算本级支出"或"政府性基金预算本级支出"科目，贷记"国库存款"等科目；实际支付利息金额中属于已确认的应付利息部分，还应根据债务管理部门转来的相关资料，借记本科目，贷记"待偿债净资产——应付地方政府债券转贷款"科目。

（5）偿还下级政府财政承担的地方政府债券转贷款的本息时，借记"其他应付款"或"其他应收款"科目，贷记"国库存款"等科目；根据债务管理部门转来的相关资料，按照实际偿还的本金及已确认的应付利息，借记本科目，贷记"待偿债净资产——应付地方政府债券转贷款"科目。

（6）被上级政府财政扣缴地方政府债券转贷款本息时，借记"其他应收款"科目，贷记"与上级往来"科目；根据债务管理部门转来的相关资料，按照实际扣缴的本金及已确认的应付利息，借记本科目，贷记"待偿债净资产——应付地方政府债券转贷款"科目。列报支出时，对本级政府财政承担的还本支出，借记"债务还本支出"科目，贷记"其他应收款"科目；对本级政府财政承担的利息支出，借记"一般公共预算本级支出"或"政府性基金预算本级支出"科目，贷记"其他应收款"科目。

（7）采用定向承销方式发行地方政府债券置换存量债务时，省级以下（不含省级）财政部门根据上级财政部门提供的债权债务确认相关资料，按照置换本级政府存量债务的额度，借记"债务还本支出"科目，按照置换下级政府存量债务的额度，借记"债务转贷支出"科目，按照置换存量债务的总额度，贷记"债务转贷收入"科目；根据债务管理部门转来的相关资料，按照置换存量债务的总额度，借记"待偿债净资产——应付地方政府债券转贷款"科目，贷记本科目。同时，按照置换下级政府存量债务额度，借记"应收地方政府债券转贷款"科目，贷记"资产基金——应收地方政府债券转贷款"科目。本科目期末贷方余额反映本级政府财政尚未偿还的地方政府债券转贷款的本金和利息。

【例15-7】某省财政发行一批地方政府一般债券。同时，向所属下级某市财政转贷500 000元，用以支持该市政府的一项公共设施建设。该转贷款项每年利息费用为6 000元，转贷期限为3年，每年支付一次利息。市财政总预算会计应编制如下会计分录：

（1）收到上级省财政转贷的地方政府债券资金时：

借：国库存款 　　　　　　　　　　　　　　　　　　　　500 000
　　贷：债务转贷收入 　　　　　　　　　　　　　　　　　500 000

同时：

借：待偿债净资产——应付地方政府债券转贷款 　　　　　500 000
　　贷：应付地方政府债券转贷款 　　　　　　　　　　　　500 000

（2）每年确认省政府债权转贷款的应付利息时：

借：待偿债净资产——应付地方政府债券转贷款 　　　　　　 6 000
　　贷：应付地方政府债券转贷款 　　　　　　　　　　　　　 6 000

（3）按时支付由市政府财政承担的省政府债券转贷款利息时：

借：一般公共预算本级支出 　　　　　　　　　　　　　　　 6 000
　　贷：国库存款 　　　　　　　　　　　　　　　　　　　　 6 000

同时：

借：应付地方政府债券转贷款 　　　　　　　　　　　　　　 6 000
　　贷：待偿债净资产——应付地方政府债券转贷款 　　　　　 6 000

（4）到期偿还由市政府财政承担的省政府债券转贷款本金时：

借：债务还本支出 　　　　　　　　　　　　　　　　　　　500 000
　　贷：国库存款 　　　　　　　　　　　　　　　　　　　　500 000

同时：

借：应付地方政府债券转贷款   500 000

    贷：待偿债净资产——应付地方政府债券转贷款   500 000

四、应付主权外债转贷款

本科目核算本级政府财政从上级政府财政借入的主权外债转贷款的本金和利息。本科目下应当设置"应付本金"和"应付利息"两个明细科目，分别对应付本金和应付利息进行明细核算。应付主权外债转贷款的主要账务处理如下：

（1）收到上级政府财政转贷的主权外债资金时，借记"其他财政存款"科目，贷记"债务转贷收入"科目；根据债务管理部门转来的相关资料，按照实际承担的债务金额，借记"待偿债净资产——应付主权外债转贷款"科目，贷记本科目。

（2）从上级政府财政借入主权外债转贷款，且由外方将贷款资金直接支付给用款单位或供应商时，应根据以下情况分别处理：

1）本级政府财政承担还款责任，贷款资金由本级政府财政同级部门（单位）使用的，本级政府财政根据贷款资金支付相关资料，借记"一般公共预算本级支出"等科目，贷记"债务转贷收入"科目；根据债务管理部门转来的相关资料，按照实际承担的债务金额，借记"待偿债净资产——应付主权外债转贷款"科目，贷记本科目。

2）本级政府财政承担还款责任，贷款资金由下级政府财政同级部门（单位）使用的，本级政府财政部门根据贷款资金支付相关资料及预算指标文件，借记"补助支出"科目，贷记"债务转贷收入"科目；根据债务管理部门转来的相关资料，按照实际承担的债务金额，借记"待偿债净资产——应付主权外债转贷款"科目，贷记本科目。

3）下级政府财政承担还款责任，贷款资金由下级政府财政同级部门（单位）使用的，本级政府财政部门根据贷款资金支付相关资料，借记"债务转贷支出"科目，贷记"债务转贷收入"；根据债务管理部门转来的相关资料，按照实际承担的债务金额，借记"待偿债净资产——应付主权外债转贷款"科目，贷记本科目；同时，借记"应收主权外债转贷款"科目，贷记"资产基金——应收主权外债转贷款"科目。

（3）期末确认主权外债转贷款的应付利息时，按照债务管理部门计算出的本期应付未付利息金额，借记"待偿债净资产——应付主权外债转贷款"科目，贷记本科目。

（4）偿还本级政府财政承担的借入主权外债转贷款的本金时，借记"债务还本支出"科目，贷记"其他财政存款"等科目；根据债务管理部门转来的相关资料，按照实际偿还的本金金额，借记本科目，贷记"待偿债净资产——应付主权外债转贷款"科目。

（5）偿还本级政府财政承担的借入主权外债转贷款的利息时，借记"一般公共预算本级支出"等科目，贷记"其他财政存款"等科目；实际偿还利息金额中属于已确认的应付利息部分，还应根据债务管理部门转来的相关资料，借记本科目，贷记"待偿债净资产——应付主权外债转贷款"科目。

（6）偿还下级政府财政承担的借入主权外债转贷款的本息时，借记"其他应付款"或"其他应收款"科目，贷记"其他财政存款"等科目；根据债务管理部门转来的相关资料，按照实际偿还的本金及已确认的应付利息金额，借记本科目，贷记"待偿债净资产——应付主权外债转贷款"科目。

（7）被上级政府财政扣缴借入主权外债转贷款的本息时，借记"其他应收款"科目，贷记"与上级往来"科目；根据债务管理部门转来的相关资料，按照被扣缴的本金及已确认的应付利息金额，借记本科目，贷记"待偿债净资产——应付主权外债转贷款"科目。列报支出时，对本级政府财政承担的还本支出，借记"债务还本支出"科目，贷记"其他应收款"科目；对本级政府财政承担的利息支出，借记"一般公共预算本级支出"等科目，贷记"其他应收款"科目。

（8）上级政府财政豁免主权外债转贷款本息时，根据以下情况分别处理：

1）豁免本级政府财政承担偿还责任的主权外债转贷款本息时，根据债务管理部门转来的相关资料，按照豁免转贷款的本金及已确认的应付利息金额，借记本科目，贷记"待偿债净资产——应付主权外债转贷款"科目。

2）豁免下级政府财政承担偿还责任的主权外债转贷款本息时，根据债务管理部门转来的相关资料，按照豁免转贷款的本金及已确认的应付利息金额，借记本科目，贷记"待偿债净资产——应付主权外债转贷款"科目；同时，借记"资产基金——应收主权外债转贷款"科目，贷记"应收主权外债转贷款"科目。本科目期末贷方余额反映本级政府财政尚未偿还的主权外债转贷款本金和利息。

【例15－8】某省政府向某国际金融组织贷款650 000元，用于该省范围内的公共基础设施建设。该省政府将相应贷款的一部分资金计280 000元转贷给所属某市政府，用以具体落实在该市范围内的相应建设项目。根据约定，相应贷款的期限为5年，每年的贷款利息为3 080元，该市政府应按期向省政府偿付贷款本息。市财政总预算会计应编制如下会计分录：

（1）收到上级省财政转贷的主权外债资金时：

借：其他财政存款　　　　　　　　　　　　　　　　　280 000
　　贷：债务转贷收入　　　　　　　　　　　　　　　　280 000

同时：

借：待偿债净资产——应付主权外债转贷款　　　　　280 000
　　贷：应付主权外债转贷款　　　　　　　　　　　　280 000

（2）每年确认市政府主权外债转贷款的应付利息时：

借：待偿债净资产——应付主权外债转贷款　　　　　　3 080
　　贷：应付主权外债转贷款　　　　　　　　　　　　　3 080

（3）按时向上级省政府财政支付主权外债转贷款利息时：

借：一般公共预算本级支出　　　　　　　　　　　　　3 080
　　贷：其他财政存款　　　　　　　　　　　　　　　　3 080

同时：

借：应付主权外债转贷款　　　　　　　　　　　　　　3 080
　　贷：待偿债净资产——应付主权外债转贷款　　　　　3 080

（4）上级省政府财政主权外债转贷到期，市政府财政未按期偿还贷款本金，被省财政扣缴时：

借：其他应收款	280 000
贷：与上级往来	280 000

同时：

借：应付主权外债转贷款	280 000
贷：待偿债净资产——应付主权外债转贷款	280 000

（5）列报债务还本支出时：

借：债务还本支出	280 000
贷：其他应收款	280 000

五、其他负债

有关政策已明确政府财政承担的支出责任，按照确定应承担的负债金额，借记"待偿债净资产"科目，贷记本科目。实际偿还负债时，借记有关支出等科目，贷记"国库存款"等科目，同时，按照相同的金额，借记本科目，贷记"待偿债净资产"科目。本科目贷方余额反映政府财政承担的尚未支付的其他负债余额。

 复习思考题

1. 什么是财政总预算会计的负债？财政总预算会计的负债包括哪些内容？
2. 什么是应付国库集中支付结余？应当如何核算？
3. 什么是借入款项？应当如何核算？
4. 什么是应付政府债券？应当如何核算？

第十六章
财政总预算会计的收入核算

【学习目标】

本章主要介绍财政总预算会计收入的概念、分类以及会计核算。本章的学习目标是理解财政总预算会计各项收入的内涵和分类；掌握财政总预算会计各项收入的账务处理。

财政总预算会计的收入是指政府财政为实现政府职能，根据法律、法规等所筹集的资金。包括一般公共预算本级收入、政府性基金预算本级收入、国有资本经营预算本级收入、财政专户管理资金收入、专用基金收入、转移性收入、债务收入、债务转贷收入等。

第一节　一般公共预算本级收入

一、一般公共预算本级收入的概念和分类

一般公共预算本级收入是指政府财政筹集的纳入本级一般公共预算管理的税收收入和非税收入。一般公共预算本级收入是各级政府最主要的财力来源。

一般公共预算本级收入的分类，按《政府收支分类科目》进行。根据《政府收支分类科目》规定，一般公共预算本级收入依次分为"类""款""项""目"四级，四级科目逐级递进，内容逐级细化。一般而言，《政府收支分类科目》每年都会根据经济社会发展的情况修改，以适应预算管理的需要。一般公共预算本级收入可分为以下两类：

1. 税收收入

税收收入是政府从开征的各种税收中取得的收入，是财政收入的最主要的来源。该"类"级科目分设 21 个"款"级科目：增值税、消费税、企业所得税、企业所得税退税、个人所得税、资源税、城市维护建设税、房产税、印花税、城镇土地使用税等。以上有关收税收入的"项"级科目，再根据情况分设"目"级科目。如"国内增值税"的"项"级科目再分设"国有企业增值税""集体企业增值税"等。上述分类是按照企业性质进行的。

其他税收（消费税、土地增值税等）科目的分类方法类似，即都按企业的性质进行分类。

2. 非税收入

非税收入是政府从开征的各种税收之外取得的税收。该"类"级科目分设以下 6 个"款"级科目：专项收入、行政事业性收费收入、罚没收入、国有资本经营收入、国有资源（资产）有偿使用收入、其他收入。以上有关非税收入的"项"级科目，再根据情况分设若干"目"级科目。如"公安行政事业性收费收入"这一"项"级科目再分设"外国人签证费""居民身份证工本费"等"目"级科目。

政府非税收入是政府的财政收入，不是各执收单位的自有收入。因此，政府非税收入应当纳入政府财政管理，实行收支脱钩的管理办法，即收支两条线的管理办法。按照收支两条线的管理办法，非税收入各执收单位应当将按规定收取的非税收入及时足额上缴财政；财政将收到的非税收入统一纳入政府预算。各执收单位在开展业务活动中需要使用的财政资金，应当纳入单位预算。财政部门依据经批准的单位预算，向相关单位拨付财政资金。

在现行《政府收支分类科目》中，一般公共预算本级收入科目包括税收收入、非税收入、社会保障收入、贷款转贷回收本金收入、债务收入和转移性收入等类级科目。这些类的收入都表示政府可以用来安排一般公共预算本级支出的资金来源。因此，在政府编制财政总预算时，它们都被作为一般公共预算本级收入来处理。而作为财政总预算会计进行核算的一般公共预算本级收入只包括税收收入和非税收入两个类级科目。

二、一般公共预算本级收入收缴方式和程序

在国库单一制度下，财政收入的收缴分为直接缴库和集中汇缴两种收缴方式。

1. 直接缴库

直接缴库是指缴库单位或缴库人按有关法律、法规规定，直接将应缴收入缴入国库单一账户的收缴方式。在直接缴库方式下，直接缴库的税收收入，由纳税人或税务代理人提出纳税申报，经征收机关审核无误后，由纳税人通过开户银行将税款缴入财政国库单一账户。财政总预算会计根据国库单一账户入库数额，确认国库存款的增加，并确认相应的预算收入等。

直接缴库的非税收入，比照上述程序缴入国库单一账户。

2. 集中汇缴

集中汇缴是指由征收机关按有关法律、法规规定，将所收的应缴收入汇总缴入国库单一账户的收缴方式。在集中汇缴方式下，小额零散税收和法律另有规定的应缴非税收入，尤其是非税收入中的现金缴款，由征收机关于收缴收入当日汇总缴入国库单一账户。在集中汇缴方式下，财政总预算会计根据国库存款账户的入账金额，确认国库存款的增加，并

确认相应的预算收入等。

非税收入中的现金缴款，比照上述程序缴入财政国库账户。

无论是直接缴库还是集中缴库，征收机关都不需要设立应缴款项的过渡账户。即征收机关不需要将收到的应缴款项先存入自身在银行开立的专门账户，再通过专门账户缴入财政国库存款账户。

与国库单一账户制度下的直接缴库和集中缴库这两种财政收入收缴方式相对应，尚未实行国库单一账户制度的缴库方式为部门或单位自收汇缴方式。在部门或单位自收汇缴方式下，有关部门或单位按照规定收取财政收入后，存入各自的开户银行，再汇入财政国库存款账户。财政总预算会计根据国库存款账户的入账数额，确认国库存款的增加，并确认相应的预算收入。

在部门或单位各自收汇缴方式下，有关部门或单位在开户银行开设的有关账户，成为财政收入在收缴过程中的过渡账户。

三、一般公共预算本级收入的划分、组织和报解

1. 一般公共预算本级收入的划分

一般公共预算本级收入无论采用哪种方式，中国人民银行国库在收到一般公共预算收入后，都应该按照财政管理体制的要求，将一般公共预算本级收入在中央财政与地方财政之间，以及在地方各级财政之间进行划分。在中央财政与地方财政之间划分情况如下：

（1）中央财政固定收入，包括消费税（含进口环节海关待征的部分）、车辆购置税、关税、海关待征的进口环节增值税等。

（2）地方财政固定收入，包括城镇土地使用税、耕地占用税、土地增值税、房产税、城市房地产税、车船税、契税等。

（3）中央财政与地方财政共享收入，包括增值税、企业所得税、个人所得税、资源税、城市维护建设税、印花税等。

2. 一般公共预算本级收入的报解

一般公共预算本级收入在地方各级财政之间的划分情况，由上一级财政制定本级财政与下一级财政之间的财政管理体制，规定划分方法，然后按规定方法执行。

中国人民银行对收到的一般公共预算本级收入进行划分后，将各级财政应得的一般预算收入款项解入相应级别的财政国库存款账户。同时，将各级财政应得的一般预算收入款项以预算收入日报表的形式报送给相应级别的财政总预算会计。

四、一般公共预算本级收入的核算

为核算一般预算收入，财政总预算会计应设置"一般公共预算本级收入"科目。财

政总预算会计根据中国人民银行国库报来的预算收入日报表所列的当日"一般公共预算本级收入"科目和数额，借记"国库存款"科目，贷记本科目；如果当日的收入为负数，则以红字或负数表示。年终结账时，将"一般公共预算本级收入"科目的贷方余额转入"一般公共预算结转结余"科目。该科目平时余额在贷方，反映一般公共预算收入累计数。该科目应根据《政府收支分类科目》设置相应的明细科目。

【例 16 - 1】 A 市财政总预算会计收到中国人民银行国库报来的预算收入日报表以及所附收入凭证，列示当日一般公共预算本级收入 800 000 元。其中，税收收入——增值税——国内增值税 670 000 元，税收收入——房产税 130 000 元。其会计分录为：

借：国库存款——一般预算款   800 000
    贷：一般公共预算本级收入——税收收入——增值税——国内增值税   670 000
             ——税收收入——房产税   130 000

【例 16 - 2】 A 市财政总预算会计年终将"一般公共预算本级收入"科目贷方余额 800 000 元全部转入"一般公共预算本级结余"科目。其会计分录为：

借：一般公共预算本级收入   800 000
    贷：一般公共预算结转结余   800 000

第二节　政府基金预算本级收入

一、政府基金预算本级收入的概念与分类

政府性基金预算本级收入是指各级人民政府及其所属部门根据法律、行政法规规定并经国务院或财政部批准，向公民、法人或其他组织征收的政府性基金，以及参照政府性基金管理或纳入政府性基金预算、具有特定用途的财政资金。其中，政府性基金是指各级人民政府及其所属部门根据法律、行政法规和中央、国务院文件规定，为支持特定公共基础设施建设和公共事业发展，向公民、法人和其他组织无偿征收的具有专项用途的财政资金。

财政总预算会计核算的政府性基金预算收入，应当按照《政府收支分类科目》中的基金预算收入科目进行分类，并且仅包括政府性基金预算收入科目中的非税收入科目，不包括转移性收入科目。按照现行《政府收支分类科目》，政府性基金预算收入科目分设"类""款""项""目"四级，各级科目逐级递进，内容逐级细化。

根据现行《政府收支分类科目》，非税收入类科目下设政府性基金收入款级科目。该款级科目下按政府性基金的种类或项目名称设项级科目，项级科目下再分设目级科目。现行政府性基金预算收入的项级科目包括农网还贷资金收入、山西省煤炭可持续发展基金收入、地方教育附加收入等多个"项"级科目。

与"一般公共预算本级收入"科目一样，以上"转移性收入"科目在《政府收支分

类项目》中属于"基金预算收入"科目，但在财政总预算会计核算收入时，不作为"基金预算收入"科目核算，而作为"补助收入""上解收入""调入资金"等科目核算。

二、政府性基金预算本级收入的核算

为核算政府性基金预算本级收入业务，财政总预算会计应设置"政府性基金预算本级收入"科目。财政总预算会计收到中国人民银行国库报来的预算收入日报表时，根据所列基金预算收入的科目和数额，借记"国库存款"科目，贷记本科目。年终转账时，将该科目贷方余额全数转入"政府性基金预算结转结余"科目。该科目平时为贷方余额，反映当年政府性基金预算本级收入累计数。该科目应按《政府收支分类科目》中的政府性基金预算本级收入科目设置明细账。

【例 16-3】A 市财政总预算会计收到中国人民银行国库报来的预算收入日报表以及所附收入凭证，列示当日基金预算收入 1 100 000 元。其中，"残疾人就业保障金收入" 150 000 元，"转让政府还贷道路收费权收入——转让政府还贷城市道路收费权收入" 500 000元，"政府住房基金收入——公有住房出售收入"450 000 元。其会计分录为：

借：国库存款——基金预算存款　　　　　　　　　　　　　1 100 000
　　贷：政府性基金预算本级收入——残疾人就业保障收入　　　　150 000
　　　　　　　　——转让政府还贷道路收费权收入——转让政府还
　　　　　　　　贷城市道路收费权收入　　　　　　　　　　　500 000
　　　　　　　　——政府住房基金收入——公有住房出售收入
　　　　　　　　　　　　　　　　　　　　　　　　　　　450 000

年终，总预算会计应将"基金预算收入"科目贷方余额全数转入"基金预算结转结余"科目，并结清所有明细账的余额。

借：政府性基金预算本级收入　　　　　　　　　　　　　1 100 000
　　贷：政府性基金预算结转结余　　　　　　　　　　　　　1 100 000

第三节　国有资本经营预算本级收入

一、国有资本经营预算本级收入的概念和分类

国有资本经营预算本级收入是指各级政府及其部门以所有者身份依法取得的国有资本收益。国有资本经营预算本级收入应当按照国有资本经营预算支出的内容综合安排使用，我国 2007 年开始实施国有资本经营收支预算制度。

按照现行《政府收支分类科目》，"国有资本经营预算本级收入"科目分设"类""款""项""目"四级科目，四级科目逐级递进，内容逐级细化。财政总预算会计核算

的"国有资本经营预算本级收入"的"类"级科目是非税收入。该"类"级科目设有国有资本经营收入"款"级科目，"款"级科目下再分设如下"项"级科目：利润收入；股利、股息收入；产权转让收入；清算收入；其他国有资本经营预算收入。

二、国有资本经营预算本级收入的核算

为核算国有资本经营预算收入业务，财政总预算会计应设置"国有资本经营预算本级收入"总账科目。当取得国有资本经营预算收入时，借记"国库存款"，贷记本科目；年终转账将该科目贷方余额全数转入"国有资本经营预算结转结余"科目。该科目平时为贷方余额，表示当年国有资本经营预算收入的累计数。该科目应按《政府收支分类科目》中"国有资本经营预算收入"科目规定设置明细核算。

【例 16-4】A 市财政总预算会计收到中国人民银行国库报来的预算收入日报表。其中，国有资本经营收入 750 000 元，具体科目和金额为："利润收入——烟草企业利润收入" 250 000 元，"产权转让收入——国有股权转让收入" 500 000 元。其会计分录为：

借：国库存款——国有资本经营预算款　　　　　　　　　　　　750 000
　　贷：国有资本经营预算本级收入——利润收入——烟草企业利润收入　250 000
　　　　　　　　　　——产权转让收入——国有股权转让收入
　　　　　　　　　　　　　　　　　　　　　　　　　　　　500 000

年终，总预算会计应将"国有资本经营预算本级收入"科目贷方余额全数转入"国有资本经营预算结转结余"科目，并结清所有明细账的余额。

借：国有资本经营预算本级收入　　　　　　　　　　　　　1 100 000
　　贷：国有资本经营预算结转结余　　　　　　　　　　　　1 100 000

第四节　财政专户管理资金收入

一、财政专户管理资金收入的概念

财政专户管理资金收入是指未纳入预算并实行财政专户管理的资金收入，包括教育收费、彩票发行机构和彩票销售机构的业务费用等收入。

财政预算外资金收入纳入预算管理后，仍保留了教育收费、彩票发行机构和彩票销售机构业务费用的财政专户管理，这就构成了财政专户资金。财政专户资金实行收支两条线，既不纳入财政预算范围，也不用于和财政预算资金之间的调剂。

财政总预算会计收到教育事业单位、彩票发行和销售机构交来的财政专户资金时，确认财政专户管理资金收入。

二、财政专户管理资金收入的核算

核算财政专户管理资金收入时，财政总预算会计应设置"财政专户管理资金收入"科目。当收到财政专户管理资金收入时，借记"其他财政存款"科目，贷记本科目；年终转账时，将该科目贷方余额全数转入"财政专户管理资金结余"科目。该科目平时为贷方余额，表示当年财政专户管理资金收入的累计数。该科目应按《政府收支分类科目》中收入分类科目规定进行明细核算。

【例 16 – 5】A 市财政局设立的财政专户发生如下业务：

（1）收到 H 高校交来的学费 600 000 元。其会计分录为：

借：其他财政存款——财政专户管理资金存款 　　　　　　　　　　　600 000
　　贷：财政专户管理资金收入——教育收费收入——教育行政事业性收费收入——
　　　　　　高等学校学费 　　　　　　　　　　　　　　　　　　　600 000

（2）收到彩票销售机构交来的彩票销售收入 5 000 000 元，其中，"基金预算收入——彩票公益金收入——福利彩票公益金收入" 4 000 000 元，缴入国库；"财政专户管理资金收入——彩票业务收入——彩票发行和销售机构业务费用——福利彩票销售机构业务费用" 1 000 000 元，缴入财政专户。其会计分录为：

借：其他财政存款——财政专户管理资金存款 　　　　　　　　　　1 000 000
　　贷：财政专户管理资金收入——彩票业务收入——彩票发行和销售机构业务费
　　　　　　用——福利彩票销售机构业务费用 　　　　　　　　　　1 000 000
借：国库存款——基金预算存款 　　　　　　　　　　　　　　　　4 000 000
　　贷：政府性基金预算本级收入——彩票公益金收入——福利彩票公益金收入
　　　　　　　　　　　　　　　　　　　　　　　　　　　　　　4 000 000

（3）年末，将"财政专户管理资金收入"科目贷方余额 1 600 000 元结转。其中"教育费收入" 600 000 元，"彩票业务费收入" 1 000 000 元，其会计分录为：

借：财政专户管理资金收入——教育收费收入 　　　　　　　　　　600 000
　　财政专户管理资金收入——彩票业务收入 　　　　　　　　　　1 000 000
　　贷：财政专户管理资金结余——教育收费结余 　　　　　　　　　600 000
　　　　　　　　　　　　——彩票业务费结余 　　　　　　　　　1 000 000

第五节　专用基金收入

一、专用基金收入的概念与管理要求

专用基金收入是指政府财政按照规定取得的具有专门用途的资金，如粮食风险基金收入等。专用基金收入来源主要有两个方面：一是上级财政拨入；二是本级财政预算安排。

专用基金收入的管理要求与基金预算收入管理要求相比，既有相同之处，也有不同之处。相同之处是：都需要专款专用，不能随意改变用途，且都必须做到先收后支、量入为出。不同点是基金预算收入是财政部门按规定收取的纳入预算管理的资金收入，一般需要缴入国库；专用基金收入是财政部门按规定设置或取得的在基金预算收入之外的资金收入，一般需要通过开设银行存款专户进行储存，单独管理。

二、专用基金收入的核算

为核算专用基金收入业务，财政总预算会计应设置"专用基金收入"科目。总预算会计从上级财政部门或通过本级预算支出安排取得专用基金收入时，借记"其他财政存款科目"，贷记本科目；年终转账时，将该科目余额全部转入"专用基金结余"科目。该科目应根据专用基金的种类设置明细账。

【例 16 -6】 A 市财政总预算会计发生如下专用基金收入业务：

（1）从上级财政部门取得粮食风险基金 600 000 元。其会计分录为：

借：其他财政存款   600 000

    贷：专用基金收入——粮食风险基金   600 000

（2）本级一般预算支出中安排专用基金 200 000 元，以增加粮食风险基金的数额。其会计分录为：

借：一般公共预算本级支出   200 000

    贷：国库存款   200 000

借：其他财政存款   200 000

    贷：专用基金收入——粮食风险基金   200 000

（3）年终，将"专用基金收入"贷方余额全数结转。其会计分录为：

借：专用基金收入——粮食风险基金   800 000

    贷：专用基金结余   800 000

第六节 债务收入

债务收入是政府财政按照国家法律、国务院规定以发行债券等方式取得的，以及向外国政府、国际金融组织等机构借款取得的纳入预算管理的债务收入。国内债务收入通常被中央政府或地方政府用来弥补财政赤字，也用于投资等其他目的。国外债务收入除了解决本国建设资金不足之外，也用于平衡一国的国际收支等。

为了核算债务收入业务，财政总预算会计应设置"债务收入"科目。本科目平时贷方余额反映债务收入的累计数，年终结转后，应无余额。债务收入的主要账务处理如下：

省级以上政府财政收到政府债券发行收入时，按照实际收到的金额，借记"国库存款"科目，按照政府债券实际发行额，贷记本科目，按照发行收入和发行额的差额，借记或贷记有关支出科目；根据债务管理部门转来的债券发行确认文件等相关资料，按照到期应付的政府债券本金金额，借记"待偿债净资产——应付短期政府债券/应付长期政府债券"科目，贷记"应付短期政府债券""应付长期政府债券"等科目。

政府财政向外国政府、国际金融组织等机构借款时，按照借入的金额，借记"国库存款""其他财政存款"等科目，贷记本科目；根据债务管理部门转来的相关资料，按照实际承担的债务金额，借记"待偿债净资产——借入款项"科目，贷记"借入款项"科目。

本级政府财政借入主权外债，且由外方将贷款资金直接支付给用款单位或供应商时，应根据以下情况分别处理：

（1）本级政府财政承担还款责任，贷款资金由本级政府财政同级部门（单位）使用的，本级政府财政根据贷款资金支付相关资料，借记"一般公共预算本级支出"科目，贷记本科目；根据债务管理部门转来的相关资料，按照实际承担的债务金额，借记"待偿债净资产——借入款项"科目，贷记"借入款项"科目。

（2）本级政府财政承担还款责任，贷款资金由下级政府财政同级部门（单位）使用的，本级政府财政根据贷款资金支付相关资料及预算指标文件，借记"补助支出"科目，贷记本科目；根据债务管理部门转来的相关资料，按照实际承担的债务金额，借记"待偿债净资产——借入款项"科目，贷记"借入款项"科目。

（3）下级政府财政承担还款责任，贷款资金由下级政府财政同级部门（单位）使用的，本级政府财政根据贷款资金支付相关资料，借记"债务转贷支出"科目，贷记本科目；根据债务管理部门转来的相关资料，按照实际承担的债务金额，借记"待偿债净资产——借入款项"科目，贷记"借入款项"科目；同时，借记"应收主权外债转贷款"科目，贷记"资产基金——应收主权外债转贷款"科目。

年终转账时，本科目下"专项债务收入"明细科目的贷方余额应按照对应的政府性基金种类分别转入"政府性基金预算结转结余"相应明细科目，借记本科目（专项债务收入明细科目），贷记"政府性基金预算结转结余"科目；本科目下其他明细科目的贷方余额全数转入"一般公共预算结转结余"科目，借记本科目（其他明细科目），贷记"一般公共预算结转结余"科目。

第七节　转移性收入

转移性收入是根据财政体制规定在地方与中央、地方各级财政之间进行资金调拨所形成的收入以及在本级财政不同性质的资金之间的调拨所形成的收入，具体包括补助收入、上解收入、地区间援助收入、调入资金和动用预算稳定调节基金等。转移性收入根据收入资金的性质和收入的种类，分别纳入一般公共财政预算、政府性基金预算。目前，国有资本经营预算和社会保险预算没有设置转移性收入科目。

一、补助收入

补助收入也称预算补助收入，是指上级财政按财政体制规定或因其他专门原因对本级财政进行补助而形成的收入，主要包括以下四项内容：一是返还性补助收入；二是一般性转移支付补助收入；三是专项转移支付补助收入；四是政府性基金转移支付补助收入。补助收入为上级财政对下级财政的财力转移。补助收入会减少上级财政的财力，增加本级财政的财力，但不会增加或减少上级和本级财政的财力总和。

为了核算补助业务，财政总预算会计应设置"补助收入"科目。主要账务处理如下：

（1）财政部门收到上级拨入的补助款时，借记"国库存款"科目，贷记本科目。

（2）财政部门与上级往来款中一部分转作上级补助收入，即从"与上级往来"科目转入本科目，借记"与上级往来科目"，贷记本科目。

（3）在退还上级拨来的补助款项时，借记本科目，贷记"国库存款"科目。

（4）年终，结转本科目的贷方余额时，要按资金的性质，即上级补助款是属于一般公共预算资金还是政府性基金预算资金，分别结转到各自相应的结余中，结转以后，该科目应无余额。该科目应按《政府收支分类科目》中的转移性收入科目设置明细账，同时还应按补助收入的上级政府名称设置明细账。

【例 16 - 7】A 市财政总预算会计发生如下业务：

（1）收到中国人民银行国库报来的预算收入日报表。其中，转移性收入合计 350 000 元。具体科目和金额为：一般性转移支付收入——体制外补助收入 200 000 元，专项转移性支付收入——环境保护专项补助收入 100 000 元，政府性基金转移收入——政府性基金补助收入 50 000 元。其会计分录为：

借：国库存款	350 000
贷：补助收入——一般性转移支付收入——体制外补助收入	200 000
——专项转移性支付收入——环境保护专项补助收入	100 000
——政府性基金转移收入——政府性基金补助收入	50 000

（2）收到上级省财政将原借给 A 市财政周转调度的款项 200 000 元转作对市专项预算补助的通知。其会计分录为：

借：与上级往来	200 000
贷：补助收入——专项转移性补助收入——专项补助收入	200 000

（3）年终，将"补助收入"科目贷方余额全数结转。

借：补助收入	550 000
贷：一般公共预算结转结余	500 000
政府性基金预算结转结余	50 000

二、上解收入

上解收入是指按照财政体制规定由下级财政上交给本级财政的收入。主要内容包括三项：一是一般性转移支付上解收入；二是专项转移支付上解收入；三是政府性基金转移支付上解收入。上解收入为下级财政对上级财政的财力转移，上解收入会减少下级财政的财力，增加本级财政的财力，但不会改变上级和本级财政的财力总和。

为核算上解收入业务，财政总预算会计应设置"上解收入"科目。主要账务如下：

（1）财政总预算会计收到下级上解款时，借记"国库存款"科目，贷记本科目。

（2）如果发生退回，应做相反分录。

（3）年终，结转本科目的贷方余额时，要按资金的性质，即上解款项是属于一般公共预算资金还是政府性基金预算资金，分别结转到各自相应的结余中，结转以后，该科目应无余额。该科目应按《政府收支分类科目》中的转移性收入科目设置明细账，同时还应按上解款型的下级政府名称设置明细账。

【例16-8】A市财政总预算会计发生如下业务：

（1）收到中国人民银行国库报来的预算收入日报表。其中，转移性收入合计350 000元。具体科目和金额为：一般性转移支付收入——体制上解收入200 000元，专项转移性支付收入——专项上解收入100 000元，政府性基金转移收入——政府性基金上解收入50 000元。其会计分录为：

借：国库存款	350 000
贷：上解收入——一般性转移支付收入——体制上解收入	200 000
——专项转移性支付收入——专项上解收入	100 000
——政府性基金转移收入——政府性基金上解收入	50 000

（2）年终，将"上解收入"科目贷方余额全数结转。

借：上解收入	350 000
贷：一般公共预算结转结余	300 000
政府性基金预算结转结余	50 000

三、调入资金

调入资金是指不同性质资金之间的调入收入，包括一般公共预算调入资金、政府性基金预算调入资金。调入资金的目的是平衡一般预算或基金预算。调入资金不影响上下级财政和本级财政各自的财力，但会影响本级财政不同性质财政资金的数额。

为核算调入资金的业务，财政总预算会计应设置"调入资金"科目。财政总预算会计调入资金时，借记"国库存款"科目，贷记本科目。年终，结转本科目的贷方余额时，要按资金的性质，即调入款项是属于一般公共预算资金还是政府性基金预算资金，分别结转到各自相应的结余中，结转以后，该科目应无余额。该科目应按《政府收支分类科目》

中的转移性收入科目设置明细账，具体可设为"一般预算调入资金""政府性基金预算调入资金"或"其他调入资金"。

【例16-9】 A市财政总预算会计发生如下业务：

（1）为平衡一般预算，经批准从政府性基金预算结余中调入资金160 000元。其会计分类为：

借：调出资金——政府性基金预算调出资金		160 000
贷：调入资金——一般公共预算调入资金		160 000

（2）年终，将"调入资金"科目贷方余额550 000元（其中，一般公共预算调入资金500 000元，政府性基金预算调入资金50 000元）结转。

借：调入资金		550 000
贷：一般公共预算结转结余		500 000
政府性基金预算结转结余		50 000

四、动用预算稳定调节基金

预算稳定调节基金是一种逆周期财政政策的重要工具，各级财政通过超收安排和一般公共预算结余补充基金，主要用于弥补短收年份预算执行的收支缺口，以及视预算平衡情况，在安排年初预算时调入并安排使用。应该说，预算稳定调节基金在我国的引入，很大程度上解决了财政超收的治理问题，也发挥了其"以丰补歉，以盈填亏"的蓄水池功能。

该科目核算政府财政为弥补本年度预算资金的不足，调用的预算稳定调节基金。动用预算稳定调节基金的主要账务处理如下：调用预算稳定调节基金时，借记"预算稳定调节基金"科目，贷记本科目。年终转账时，本科目贷方余额全数转入"一般公共预算结转结余"科目，借记本科目，贷记"一般公共预算结转结余"科目。结转后，本科目无余额。本科目平时贷方余额反映动用预算稳定调节基金的累计数。

【例16-10】 为弥补A市财政短收2016年预算执行缺口，将以前年度安排的预算稳定调节基金调用500 000元。会计分类如下：

借：预算稳定调节基金		500 000
贷：动用预算稳定调节基金		500 000

年终，将本科目的贷方余额全数结转。会计分录如下：

借：动用预算稳定调节基金		500 000
贷：一般公共预算结转结余		500 000

五、债务转贷收入

债务转贷收入是指省级以下（不含省级）政府财政收到上级政府财政转贷的债务收入。

该科目下应当设置"地方政府一般债务转贷收入""地方政府专项债务转贷收入"明

细科目。债务转贷收入的主要账务处理如下：

省级以下（不含省级）政府财政收到地方政府债券转贷收入时，按照实际收到的金额，借记"国库存款"科目，贷记本科目；根据债务管理部门转来的相关资料，按照到期应偿还的转贷款本金金额，借记"待偿债净资产——应付地方政府债券转贷款"科目，贷记"应付地方政府债券转贷款"科目。

省级以下（不含省级）政府财政收到主权外债转贷收入的具体账务处理如下：

（1）本级财政收到主权外债转贷资金时，借记"其他财政存款"科目，贷记本科目；根据债务管理部门转来的相关资料，按照实际承担的债务金额，借记"待偿债净资产——应付主权外债转贷款"科目，贷记"应付主权外债转贷款"科目。

（2）从上级政府财政借入主权外债转贷款，且由外方将贷款资金直接支付给用款单位或供应商时，应根据以下情况分别处理：

1）本级政府财政承担还款责任，贷款资金由本级政府财政同级部门（单位）使用的，本级政府财政根据贷款资金支付相关资料，借记"一般公共预算本级支出"科目，贷记本科目；根据债务管理部门转来的相关资料，按照实际承担的债务金额，借记"待偿债净资产——应付主权外债转贷款"科目，贷记"应付主权外债转贷款"科目。

2）本级政府财政承担还款责任，贷款资金由下级政府财政同级部门（单位）使用的，本级政府财政根据贷款资金支付相关资料及预算文件，借记"补助支出"科目，贷记本科目；根据债务管理部门转来的相关资料，按照实际承担的债务金额，借记"待偿债净资产——应付主权外债转贷款"科目，贷记"应付主权外债转贷款"科目。

3）下级政府财政承担还款责任，贷款资金由下级政府财政同级部门（单位）使用的，本级政府财政根据转贷资金支付相关资料，借记"债务转贷支出"科目，贷记本科目；根据债务管理部门转来的相关资料，按照实际承担的债务金额，借记"待偿债净资产——应付主权外债转贷款"科目，贷记"应付主权外债转贷款"科目；同时，借记"应收主权外债转贷款"科目，贷记"资产基金——应收主权外债转贷款"科目。下级政府财政根据贷款资金支付相关资料，借记"一般公共预算本级支出"科目，贷记本科目；根据债务管理部门转来的相关资料，按照实际承担的债务金额，借记"待偿债净资产——应付主权外债转贷款"科目，贷记"应付主权外债转贷款"科目。

年终转账时，本科目下"地方政府一般债务转贷收入"明细科目的贷方余额全数转入"一般公共预算结转结余"科目，借记本科目，贷记"一般公共预算结转结余"科目。本科目下"地方政府专项债务转贷收入"明细科目的贷方余额按照对应的政府性基金种类分别转入"政府性基金预算结转结余"相应明细科目，借记本科目，贷记"政府性基金预算结转结余"科目。结转后，本科目无余额。本科目平时贷方余额反映债务转贷收入的累计数。

【例16-11】某省财政发行一批地方政府专项债券。同时，向所属下级某市财政转贷250 000元，用以支持该市政府的一项公共设施建设，市财政相应的预算科目为"转移性收入——债务转贷收入——地方政府专项债务转贷收入"。市财政总预算会计应编制如下会计分录：

借：国库存款	250 000
贷：债务转贷收入	250 000
借：待偿债净资产——应付地方政府债券转贷款	250 000
贷：应付地方政府债券转贷款	250 000

【例16-12】某市财政年终"债务转贷收入"总账科目贷方余额为732 000元。其中，"地方政府一般债务转贷收入"322 000元，"地方政府专项债务转贷收入"410 000元。财政总预算会计分别将其转入"一般公共预算结转结余""政府性基金预算结转结余"总账科目。财政总预算会计应编制如下会计分录：

借：债务转贷收入	732 000
贷：一般公共预算结转结余	322 000
政府性基金预算结转结余	410 000

六、地区间援助收入

该科目核算受援方政府财政收到援助方政府财政转来的可统筹使用的各类援助、捐赠等资金收入。本科目应当按照援助地区及管理需要进行相应的明细核算。地区间援助收入的主要账务处理如下：收到援助方政府财政转来的资金时，借记"国库存款"科目，贷记本科目；年终转账时，本科目贷方余额全数转入"一般公共预算结转结余"科目，借记本科目，贷记"一般公共预算结转结余"科目。结转后，本科目无余额。本科目平时贷方余额反映地区间援助收入的累计数。

【例16-13】甲市财政总预算会计发生如下业务：

（1）收到乙市财政转来的可统筹使用的援助资金350 000元。其会计分录为：

借：国库存款	350 000
贷：地区间援助收入——接受其他地区援助收入——乙市财政	350 000

（2）年终，将"地区间援助收入"贷方余额350 000元全数结转。其会计分录为：

借：地区间援助收入	350 000
贷：一般公共预算结转结余	350 000

 复习思考题

1. 什么是财政总预算会计的收入？财政总预算会计核算的收入包括哪些内容？

2. 什么是转移性收入？按照现行《政府收支分类科目》，"一般公共预算本级收入"科目设置为哪几个转移性收入的"款"级科目？它主要包括哪几项内容？如何进行核算？

3. 什么是财政专户管理资金收入？如何进行核算？

第十七章
财政总预算会计的支出核算

【学习目标】

本章主要介绍财政总预算会计支出的概念、分类以及会计核算。本章的学习目标是理解财政总预算会计各项支出的内涵和分类；掌握财政总预算会计各项支出的账务处理。

财政总预算会计的支出是指政府为实现政府职能，对财政资金的分配和使用。它包括一般公共预算本级支出、政府性基金预算本级支出、国有资本经营预算本级支出、财政专户管理资金支出、专用基金支出、转移性支出、债务支出等。其中，补助支出、上解支出、地区间援助支出、调出资金等种类可合称为转移性支出。除此之外，债务还本支出和债务转贷支出尽管具有偿还债务和形成债权的特征，由于它们也属于一级政府安排的预算支出，因此，也作为支出进行核算。

第一节　一般公共预算本级支出

一、一般公共预算本级支出的概念与分类

一般公共预算本级支出是指政府财政管理的、由本级政府使用的、列入一般公共预算的支出。它是安排使用一般公共预算本级收入而发生的支出，也是各级政府最主要的财政资金支出。

1. 一般公共预算本级支出的分类

一般公共预算支出项目的具体划分，按《政府收支分类科目》规定执行。我国一般公共预算支出科目分设"类""款""项"三级科目，三级科目逐级递进，内容也逐渐细化。"一般公共预算本级支出"科目下设一般公共服务、外交、国防、公共安全、教育、科学技术、文化体育与传媒、社会保障和就业、医疗卫生、环境保护、城乡社区事务、农林水事务、交通运输、采掘电力信息、粮油物资储备管理等事务、金融监管等事务支出、

国债还本付息支出及其他支出等多个"类"级科目。这些"类"级科目下设多个"款"级科目。在"款"级科目下，根据情况设置相应的"项"级科目。通常"项"级科目的设置分为两种情况：一是按照职能划分，如按职能设置政府从事"公共服务"的类级科目，在类级别下设"普通教育"的款级科目，在款级科目下设"小学教育、初中教育"等项级科目。二是按活动设置，即按政府履行相关职能时所从事的具体活动的种类设置，如在"公共安全"类级科目的"公安"款级科目下，设置"行政运行、机关服务"等项级科目。

2. 一般公共预算本级支出管理的基本要求

财政总预算会计在管理一般公共预算支出时应当达到以下几点基本要求：

（1）审核用款单位编制的月份用款计划和拨款申请。用款单位在需要财政资金时，应当向财政部门提出拨款申请，财政部门应当根据月份用款计划及其相关规定对拨款申请进行审核，避免未经审核直接拨款。

（2）按预算和用款计划拨款。预算拨款要按照经法定程序批准的年度支出预算和季度分月用款计划进行，不能办理无预算、无计划的拨款，也不能办理超预算、超计划拨款。如遇特殊情况需要超预算拨款，应当首先办理追加支出预算的手续，经批准后才能办理相应数额的拨款。

（3）按支出用途分类管理财政资金拨款。财政资金应当做到按支出用途拨款，并保证专款专用。用款单位如果需要调整支出用途，应当报请财政部门批准。

（4）综合国库存款余额、本期资金需求和上期资金使用等情况安排拨款。财政部在安排财政资金拨款时，既要考虑国库存款余额和本期资金需求，又要考虑用款单位上期资金使用情况。

（5）遵循财政直接支付为主，财政授权支付为辅的原则。

二、国库单一账户制度下的支出支付方式和程序

在国库单一账户制度下，财政支出的支付方式分为财政直接支付和财政授权支付两种。

1. 财政直接支付

财政直接支付是指由财政部门开具支付令费，通过国库单一账户体系，直接将财政资金支付到收款人（即商品和劳务供应者）或用款单位账户的支付方式。实行财政直接支付的支出主要包括工资支出、物品和劳务采购支出、中央对地方的专项转移支出、拨付企业大型工程项目或大型设备采购的资金等。

在财政直接支付方式下，预算单位按照批复的预算和资金使用计划，向财政国库支付执行机构提出支付申请，财政国库支付执行机构审核无误后，向代理银行发出支付令，并通知中国人民银行办理资金清算手续，将资金划给代理银行，即通过代理银行进入全国银

行清算系统实时清算，财政资金从国库单一账户划拨到收款人的银行账户。

财政总预算会计根据财政国库支付执行机构报来的预算支出结算清单，经与中国人民银行报来的财政直接支付申请划款凭证核对无误后，做出相应的会计处理，确认国库存款的减少，并确认相应的一般预算支出。

2. 财政授权支付

财政授权支付是指预算单位根据财政部门的授权，自行开具支付令，通过国库单一账户体系将资金支付到货品或劳务供应者账户的支付方式。实行财政授权支付的支出主要包括未纳入财政直接支付的购买支出或零星支出。财政授权支付的具体支出项目，由财政部门在确定部门预算时，或制定财政资金支付管理办法时确定。

在财政授权支付方式下，预算单位按照批复的预算和资金使用计划，向财政国库支付执行机构申请授权支付的月度用款限额，财政国库支付执行机构将批准后的限额通知代理银行和预算单位，并通知中国人民银行国库部门。预算单位在月度用款限额内，自行开具支付令，通过财政国库支付执行机构转由代理银行向收款人付款，并与国库单一账户清算。

财政总预算会计根据财政国库支付机构报来的预算支出结算清单，经与中国人民银行报来的财政授权支付申请划款凭证核对无误，做出相应的会计处理，确认国库存款的减少，并确认相应的预算支出。

在财政授权支付方式下，中国人民银行与预算单位的代理银行办理资金清算业务。因此，不需要使用财政零余额账户。

与国库集中支付方式相对应的是实拨资金支付方式。在实拨资金支付方式下，预算单位根据单位预算向财政部门提交"预算经费请拨单"，申请拨付预算经费。财政部门审核批准后，财政总预算会计将财政资金从中国人民银行国库存款账户拨付至预算单位在商业银行开设的基本存款账户。预算单位在使用财政资金时，再从其基本存款账户中将款项支付给货品或劳务供应商。在实拨资金支付方式下，当财政资金从国库存款账户拨付至预算单位的基本存款账户时，财政总预算会计做相应的会计处理，确认国库存款的减少，并确认相应的预算支出。

三、一般公共预算本级支出的核算

为核算一般预算支出业务，财政总预算会计应设置"一般公共预算本级支出"科目。财政总预算会计确认一般预算支出时，借记本科目，贷记"国库存款""其他财政存款"科目。年终，将"一般公共预算支出"科目的借方金额全数转入"一般公共预算结转结余"科目。该科目平时余额在借方，反映一般预算支出累计数，年终结转后应无余额。该科目应根据《政府收支分类科目》中支出功能分类科目设置明细科目。同时，根据管理需要，按照支出经济分类科目、部门等进行明细核算。

【例17-1】A市财政总预算会计收到财政国库支付执行机构报来的预算支出结算清

单，财政国库支付执行机构以财政直接支付的方式，通过财政零余额账户支付有关预算单位的属于一般预算支出的款项共计 140 000 元。具体支付情况为："一般公共服务——人大事务——行政运行" 60 000 元，"公共安全——公安——行政运行" 80 000 元。财政总预算会计经与中国人民银行财政直接支付划款凭证核对无误，列报一般预算支出。其会计分录为：

借：一般公共预算本级支出——一般公共服务——人大事务——行政运行　60 000
　　　　　　　　　　　　——公共安全——公安——行政运行　　　　80 000
　　贷：国库存款　　　　　　　　　　　　　　　　　　　　　　　140 000

年终，将"一般公共预算本级支出"借方余额全数结转。

借：一般公共预算结转结余　　　　　　　　　　　　　　　　　　140 000
　　贷：一般公共预算本级支出　　　　　　　　　　　　　　　　140 000

第二节　政府性基金预算本级支出

一、政府性基金预算本级支出的概念与分类

政府性基金预算支出是指用政府性基金预算收入安排的支出。政府性基金预算支出具有专款专用的特征，并纳入政府预算管理。

财政总预算会计核算的政府性基金预算支出，应根据《政府收支分类科目》中"政府性基金预算支出"科目进行分类。"政府性基金预算支出"科目分为一般公共服务、公共安全及教育等多个"类"级科目，"类"级科目下设"款"级科目，"款"级科目下设"项"级科目，三级科目逐级递进，内容也逐渐细化。

二、政府性基金预算本级支出的管理要求

财政总预算会计在管理政府性基金预算支出时，除了遵循一般公共预算支出管理的基本要求外，还应遵循以下几点要求：

（1）先收后支，自求平衡。财政总预算会计应当在已有政府性基金预算收入数额的范围内办理支出。政府性基金预算收入和支出应当做到自求平衡。

（2）专款专用，分类核算。财政总预算会计应当按政府收支分类科目中设置政府性基金预算收支科目设置相应的明细账，分类分项核算各种政府性基金预算的收支和结余情况，不能相互混淆。

三、政府性基金预算本级支出的核算

为核算基金预算支出业务，财政总预算会计应设置"政府性基金预算本级支出"科目。财政总预算会计确认基金预算支出时，借记本科目，贷记"国库存款"等有关科目；支出收回或冲销转账时，借记有关科目，贷记本科目。年终，将"政府性基金预算本级支出"科目借方科目余额全部转入"政府性基金预算结转结余"科目。年终转账后，该科目无余额。

【例17-2】A市财政总预算会计收到财政国库支付执行机构报来的预算支出结算清单，财政国库支付执行机构以财政直接支付的方式，通过财政零余额账户支付有关预算单位的属于基金预算支出的款项共计150 000元。具体支付情况为："教育——地方教育附加支出"50 000元，"文化体育与传媒——文化事业建设费支出"100 000元。财政总预算会计经与中国人民银行财政直接支付划款凭证核对无误，列报基金预算支出。其会计分录为：

借：政府性基金预算本级支出——教育——地方教育附加支出   50 000

    ——文化体育与传媒——文化事业建设费支出

                     100 000

  贷：国库存款   150 000

年终，将"政府性基金预算本级支出"科目借方余额全数结转。

借：政府性基金预算结转结余   150 000

  贷：政府性基金预算本级支出   150 000

第三节　国有资本经营预算本级支出

一、国有资本经营预算本级支出的概念与分类

国有资本经营预算本级支出是指使用国有资本经营预算类收入安排的支出。其范围包括资本性支出、费用性支出和其他支出等。其中资本性支出是指根据产业发展规划、国有经济布局和结构调整、国有企业发展要求及国家战略、安全等需要安排的支出。费用性支出是指用于弥补国有企业改革成本等方面的支出。国有资本经营预算单独编制，预算支出按照当年预算收入规模安排，不列赤字。

按照现行《政府收支分类科目》，国有资本经营预算支出科目分设"类""款""项"三级，三级科目逐级递进，内容逐渐细化。财政总预算会计核算的国有资本经营预算支出分为农林水事务、交通运输、采掘电力信息等事务、粮油物资储备管理等事务及地震灾后恢复重建支出等多个"类"级科目。

二、国有资本经营预算本级支出的核算

为核算国有资本经营预算本级支出业务，财政总预算会计应设置"国有资本经营预算本级支出"总账科目。发生国有资本经营预算本级支出时，借记本科目，贷记"国库存款"等科目；支出收回或冲销转账时，借记有关科目，贷记本科目。年终，将"国有资本经营预算本级支出"科目借方科目余额全部转入"国有资本经营预算结转结余"科目。年终转账后，该科目无余额。

年度终了，对纳入国库集中支付管理的，当年未支而需结转下一年度支付的款项（国库集中支付结余），采用权责发生制确认支出时，借记本科目，贷记"应付国库集中支付结余"科目。

【例 17-3】A 市财政总预算会计发生如下业务：

（1）根据经批准的国有资本经营预算向某国有资本经营预算资金使用单位拨付资金，具体科目和金额为："农林水事务——林业——林业国有资本经营预算支出"76 000 元。其会计分录为：

借：国有资本经营预算本级支出——农林水事务——林业——林业国有资本经营预算

支出 　　　　　　　　　　　　　　　　　76 000

　　贷：国库存款 　　　　　　　　　　　　　76 000

（2）年终，将"国有资本经营预算本级支出"科目的借方余额全数结转。其会计分录为：

借：国有资本经营预算结转结余 　　　　　　　76 000

　　贷：国有资本经营预算本级支出 　　　　　76 000

第四节　财政专户管理资金支出

一、财政专户管理资金支出的概念

财政专户管理资金支出是指用未纳入预算并实行财政专户管理的资金安排的支出。

财政部门按照单位预算将财政专户管理资金拨付给教育事业单位及彩票发行和销售机构时，确认财政专户管理资金支出。

二、财政专户管理资金支出的核算

为了核算财政专户管理资金支出业务，财政总预算会计应设置"财政专户管理资金支出"总账科目。发生财政专户管理资金支出时，借记本科目，贷记"其他财政存款"

等科目。年终，将"财政专户管理资金支出"科目借方科目余额全数转入"财政专户管理资金结余"科目。年终转账后，该科目无余额。

【例 17 − 4】A 市财政部门发生如下业务：

（1）按单位预算用财政专户管理资金向某初中学校支付经费 800 000 元。其会计分录为：

借：财政专户管理资金支出——教育经费支出　　　　　　　　　800 000
　　贷：其他财政存款　　　　　　　　　　　　　　　　　　　　　800 000

（2）用财政专户管理资金向体育彩票发行机构支付业务费用 800 000 元。其会计分录为：

借：财政专户管理资金支出——彩票业务——体彩发行机构业务费用　800 000
　　贷：其他财政存款　　　　　　　　　　　　　　　　　　　　　800 000

（3）年终，将"财政专户管理资金支出"科目的借方余额全数结转。其会计分录为：

借：财政专户管理资金结余——教育经费结余　　　　　　　　　800 000
　　　　　　　　　　　　——彩票业务费结余　　　　　　　　　800 000
　　贷：财政专户管理资金支出——教育经费结余　　　　　　　　800 000
　　　　　　　　　　　　　　——彩票业务费结余　　　　　　　　800 000

第五节　专用基金支出

一、专用基金支出的概念

专用基金支出是各级财政用专用基金收入安排的支出。财政总预算会计在安排各项专用基金支出时，应按规定的用途拨付，并做到先收后支、量入为出。

二、专用基金支出的核算

为核算专用基金支出业务，总预算会计应设置"专用基金支出"科目。安排专用基金支出时，借记本科目，贷记"其他财政存款"等科目；退回时，做相反的会计分录。年终转账时，将"专用基金支出"科目借方科目余额全数转入"专用基金结余"科目。年终转账后，该科目无余额。该科目应根据专用基金种类设置明细科目。

【例 17 − 5】A 市财政局发生如下专用基金支出业务：

（1）用专用基金收入安排粮食风险基金 700 000 元。其会计分录为：

借：专用基金支出——粮食风险基金　　　　　　　　　　　　700 000
　　贷：其他财政存款　　　　　　　　　　　　　　　　　　　700 000

（2）年终，将"专用基金支出"借方余额 900 000 元全数结转。

借：专用基金结余		900 000
贷：专用基金支出		900 000

第六节　债务还本支出

该科目核算政府财政偿还本级政府财政承担的纳入预算管理的债务本金支出。本科目应当根据《政府收支分类科目》中"债务还本支出"有关规定设置明细科目。债务还本支出的主要账务处理如下：

（1）偿还本级政府财政承担的政府债券、主权外债等纳入预算管理的债务本金时，借记本科目，贷记"国库存款""其他财政存款"等科目；根据债务管理部门转来的相关资料，按照实际偿还的本金金额，借记"应付短期政府债券""应付长期政府债券""借入款项""应付地方政府债券转贷款""应付主权外债转贷款"等科目，贷记"待偿债净资产"科目。

（2）偿还截至 2014 年 12 月 31 日本级政府财政承担的存量债务本金时，借记本科目，贷记"国库存款""其他财政存款"等科目。

（3）年终转账时，本科目下"专项债务还本支出"明细科目的借方余额应按照对应的政府性基金种类分别转入"政府性基金预算结转结余"相应明细科目，借记"政府性基金预算结转结余"科目，贷记本科目（专项债务还本支出）。本科目下其他明细科目的借方余额全数转入"一般公共预算结转结余"科目，借记"一般公共预算结转结余"科目，贷记本科目（其他明细科目）。结转后，本科目无余额。本科目平时借方余额反映本级政府财政债务还本支出的累计数。

第七节　转移性支出

转移性支出是指预算资金在上下级政府财政以及在本级财政不同性质资金之间进行转移所形成的支出。包括补助支出、上解支出、调出资金和安排预算稳定调节基金等。转移性支出根据支出资金的性质和支出的种类，分别纳入一般预算和基金预算。

一、补助支出

补助支出是本级财政按财政管理体制规定或因专项、临时性资金需要对下级财政补助而形成的支出。主要包括四项内容：一是返还性补助支出；二是一般性转移支付补助支出；三是专项转移支付补助支出；四是政府性基金转移支付补助支出。补助支出会减少本级财政的财力，增加下级财政的财力，但不会改变上下级财政的财力总和。

为了核算补助支出业务，财政总预算会计应设置"补助支出"科目。其主要账务处理如下：

（1）财政部门向下级财政拨付补助款项时，借记本科目，贷记"国库存款"科目。

（2）本级财政部门与下级往来款中一部分转作本级对下级补助支出时，即从"与下级往来"科目转入本科目，借记本科目，贷记"与下级往来"科目。

（3）若发生补助支出退库，则应区别资金的不同性质，分别借记"国库存款"或"其他财政存款"科目，贷记本科目；年终，结转本科目的借方余额时，要按资金的性质，即对下级的补助款是属于一般公共预算资金还是政府性基金预算资金，分别结转到各自相应的结余中，结转以后，该科目应无余额。

【例 17 - 6】A 市财政总预算会计发生如下业务：

（1）向所属 B 县财政拨付一般公共预算款补助 300 000 元。其会计分录为：

借：补助支出——一般性转移支出——社会保障和就业转移支付（B 县）　300 000
　　贷：国库存款　　　　　　　　　　　　　　　　　　　　　　　　　300 000

（2）经批准将原借给所属 C 县财政周转调度的款项 100 000 元转作对该县财政的专项补助。其会计分录为：

借：补助支出——专项转移——农林水事务专项补助（C 县）　　　100 000
　　贷：与下级往来（C 县）　　　　　　　　　　　　　　　　　　100 000

（3）根据政府性基金预算管理要求，向所属 D 县拨付政府性基金预算补助 200 000 元。其会计分录为：

借：补助支出——政府性基金转移支付——政府性基金补助支出（D 县）　200 000
　　贷：国库存款　　　　　　　　　　　　　　　　　　　　　　　　　200 000

（4）年终，将"补助支出"的借方余额 600 000 元（属于一般公共预算款 400 000 元，政府性基金预算款 200 000 元）全数结转。其会计分录为：

借：一般公共预算结转结余　　　　　　　　　　　　　　　　　　400 000
　　政府性基金预算结转结余　　　　　　　　　　　　　　　　　　200 000
　　贷：补助支出　　　　　　　　　　　　　　　　　　　　　　　600 000

二、上解支出

上解支出是指按照财政管理体制的规定由本级财政上交给上级财政的支出。其主要内容包括三项：一是一般性转移支付上解支出；二是专项转移支付上解支出；三是政府性基金转移支付上解支出。上解支出会减少本级财政的财力，增加上级财政的财力，但不会减少两者之间的财力总和。

为核算上解支出业务，财政总预算会计应设置"上解支出"科目。本级财政发生上解支出时，借记本科目，贷记"国库存款"科目；如发生上解支出退库，则做相反会计分录。年终，根据上解款项的性质，将本科目的借方余额全数结转至相应的结转结余。

【例 17 - 7】A 市财政总预算会计发生如下业务：

（1）按财政管理体制规定上解上级省财政一般公共预算款项 400 000 元。其会计分录为：

> 借：上解支出——一般性转移支付——体制上解支出　　　　　400 000
>> 贷：国库存款　　　　　400 000

（2）以基金预算存款上解上级省财政政府基金预算款项300 000元。其会计分录为：

> 借：上解支出——政府性基金转移支付——政府性基金上解支出　　　300 000
>> 贷：国库存款　　　　　300 000

（3）年终，将上解支出借方余额700 000元（一般公共预算款上解400 000元，政府性基金预算款上解300 000元）全数结转。

> 借：一般公共预算结转结余　　　　　400 000
> 　　政府性基金预算结转结余　　　　　300 000
>> 贷：上解支出　　　　　700 000

三、调出资金

调出资金是各级政府财政在不同性质资金之间的调出支出，包括一般公共预算调出资金、政府性基金预算调出资金。调出资金的目的是平衡一般公共预算或政府性基金预算。调出资金业务与调入资金业务是对应的。调出资金不会影响上下级财政及本级财政财力总和，但会影响本级财政不同性质财政性质资金的数额。

为了核算调出资金业务，财政总预算会计应设置"调出资金"科目。财政总预算会计调出资金时，借记本科目，贷记"国库存款"科目。年终，结转本科目的借方余额时，要按资金的性质，即调出款项是属于一般公共预算资金还是政府性基金预算资金，分别结转到各自相应的结余中，结转以后，该科目应无余额。

【例17-8】A市财政总预算会计发生如下业务：

（1）为平衡一般预算，经批准从基金预算结余中调出资金160 000元至一般预算。其会计分录为：

> 借：调出资金——政府性基金预算调出资金　　　　　160 000
>> 贷：调入资金——一般公共预算调入资金　　　　　160 000

（2）年终，将"调出资金——政府性基金预算调出资金"科目贷方余额550 000元全数结转。

> 借：政府性基金预算结转结余　　　　　550 000
>> 贷：调出资金——政府性基金预算调出资金　　　　　550 000

四、安排预算稳定调节基金

该科目核算政府财政按照有关规定安排的预算稳定调节基金。安排预算稳定调节基金的主要账务处理如下：补充预算稳定调节基金时，借记本科目，贷记"预算稳定调节基金"科目。年终转账时，本科目借方余额全数转入"一般公共预算结转结余"科目，借记"一般公共预算结转结余"科目，贷记本科目。结转后，本科目无余额。本科目平时借方余额反映安排预算稳定调节基金的累计数。

【例 17 - 9】 A 市财政 2015 年预算超收 500 000 元，市财政将超收收入调入预算稳定调节基金。会计分类如下：

借：安排预算稳定调节基金　　　　　　　　　　　　　　　500 000
　　贷：预算稳定调节基金　　　　　　　　　　　　　　　　　500 000

年终，将本科目的贷方余额全数结转。会计分录如下：

借：一般公共预算结转结余　　　　　　　　　　　　　　　500 000
　　贷：安排预算稳定调节基金　　　　　　　　　　　　　　　500 000

五、债务转贷支出

该科目核算本级政府财政向下级政府财政转贷的债务支出。本科目下应当设置"地方政府一般债务转贷支出""地方政府专项债务转贷支出"明细科目，同时还应当按照转贷地区进行明细核算。债务转贷支出的主要账务处理如下：

本级政府财政向下级政府财政转贷地方政府债券资金时，借记本科目，贷记"国库存款"科目；根据债务管理部门转来的相关资料，按照到期应收回的转贷款本金金额，借记"应收地方政府债券转贷款"科目，贷记"资产基金——应收地方政府债券转贷款"科目。

本级政府财政向下级政府财政转贷主权外债资金，且主权外债最终还款责任是由下级政府财政承担的，相关账务处理如下：

（1）本级政府财政支付转贷资金时，根据转贷资金支付相关资料，借记"债务转贷支出"科目，贷记"其他财政存款"科目；根据债务管理部门转来的相关资料，按照实际持有的债权金额，借记"应收主权外债转贷款"科目，贷记"资产基金——应收主权外债转贷款"科目。

（2）外方将贷款资金直接支付给用款单位或供应商时，本级政府财政根据转贷资金支付相关资料，借记本科目，贷记"债务收入""债务转贷收入"科目；根据债务管理部门转来的相关资料，按照实际持有的债权金额，借记"应收主权外债转贷款"科目，贷记"资产基金——应收主权外债转贷款"科目；同时，借记"待偿债净资产"科目，贷记"借入款项""应付主权外债转贷款"等科目。

年终转账时，本科目下"地方政府一般债务转贷支出"明细科目的借方余额全数转入"一般公共预算结转结余"科目，借记"一般公共预算结转结余"科目，贷记"债务转贷支出（地方政府一般债务转贷支出）"科目。本科目下"地方政府专项债务转贷支出"明细科目的借方余额全数转入"政府性基金预算结转结余"科目，借记"政府性基金预算结转结余"科目，贷记"债务转贷支出（地方政府专项债务转贷支出）"科目。结转后，本科目无余额。本科目平时借方余额反映债务转贷支出的累计数。

【例 17 - 10】 某省财政发行一批地方政府一般债券，同时，向所属下级某市财政转贷 355 000 元，用以支持该市政府的一项公共设施建设，相应的预算科目为"转移性支出——债务转贷支出——地方政府一般债券转贷支出（债务转贷支出）"。省财政总预算会计应编制如下会计分录：

借：债务转贷支出 355 000

　　贷：国库存款 355 000

借：应收地方政府债券转贷款——地方政府一般债券转贷支出 355 000

　　贷：资产基金——应收地方政府债券转贷款 355 000

【例 17 – 11】某省财政年终"债务转贷支出"总账科目借方余额为 691 000 元。其中，"地方政府一般债券转贷支出"为 411 000 元，"地方政府专项债券转贷支出"为 280 000 元。财政总预算会计将其分别转入"一般公共预算结转结余""政府性基金预算结转结余"总账科目。财政总预算会计应编制如下会计分录：

借：政府性基金预算结转结余 280 000

　　一般公共预算结转结余 411 000

　　贷：债务转贷支出 691 000

六、地区间援助支出

该科目核算援助方政府财政安排用于受援方政府财政统筹使用的各类援助、捐赠等资金支出。本科目应当按照受援地区及管理需要进行相应明细核算。地区间援助支出的主要账务处理如下：发生地区间援助支出时，借记本科目，贷记"国库存款"科目；年终转账时，本科目借方余额全数转入"一般公共预算结转结余"科目，借记"一般公共预算结转结余"科目，贷记本科目。结转后，本科目无余额。本科目平时借方余额反映地区间援助支出的累计数。

【例 17 – 12】省财政总预算会计发生如下业务：

（1）通过财政国库向乙省财政拨付地区间援助资金 2 500 000 元，供乙省财政统筹安排使用，以缓解其临时财政困难。其会计分录为：

借：地区间援助支出——援助其他地区支出——乙省财政 2 500 000

　　贷：国库存款 2 500 000

（2）年终"地区间援助支出"总账科目借方余额为 2 500 000 元，将其全数转入"一般公共预算结转结余"科目。其会计分录为：

借：一般公共预算结转结余 2 500 000

　　贷：地区间援助支出 2 500 000

复习思考题

1. 什么是财政总预算会计的支出？财政总预算会计核算的支出包括哪些内容？

2. 什么是转移性支出？主要分成哪几类？它们分别如何核算？

3. 什么是财政专户管理资金支出？应当如何核算？

第十八章
财政总预算会计的净资产核算

🐉 【学习目标】

　　本章阐述财政总预算会计净资产的概念、分类及其账务处理。本章的学习目标是理解净资产的概念及分类；理解各项结转结余的内涵；掌握各项净资产的会计核算。

　　财政总预算会计核算的净资产是指政府财政资产减去负债的差额，主要包括一般公共预算结转结余、政府性基金预算结转结余、国有资本经营预算结转结余、财政专户管理资金结余、专用基金结余、预算稳定调节基金、预算周转金、资产基金和待偿债净资产。

第一节　结转结余

　　结转结余是收入减去支出后的差额。它是财政执行政府预算的结果，是各级财政下年度可以结转使用或重新安排使用的资金。

　　财政总预算会计核算的结转结余包括一般公共预算结转结余、政府性基金预算结转结余、国有资本经营预算结转结余和专用基金预算结余。各项结余应每年结算一次。年终将各项收入与相应的支出冲销后，即为该项资金的当年结余。当年结余加上年末滚存结余为本年末滚存结余。各项结余应分别核算，不得混淆。

一、一般公共预算结转结余

　　一般公共预算结转结余是一般公共预算类收入与一般公共预算类支出相抵后的差额，是各级财政执行政府一般预算的年终结果。其中，一般公共预算类收入包括一般公共预算本级收入、转移性收入中的一般预算转移性收入、债务收入——一般债务收入、债务转贷收入——地方政府一般债务转贷收入以及动用预算稳定调节基金等；一般公共预算类支出包括一般公共预算本级支出、转移性支出中的一般预算转移性支出、安排预算稳定调节基金、"债务转贷支出——地方政府一般债务转贷支出""债务还本支出——一般债务还本支出"等科目。一般预算结转结余每年年终结算一次，平时不结算。

为核算各级财政的一般预算结转结余，财政总预算会计应该设置"一般公共预算结转结余"科目。年终结账时，应将一般公共预算类收入贷方余额全数转入本科目的贷方，将一般公共预算类支出借方余额全数转入本科目的借方。

【例 18 -1】A 市财政 2017 年年终结算时有关一般预算类收入总分类科目的贷方余额如表 18 -1 所示。

表 18 -1　一般预算类收入总分类科目余额　　　　　单位：元

总账科目	明细账科目	金额
一般公共预算本级收入	税收收入——增值税	500 000
	税收收入——资源税	400 000
	税收收入——企业所得税	600 000
	税收收入——个人所得税	16 000
	税收收入——房产税	400 000
	税收收入——印花税	80 000
	税收收入——土地增值税	60 000
	非税收入——专项收入	40 000
	非税收入——行政事业性收费	250 000
	非税收入——罚没收入	200 000
	非税收入——国有资本经营收入	500 000
	非税收入——国有资源（资产）有偿使用收入	20 000
补助收入	一般性转移支付收入——农村义务教育补助收入	80 000
上解收入	一般性转移支付收入——体制上解收入	60 000
调入资金	一般预算调入资金	40 000
债务收入	一般债券	10 000
动用预算稳定调节基金		10 000
地区间援助收入		10 000

将上述一般预算收入类科目的贷方金额结转。其会计分录为：

借：一般公共预算本级收入　　　　　　　　　　　　　3 066 000

　　补助收入　　　　　　　　　　　　　　　　　　　　80 000

　　上解收入　　　　　　　　　　　　　　　　　　　　60 000

　　调入资金　　　　　　　　　　　　　　　　　　　　40 000

　　债务收入　　　　　　　　　　　　　　　　　　　　10 000

　　动用预算稳定调节基金　　　　　　　　　　　　　　10 000

　　地区间援助收入　　　　　　　　　　　　　　　　　10 000

　　贷：一般公共预算结转结余　　　　　　　　　　　3 276 000

【例 18 -2】A 市财政 2017 年年终结算时有关一般预算类支出总分类科目的借方余额

如表18-2所示。

表18-2　一般预算类支出总分类科目余额　　　　　　　　单位：元

总账科目	明细账科目	金额
一般公共预算本级支出	一般公共服务——人大事务	400 000
	一般公共服务——财政事务	200 000
	公共安全——检察	500 000
	教育——普通教育	10 000
	科学技术——基础研究	300 000
	文化体育与传媒——广播影视	40 000
	社会保障与就业——城市居民最低生活保障	50 000
	交通运输——公路水路运输	40 000
	农林水事务——水利	150 000
	城乡社区事务——城乡社区公共设施	100 000
	医疗卫生——公共卫生	400 000
	非税收入——国有资源（资产）有偿使用支出	20 000
补助支出	一般性转移支付——社会保障和就业专业支付支出	50 000
上解支出	转移支付——一般公共预算上解支出	40 000
调出资金	一般预算调出资金	30 000
债务转贷支出	地方政府一般债务转贷支出	10 000
债务还本支出	一般债务还本支出	10 000

将上述一般预算支出类科目的借方金额结转。其会计分录为：

借：一般公共预算结转结余　　　　　　　　　　　　　　2 250 000

　　贷：一般公共预算本级支出　　　　　　　　　　　　　　2 210 000

　　　　补助支出　　　　　　　　　　　　　　　　　　　　50 000

　　　　上解支出　　　　　　　　　　　　　　　　　　　　40 000

　　　　调出资金　　　　　　　　　　　　　　　　　　　　30 000

　　　　债务转贷支出　　　　　　　　　　　　　　　　　　10 000

　　　　债务还本支出　　　　　　　　　　　　　　　　　　10 000

二、政府基金预算结转结余

政府性基金预算结转结余是指政府性基金预算收入与政府性基金预算支出相抵后的差额。它是各级财政执行政府基金预算的年终执行结果。政府性基金预算类收入包括政府性基金预算本级收入、属于政府性基金预算的补助收入、上解收入、调入资金及债务收入——专项债务收入、债务转贷收入——地方政府专项债务转贷收入等；政府性基金预算类支出包括政府性基金预算本级支出、属于政府性基金预算的补助支出、上解支出、调出资金以及债务还本支出——专项还本支出、债务转贷支出——地方政府专项债务转贷转出等。政府性基金预算结转结余每年年末结算一次，平时不结转。

为核算政府性基金预算结余，财政总预算会计应设置"政府性基金预算结转结余"科目。年终结账时，应将政府性基金预算类收入贷方余额全数转入本科目的贷方，将政府性基金预算类支出借方余额全数转入本科目的借方。

【例18-3】 A市财政2017年年终结算时有关基金预算类收支总分类科目的余额如表18-3所示。

表18-3　政府性基金预算类收支总分类科目余额　　　　　　单位：元

总账科目	明细账科目	借方金额	贷方金额
政府性基金 预算本级收入	转让政府还贷道路收费权收入		350 000
	政府性住房基金收入		90 000
	地方教育费附加收入		60 000
	地方水利建设基金收入		70 000
	城市公用事业附加收入		100 000
补助收入	政府性基金补助收入		40 000
上解收入	政府性基金上解收入		50 000
基金预算收入合计			760 000
政府性基金预算支出	交通运输——公路水路运输——转让政府还贷道路收费权支出	250 000	
	城乡社区事务——政府住房基金支出	85 000	
	教育——地方教育附加支出	55 000	
	城乡社区事务——城市公用事业附加支出	60 000	
	农林水务——水利——地方水利建设基金支出	20 000	
补助支出	政府性基金补助支出	30 000	
上解支出	政府性基金上解支出	40 000	
基金预算支出合计		540 000	

年终，将上述基金预算类收入科目的贷方余额和基金预算支出类科目的借方余额全数结转。

借：政府性基金预算本级收入　　　　　　　　　　　　　　　670 000
　　补助收入　　　　　　　　　　　　　　　　　　　　　　 40 000
　　上解收入　　　　　　　　　　　　　　　　　　　　　　 50 000
　　　贷：政府性基金预算结转结余　　　　　　　　　　　　 760 000
借：政府性基金预算结转结余　　　　　　　　　　　　　　　540 000
　　　贷：政府性基金预算本级支出　　　　　　　　　　　　 470 000
　　　　　补助支出　　　　　　　　　　　　　　　　　　　 30 000
　　　　　上解支出　　　　　　　　　　　　　　　　　　　 40 000

三、国有资本经营预算结转结余

国有资本经营预算结转结余是指国有资金经营预算类收入减去国有资本经营预算类支出后的差额。其中国有资本经营预算类收入包括国有资本经营预算本级收入；国有资本经营预算类支出包括国有资本经营预算本级支出和属于国有资本经营预算的调出资金。国有资本经营预算结转结余每年年终结算一次，平时不结算。

为核算国有资本经营预算结余，财政总预算会计应设置"国有资本经营预算结转结余"科目。年终结账时，应将国有资本经营预算类收入贷方余额全数转入本科目的贷方，将国有资本经营预算类支出借方余额全数转入本科目的借方。

【例18-4】A市财政2017年年终结账时，有关国有资本经营预算类收支科目余额如表18-4所示。

表18-4　国有资本经营预算收支类科目余额　　　　　　　　单位：元

总账科目	明细账科目	借方金额	贷方金额
国有资本经营 预算本级收入	利润收入		350 000
	股利股息收入		150 000
	产权转让收入		100 000
	清算收入		70 000
国有资本经营预算本级收入			670 000
国有资本经营预算本级支出		510 000	

将上述国有资本经营预算收支类科目余额全数结转。其会计分录为：

借：国有资本经营预算本级收入　　　　　　　　　　　　　　670 000
　　贷：国有资本经营预算结转结余　　　　　　　　　　　　　　670 000
借：国有资本经营预算结转结余　　　　　　　　　　　　　　510 000
　　贷：国有资本经营预算本级支出　　　　　　　　　　　　　　510 000

四、财政专户管理资金结余

财政专户管理资金结余是指未纳入预算并实行财政专户管理的资金收支相抵形成的结余，包括教育收费、彩票发行机构和彩票销售机构业务费用等资金的结余。

为了核算财政专户管理资金结余业务，财政总预算会计应设置"财政专户管理资金结余"总账科目。年终转账时，应将财政专户管理资金收入贷方余额全数转入本科目的贷方，将财政专户管理资金支出借方余额全数转入本科目的借方。该科目年终贷方余额，反映未纳入预算并实行财政专户管理资金收支相抵后的滚存结余，转入下年度。财政专户管理资金结余每年年终结算一次，平时不结算。

【例18-5】A市财政年末结账时，"财政专户管理资金收入"科目贷方余额5 500 000元，其中，"教育收费收入"科目贷方余额4 500 000元，"彩票业务费收入"科目贷方余额 1 000 000 元；"财政专户管理资金支出"科目借方余额 4 500 000 元，其中，"教育经费支出"科目借方余额 3 000 000 元，"彩票业务费支出"科目借方余额 1 500 000 元。将财政专户管理资金收支结转。其会计分录为：

借：财政专户管理资金收入——教育收费收入 4 500 000
　　　　　　　　　　　　——彩票业务费收入 1 000 000
　　贷：财政专户管理资金结余 5 500 000
借：财政专户管理资金结余 4 500 000
　　贷：财政专户管理资金支出——教育收费收入 3 000 000
　　　　　　　　　　　　　　——彩票业务费收入 1 500 000

五、专用基金结余

专用基金结余是指专用基金收入与专用基金支出相抵后的差额。它是各级财政总预算会计管理的专用基金的年终执行结果。专用基金结余每年年终结算一次，平时不结算。

为核算专用基金收支的年终执行结果，财政总预算会计应设置"专用基金结余"科目。年终转账时，应将专用基金收入贷方余额全数转入本科目的贷方，将专用基金支出借方余额全数转入本科目的借方。该科目年终贷方余额，反映本年专用基金的滚存结余或专用基金历年累计结余。该科目应根据"专用基金收入"科目所列的收入项目逐一结出各项专用基金的结余。

【例 18-6】A 市财政总预算会计 2015 年终结转发生如下有关专用基金结余的会计事项：

（1）将全年"专用基金收入——粮食风险基金" 6 000 000 元结转。其会计分录为：

借：专用基金收入——粮食风险基金 6 000 000
　　贷：专用基金结余——粮食风险基金 6 000 000

（2）将全年专用基金支出 4 550 000 元结转。其会计分录为：

借：专用基金结余——粮食风险基金 4 550 000
　　贷：专用基金支出——粮食风险基金 4 550 000

第二节　预算稳定调节基金与预算周转金

一、预算稳定调节基金

1. 预算稳定调节基金核算的概念

预算稳定调节基金是指各级财政为平衡各预算年度之间预算收支的差异，保证各年度预算资金的收支平衡和预算稳定而设置的调节基金，在数额上，预算稳定调节基金等于安排预算稳定调节基金加上从预算周转金中调入的预算稳定调节基金减去动用预算稳定调节基金后的数额。安排了预算稳定调节基金，该部分数额就不再可以安排次年的预算，只能用于次年发生短收情况下弥补收支缺口。

政府的财政收入必须依法征收。当经济不景气，税收收入减少时，政府不能为满足支出预算的需求而强行征税。此时，调入预算稳定调节基金，可以保证支出预算的需求仍然得到满足，预算收支得到跨年平衡。

2. 预算稳定调节基金的核算

为了核算预算稳定调节基金业务，财政总预算会计应设置"预算稳定调节基金""动用预算稳定调节基金""安排预算稳定调节基金"三个总账科目。

该科目核算政府财政设置的用于弥补以后年度预算资金不足的储备资金。预算稳定调节基金的主要账务处理如下：

（1）使用超收收入或一般公共预算结余补充预算稳定调节基金时，借记"安排预算稳定调节基金"科目，贷记本科目。

（2）将预算周转金调入预算稳定调节基金时，借记"预算周转金"科目，贷记本科目。

（3）调用预算稳定调节基金时，借记本科目，贷记"动用预算稳定调节基金"科目。本科目期末贷方余额反映预算稳定调节基金的规模。

【例 18 - 7】A 省财政部门从 2007 年起建立预算稳定调节基金，具体业务如下：

（1）2017 年根据财政超收情况安排 800 000 000 元建立预算稳定调节基金。其会计分录为：

借：安排预算稳定调节基金　　　　　　　　　　　　　　　　　800 000 000
　　贷：预算稳定调节基金　　　　　　　　　　　　　　　　　　　800 000 000

年终转账时，将"安排预算稳定调节基金"科目的余额全数结转。其会计分录为：

借：一般公共财政预算结转结余　　　　　　　　　　　　　　　800 000 000
　　贷：安排预算稳定调节基金　　　　　　　　　　　　　　　　　800 000 000

（2）2017 年动用预算稳定调节基金 300 000 000 元，补充一般预算收支差额。其会计分录为：

借：预算稳定调节基金　　　　　　　　　　　　　　　　　　　300 000 000
　　贷：动用预算稳定调节基金　　　　　　　　　　　　　　　　　300 000 000

年终转账时，将"动用预算稳定调节基金"科目的余额全数结转。其会计分录为：

借：动用预算稳定调节基金　　　　　　　　　　　　　　　　　300 000 000
　　贷：一般公共预算结转结余　　　　　　　　　　　　　　　　　300 000 000

二、预算周转金

1. 预算周转金的概念与管理要求

预算周转金是各级财政为调剂预算年度内季节性收入与支出差额，保证及时供应预算用款而设置的周转资金。设置必要的预算周转金，是各级财政灵活调度预算资金的重要保证。预算的收与支往往是不一致的，虽然各级财政的预算收支在预算年度内通常可以做到全年预算总额上收支基本平衡，但月份之间、季度之间总是不平衡的，而且收入是逐日收取的，在实拨资金方式下，每月的支出都要在月初拨付，财政资金在征收、报解、转拨的途中需要一定的时间。因此，各级财政为了平衡季节性预算收支，保证按计划及时供应预算资金，各级财政需要按规定设置相应的预算周转金。

预算周转金设置和使用应注意以下几点：

（1）预算周转金一般从年度预算结余中提取设置、补充或由上级部门拨入。

（2）预算周转金由本级政府财政部门管理，只供平衡预算收支的临时周转使用，不能用来安排支出。

（3）已设置或补充的预算周转金，未经上级财政部门批准，不能随意减少。且预算周转金的数额，应与预算支出规模相适应，即预算周转金应随着预算支出的逐年增长相应地补充。

（4）预算周转金存入国库存款账户，不另设其他存款账户。动用预算周转金时，作为国库存款减少，不作为预算周转金减少。若国库存款的余额小于预算周转金数额，表明预算周转金已经被动用。

2. 预算周转金的核算

为核算预算周转金业务，财政总预算会计应设置"预算周转金"科目。从本级财政预算结余中设置或补充预算周转金时，借记"一般公共预算结转结余"科目，贷记本科目；将预算周转金调入预算稳定调节基金时，借记本科目，贷记"预算稳定调节基金"科目。该科目贷方余额反映预算周转金实有数。预算周转金不需进行明细核算。

【例18-8】A县财政总预算会计发生如下有关预算周转金的事项：

（1）收到上级财政拨入预算周转金850 000元。其会计分录为：

借：国库存款　　　　　　　　　　　　　　　　　　　　　　　850 000

　　贷：预算周转金　　　　　　　　　　　　　　　　　　　　850 000

（2）经上级财政机关批准，从本县上年结余中设置预算周转金400 000元。其会计分录为：

借：一般公共预算结转结余　　　　　　　　　　　　　　　　400 000

　　贷：预算周转金　　　　　　　　　　　　　　　　　　　　400 000

第三节　资产基金与待偿债净资产

一、资产基金

该科目核算政府财政持有的应收地方政府债券转贷款、应收主权外债转贷款、股权投资和应收股利等资产（与其相关的资金收支纳入预算管理）在净资产中占用的金额。本科目应当设置"应收地方政府债券转贷款""应收主权外债转贷款""股权投资""应收股利"等明细科目，进行明细核算。

资产基金的账务处理参见"应收地方政府债券转贷款""应收主权外债转贷款""股权投资"和"应收股利"等科目的使用说明。

本科目期末贷方余额，反映政府财政持有应收地方政府债券转贷款、应收主权外债转贷款、股权投资和应收股利等资产（与其相关的资金收支纳入预算管理）在净资产中占用的金额。

二、待偿债净资产

该科目核算政府财政因发生应付政府债券、借入款项、应付地方政府债券转贷款、应付主权外债转贷款、其他负债等负债（与其相关的资金收支纳入预算管理）相应需在净资产中冲减的金额。本科目下应当设置"应付短期政府债券""应付长期政府债券""借入款项""应付地方政府债券转贷款""应付主权外债转贷款""其他负债"等明细科目进行明细核算。

待偿债净资产的账务处理参见"应付短期政府债券""应付长期政府债券""借入款项""应付地方政府债券转贷款""应付主权外债转贷款"和"其他负债"等科目的使用说明。本科目期末借方余额，反映政府财政承担应付政府债券、借入款项、应付地方政府债券转贷款、应付主权外债转贷款和其他负债等负债（与其相关的资金收支纳入预算管理）而相应需冲减净资产的金额。

复习思考题

1. 什么是财政总预算会计的净资产？具体包括哪些内容？
2. 什么是财政总预算会计的结余？具体包括哪些内容？
3. 什么是预算稳定调节基金？应当如何核算？
4. 什么是预算周转金？其来源渠道有哪些？应当如何核算？

第十九章
财政总预算会计报表

![学习目标图标] 【学习目标】

　　本章主要介绍财政总预算会计报表的概念、分类、编报程序及其会计报表的编制方法。本章学习目标在于明确政府财政会计报表的种类及编报程序，熟悉年终清理的主要事项及年终结账的主要环节；掌握资产负债表、收入支出表及预算执行情况表的编制；了解会计报表的审核与分析。

　　财政总预算会计报表是反映政府财政预算执行结果和财务状况的书面文件，是各级领导机关和上级财政部门了解情况、掌握政策、指导预算执行工作的重要资料，也是编制下年度预算数据的基础。

　　财政总预算会计报表可以划分不同的种类，按照其性质分类，可以分为资产负债表、收入支出表、预算执行情况表。按照编报的日期分类，可以分为旬报、月报和年报；按照编报的内容范围，可以分为本级报表和汇总报表。

第一节　年终清理结算与转账

　　政府财政部门应当及时进行年终清理结算。年终清理结算的主要事项如下：

　　1. 核对年度预算

　　预算是预算执行和办理会计结算的依据。年终前，总会计应配合预算管理部门将本级政府财政全年预算指标与上、下级政府财政总预算和本级各部门预算进行核对，及时办理预算调整和转移支付事项。本年预算调整和对下转移支付一般截至 11 月底；各项预算拨款，一般截至 12 月 25 日。

　　2. 清理本年预算收支

　　认真清理本年预算收入，督促征收部门和国家金库年终前如数缴库。应在本年预算支领列报的款项，非特殊原因，应在年终前办理完毕。

清理财政专户管理资金和专用基金收支。凡属应列入本年的收入，应及时催收，并缴入国库或指定财政专户。

3. 进行年度对账

组织征收部门和国家金库进行年度对账。

4. 清理核对当年拨款支出

总会计对本级各单位的拨款支出应与单位的拨款收入核对无误。属于应收回的拨款，应及时收回，并按收回数相应冲减预算支出。属于预拨下年度的经费，不得列入当年预算支出。

5. 核实股权、债权和债务

财政部门内部相关资产、债务管理部门应于 12 月 20 日前向总会计提供与股权、债权、债务等核算和反映相关的资料。总会计对股权投资、借出款项、应收股利、应收地方政府债券转贷款、应收主权外债转贷款、借入款项、应付短期政府债券、应付长期政府债券、应付地方政府债券转贷款、应付主权外债转贷款、其他负债等余额应与相关管理部门进行核对，记录不一致的要及时查明原因，按规定调整账务，做到账实相符、账账相符。

6. 清理往来款项

政府财政要认真清理其他应收款、其他应付款等各种往来款项，在年度终了前予以收回或归还。应转作收入或支出的各项款项，要及时转入本年有关收支账。

7. 进行年终财政结算

财政预算管理部门要在年终清理的基础上，于次年元月底前结清上下级政府财政的转移支付收支和往来款项。总会计要按照财政管理体制的规定，根据预算结算单，与年度预算执行过程中已补助和已上解数额进行比较，结合往来款和借垫款情况，计算出全年最后应补或应退数额，填制"年终财政决算结算单"，经核对无误后，作为年终财政结算凭证，据以入账。

总会计对年终决算清理期内发生的会计事项，应当划清会计年度。属于清理上年度的会计事项，记入上年度会计账；属于新年度的会计事项，记入新年度会计账，防止错记漏记。

第二节　资产负债表

一、资产负债表概念及其格式

资产负债表是反映政府财政在某一特定日期财务状况的报表，是一级政府财政在执行财政总预算后财力状况结果的反映。按照编报时间，资产负债表可分为月报和年报两种，分别反映月末和年末一级政府财政的实际财力状况。资产负债表至少按年编制。

财政总预算会计编制的资产负债表采用"资产＝负债＋净资产"的平衡公式，采用账户式结构。其格式如表19-1所示。

表 19-1 资产负债表

会财政 01 表

编制单位：　　　　　　　　　　　　　年　月　日　　　　　　　　　　　　单位：元

资产	年初余额	期末余额	负债和净资产	年初余额	期末余额
流动资产			流动负债		
国库存款			应付短期政府债券		
国库现金管理存款			应付利息		
其他财政存款			应付国库集中支付结余		
有价证券			与上级往来		
在途款			其他应付款		
预拨经费			应付代管资金		
借出款项			一年内到期的非流动负债		
应收股利			流动负债合计		
应收利息			非流动负债		
与下级往来			应付长期政府债券		
其他应收款			借入款项		
流动资产合计			应付地方政府债券转贷款		
非流动资产			应付主权外债转贷款		
应收地方政府债券转贷款			其他负债		
应收主权外债转贷款			非流动负债合计		
股权投资			负债合计		
待发国债			一般公共预算结转结余		
非流动资产合计			政府性基金预算结转结余		
			国有资本经营预算结转结余		
			财政专户管理资金结余		
			专用基金结余		
			预算稳定调节基金		
			预算周转金		
			资产基金		
			减：待偿债净资产		
			净资产合计		
资产总计			负债和净资产总计		

二、资产负债表的编制

1. 本表"年初余额"栏的填列方法

本表"年初余额"栏内各项数字，应当根据上年末资产负债表"期末余额"栏内数字填列。如果本年度资产负债表规定的各个项目的名称和内容同上年度不相一致，应对上年末资产负债表各项目的名称和数字按照本年度的规定进行调整，填入本表"年初余额"栏内。

2. 本表"期末余额"栏各项目的内容和填列方法

（1）资产类项目。

1）"国库存款"项目，反映政府财政期末存放在国库单一账户的款项金额。本项目应当根据"国库存款"科目的期末余额填列。

2）"国库现金管理存款"项目，反映政府财政期末实行国库现金管理业务持有的存款金额。本项目应当根据"国库现金管理存款"科目的期末余额填列。

3）"其他财政存款"项目，反映政府财政期末持有的其他财政存款金额。本项目应当根据"其他财政存款"科目的期末余额填列。

4）"有价证券"项目，反映政府财政期末持有的有价证券金额。本项目应当根据"有价证券"科目的期末余额填列。

5）"在途款"项目，反映政府财政期末持有的在途款金额。本项目应当根据"在途款"科目的期末余额填列。

6）"预拨经费"项目，反映政府财政期末尚未转列支出或尚待收回的预拨经费金额。本项目应当根据"预拨经费"科目的期末余额填列。

7）"借出款项"项目，反映政府财政期末借给预算单位尚未收回的款项金额。本项目应当根据"借出款项"科目的期末余额填列。

8）"应收股利"项目，反映政府期末尚未收回的现金股利或利润金额。本项目应当根据"应收股利"科目的期末余额填列。

9）"应收利息"项目，反映政府财政期末尚未收回应收利息金额。本项目应当根据"应收地方政府债券转贷款"科目和"应收主权外债转贷款"科目下"应收利息"明细科目的期末余额合计数填列。

10）"与下级往来"项目，正数反映下级政府财政欠本级政府财政的款项金额；负数反映本级政府财政欠下级政府财政的款项金额。本项目应当根据"与下级往来"科目的期末余额填列，期末余额如为借方则以正数填列；如为贷方则以"－"号填列。

11）"其他应收款"项目，反映政府财政期末尚未收回的其他应收款的金额。本项目应当根据"其他应收款"科目的期末余额填列。

12）"应收地方政府债券转贷款"项目，反映政府财政期末尚未收回的地方政府债券转贷款的本金。本项目应当根据"应收地方政府债券转贷款"科目下"应收本金"明细科目的期末余额填列。

13）"应收主权外债转贷款"项目，反映政府财政期末尚未收回的主权外债转贷款的本金。本项目应当根据"应收主权外债转贷款"科目下的"应收本金"明细科目的期末余额填列。

14）"股权投资"项目，反映政府期末持有的股权投资。本项目应当根据"股权投资"科目的期末余额填列。

15）"待发国债"项目，反映中央政府财政期末尚未使用的国债发行额度。本项目应当根据"待发国债"科目的期末余额填列。

（2）负债类项目。

1）"应付短期政府债券"项目，反映政府财政期末尚未偿还的发行期限不超过1年（含1年）的政府债券的本金。本项目应当根据"应付短期政府债券"科目下的"应付本金"明细科目的期末余额填列。

2）"应付利息"项目，反映政府财政期末尚未支付的应付利息金额。本项目应当根据"应付短期政府债券""借入款项""应付地方政府债券转贷款""应付主权外债转贷款"科目下的"应付利息"明细科目期末余额，以及属于分期付息到期还本的"应付长期政府债券"的"应付利息"明细科目期末余额计算填列。

3）"应付国库集中支付结余"项目，反映政府财政期末尚未支付的国库集中支付结余金额。本项目应当根据"应付国库集中支付结余"科目的期末余额填列。

4）"与上级往来"项目，正数反映本级政府财政期末欠上级政府财政的款项金额；负数反映上级政府财政欠本级政府财政的款项金额。本项目应当根据"与上级往来"科目的期末余额填列，如为借方余额则以"－"号填列。

5）"其他应付款"项目，反映政府财政期末尚未支付的其他应付款的金额。本项目应当根据"其他应付款"科目的期末余额填列。

6）"应付代管资金"项目，反映政府财政期末尚未支付的代管资金金额。本项目应当根据"应付代管资金"科目的期末余额填列。

7）"一年内到期的非流动负债"项目，反映政府财政期末承担的1年以内（含1年）到偿还期的非流动负债。本项目应当根据"应付长期政府债券""借入款项""应付地方政府债券转贷款""应付主权外债转贷款""其他负债"等科目的期末余额及债务管理部门提供的资料分析填列。

8）"应付长期政府债券"项目，反映政府财政期末承担的偿还期限超过1年的长期政府债券的本金金额及到期一次还本付息的长期政府债券的应付利息金额。本项目应当根据"应付长期政府债券"科目的期末余额分析填列。

9）"应付地方政府债券转贷款"项目，反映政府财政期末承担的偿还期限超过1年的地方政府债券转贷款的本金金额。本项目应当根据"应付地方政府债券转贷款"科目下"应付本金"明细科目的期末余额分析填列。

10）"应付主权外债转贷款"项目，反映政府财政期末承担的偿还期限超过1年的主权外债转贷款的本金金额。本项目应当根据"应付主权外债转贷款"科目下"应付本金"明细科目的期末余额分析填列。

11）"借入款项"项目，反映政府财政期末承担的偿还期限超过1年的借入款项的本金。本项目应当根据"借入款项"科目下"应付本金"明细科目的期末余额分析填列。

12）"其他负债"项目，反映政府财政期末承担的偿还期限超过1年的其他负债金额。本项目应当根据"其他负债"科目的期末余额分析填列。

（3）净资产类项目。

1）"一般公共预算结转结余"项目，反映政府财政期末滚存的一般公共预算结转金额。本项目应当根据"一般公共预算结转结余"科目的期末余额填列。

2）"政府性基金预算结转结余"项目，反映政府财政期末滚存的政府性基金预算结转结余金额。本项目应当根据"政府性基金预算结转结余"科目的期末余额填列。

3）"国有资本经营预算结转结余"项目，反映政府财政期末滚存的国有资本经营预算结转结余。本项目应当根据"国有资本经营预算结转结余"科目的期末余额填列。

4）"财政专户管理资金结余"项目，反映政府财政期末滚存的财政专户管理资金结余。本项目应当根据"财政专户管理资金结余"科目的期末余额填列。

5）"专用基金结余"项目，反映政府财政期末滚存的专用基金结余金额。本项目应当根据"专用基金结余"科目的期末余额填列。

6）"预算稳定调节基金"项目，反映政府财政期末预算稳定调节基金的余额。本项目应当根据"预算稳定调节基金"科目的期末余额填列。

7）"预算周转金"项目，反映政府财政期末预算周转金的余额。本项目应当根据"预算周转金"科目的期末余额填列。

8）"资产基金"项目，反映政府财政期末持有的应收地方政府债券转贷款、应收主权外债转贷款、股权投资和应收股利等资产在净资产中占用的金额。本项目应当根据"资产基金"科目的期末余额填列。

9）"待偿债净资产"项目，反映政府财政期末因承担应付短期政府债券、应付长期政府债券、借入款项、应付地方政府债券转贷款、应付主权外债转贷款、其他负债等负债相应需在净资产中冲减的金额。本项目应当根据"待偿债净资产"科目的期末借方余额以"－"号填列。

第三节　收入支出表

一、收入支出表概念及格式

收入支出表是反映政府财政在某一会计期间各类财政资金收支余情况的报表。收入支出表根据资金性质按照收入、支出、结转结余的构成分类、分项列示。收入支出表按月度和年度编制。如表 19 – 2 所示。

表 19 – 2　收入支出表

会财政 02 表

编制单位：　　　　　　　　　　　　　　　　年　　月　　　　　　　　　　　　单位：元

项目	一般公共预算		政府性基金预算		国有资本经营预算		财政专户管理资金		专用基金	
	本月数	本年累计数	本月数	本年累计数	本月数	本年累计数	本月数	本年累计数	本月数	本年累计数
年初结转结余										
收入合计										
本级收入										
其中：来自预算安排的收入	—	—	—	—	—	—	—	—		
补助收入					—	—	—	—	—	—
上解收入					—	—	—	—	—	—
地区间援助收入			—	—	—	—	—	—	—	—
债务收入					—	—	—	—	—	—
债务转贷收入					—	—	—	—	—	—
动用预算稳定调节基金			—	—	—	—	—	—	—	—
调入资金					—	—	—	—		
支出合计										
本级支出										
其中：权责发生制列支							—	—	—	—
预算安排专用基金的支出			—	—	—	—	—	—	—	—
补助支出					—	—	—	—	—	—
上解支出					—	—	—	—	—	—
地区间援助支出			—	—	—	—	—	—	—	—
债务还本支出					—	—	—	—	—	—
债务转贷支出					—	—	—	—	—	—
安排预算稳定调节基金			—	—	—	—	—	—	—	—
调出资金					—	—	—	—	—	—
结余转出					—	—	—	—	—	—
其中：增设预算周转金			—	—	—	—	—	—	—	—
年末结转结余										

注：表中有"—"的不必填列。

二、收入支出表编制

1. 本表"本月数"栏反映各项目的本月实际发生数

本表"本月数"栏反映各项目的本月实际发生数。在编制年度收入支出表时，应将本栏改为"上年数"栏，反映上年度各项目的实际发生数；如果本年度收入支出表规定的各个项目的名称和内容同上年度不一致，应对上年度收入支出表各项目的名称和数字按照本年度的规定进行调整，填入本年度收入支出表的"上年数"栏。

本表"本年累计数"栏反映各项目自年初起至报告期末止的累计实际发生数。编制年度收入支出表时，应当将本栏改为"本年数"。

2. 本表"本月数"栏各项目的内容和填列方法

（1）"年初结转结余"项目，反映政府财政本年初各类资金结转结余金额。其中，一般公共预算的"年初结转结余"应当根据"一般公共预算结转结余"科目的年初余额填列；政府性基金预算的"年初结转结余"应当根据"政府性基金预算结转结余"科目的年初余额填列；国有资本经营预算的"年初结转结余"应当根据"国有资本经营预算结转结余"科目的年初余额填列；财政专户管理资金的"年初结转结余"应当根据"财政专户管理资金结余"科目的年初余额填列；专用基金的"年初结转结余"应当根据"专用基金结余"科目的年初余额填列。

（2）"收入合计"项目，反映政府财政本期取得的各类资金的收入合计金额。其中，一般公共预算的"收入合计"应当根据属于一般公共预算的"本级收入""补助收入""上解收入""地区间援助收入""债务收入""债务转贷收入""动用预算稳定调节基金"和"调入资金"各行项目金额的合计填列；政府性基金预算的"收入合计"应当根据属于政府性基金预算的"本级收入""补助收入""上解收入""债务收入""债务转贷收入"和"调入资金"各行项目金额的合计填列；国有资本经营预算的"收入合计"应当根据属于国有资本经营预算的"本级收入"项目的金额填列；财政专户管理资金的"收入合计"应当根据属于财政专户管理资金的"本级收入"项目的金额填列；专用基金的"收入合计"应当根据属于专用基金的"本级收入"项目的金额填列。

（3）"本级收入"项目，反映政府财政本期取得的各类资金的本级收入金额。其中，一般公共预算的"本级收入"应当根据"一般公共预算本级收入"科目的本期发生额填列；政府性基金预算的"本级收入"应当根据"政府性基金预算本级收入"科目的本期发生额填列；国有资本经营预算的"本级收入"应当根据"国有资本经营预算本级收入"科目的本期发生额填列；财政专户管理资金的"本级收入"应当根据"财政专户管理资金收入"科目的本期发生额填列；专用基金的"本级收入"应当根据"专用基金收入"科目的本期发生额填列。

（4）"补助收入"项目，反映政府财政本期取得的各类资金的补助收入金额。其中，一般公共预算的"补助收入"应当根据"补助收入"科目下的"一般公共预算补助收入"明细科目的本期发生额填列；政府性基金预算的"补助收入"应当根据"补助收入"科目下的"政府性基金预算补助收入"明细科目的本期发生额填列。

（5）"上解收入"项目，反映政府财政本期取得的各类资金的上解收入金额。其中，一般公共预算的"上解收入"应当根据"上解收入"科目下的"一般公共预算上解收入"明细科目的本期发生额填列；政府性基金预算的"上解收入"应当根据"上解收入"

科目下的"政府性基金预算上解收入"明细科目的本期发生额填列。

（6）"地区间援助收入"项目，反映政府财政本期取得的地区间援助收入金额。本项目应当根据"地区间援助收入"科目的本期发生额填列。

（7）"债务收入"项目，反映政府财政本期取得的债务收入金额。其中，一般公共预算的"债务收入"应当根据"债务收入"科目下除"专项债务收入"以外的其他明细科目的本期发生额填列；政府性基金预算的"债务收入"应当根据"债务收入"科目下的"专项债务收入"明细科目的本期发生额填列。

（8）"债务转贷收入"项目，反映政府财政本期取得的债务转贷收入金额。其中，一般公共预算的"债务转贷收入"应当根据"债务转贷收入"科目下"地方政府一般债务转贷收入"明细科目的本期发生额填列；政府性基金预算的"债务转贷收入"应当根据"债务转贷收入"科目下的"地方政府专项债务转贷收入"明细科目的本期发生额填列。

（9）"动用预算稳定调节基金"项目，反映政府财政本期调用的预算稳定调节基金。本项目应当根据"动用预算稳定调节基金"科目的本期发生额填列。

（10）"调入资金"项目，反映政府财政本期取得的调入资金。其中，一般公共预算的"调入资金"应当根据"调入资金"科目下"一般公共预算调入资金"明细科目的本期发生额填列；政府性基金预算的"调入资金"应当根据"调入资金"科目下"政府性基金预算调入资金"明细科目的本期发生额填列。

（11）"支出合计"项目，反映政府财政本期发生的各类资金的支出合计金额。其中，一般公共预算的"支出合计"应当根据属于一般公共预算的"本级支出""补助支出""上解支出""地区间援助支出""债务还本支出""债务转贷支出""安排预算稳定调节基金"和"调出资金"各行项目金额的合计填列；政府性基金预算的"支出合计"应当根据属于政府性基金预算的"本级支出""补助支出""上解支出""债务还本支出""债务转贷支出"和"调出资金"各行项目金额的合计填列；国有资本经营预算的"支出合计"应当根据属于国有资本经营预算的"本级支出"和"调出资金"项目金额的合计填列；财政专户管理资金的"支出合计"应当根据属于财政专户管理资金的"本级支出"项目的金额填列；专用基金的"支出合计"应当根据属于专用基金的"本级支出"项目的金额填列。

（12）"补助支出"项目，反映政府财政本期发生的各类资金的补助支出金额。其中，一般公共预算的"补助支出"应当根据"补助支出"科目下的"一般公共预算补助支出"明细科目的本期发生额填列；政府性基金预算的"补助支出"应当根据"补助支出"科目下的"政府性基金预算补助支出"明细科目的本期发生额填列。

（13）"上解支出"项目，反映政府财政本期发生的各类资金的上解支出金额。其中，一般公共预算的"上解支出"应当根据"上解支出"科目下的"一般公共预算上解支出"明细科目的本期发生额填列；政府性基金预算的"上解支出"应当根据"上解支出"科目下的"政府性基金预算上解支出"明细科目的本期发生额填列。

（14）"地区间援助支出"项目，反映政府财政本期发生的地区间援助支出金额。本项目应当根据"地区间援助支出"科目的本期发生额填列。

（15）"债务还本支出"项目，反映政府财政本期发生的债务还本支出金额。其中，一般公共预算的"债务还本支出"应当根据"债务还本支出"科目下除"专项债务还本支出"以外的其他明细科目的本期发生额填列；政府性基金预算的"债务还本支出"应当根据"债务还本支出"科目下的"专项债务还本支出"明细科目的本期发生额填列。

（16）"债务转贷支出"项目，反映政府财政本期发生的债务转贷支出金额。其中，一般公共预算的"债务转贷支出"应当根据"债务转贷支出"科目下"地方政府一般债务转贷支出"明细科目的本期发生额填列；政府性基金预算的"债务转贷支出"应当根据"债务转贷支出"科目下的"地方政府专项债务转贷支出"明细科目的本期发生额填列。

（17）"安排预算稳定调节基金"项目，反映政府财政本期安排的预算稳定调节基金金额。本项目根据"安排预算稳定调节基金"科目的本期发生额填列。

（18）"调出资金"项目，反映政府财政本期发生的各类资金的调出资金金额。其中，一般公共预算的"调出资金"应当根据"调出资金"科目下"一般公共预算调出资金"明细科目的本期发生额填列；政府性基金预算的"调出资金"应当根据"调出资金"科目下"政府性基金预算调出资金"明细科目的本期发生额填列；国有资本经营预算的"调出资金"应当根据"调出资金"科目下"国有资本经营预算调出资金"明细科目的本期发生额填列。

（19）"增设预算周转金"项目，反映政府财政本期设置和补充预算周转金的金额。本项目应当根据"预算周转金"科目的本期贷方发生额填列。

（20）"年末结转结余"项目，反映政府财政本年末的各类资金的结转结余金额。其中，一般公共预算的"年末结转结余"应当根据"一般公共预算结转结余"科目的年末余额填列；政府性基金预算的"年末结转结余"应当根据"政府性基金预算结转结余"科目的年末余额填列；国有资本经营预算的"年末结转结余"应当根据"国有资本经营预算结转结余"科目的年末余额填列；财政专户管理资金的"年末结转结余"应当根据"财政专户管理资金结余"科目的年末余额填列；专用基金的"年末结转结余"应当根据"专用基金结余"科目的年末余额填列。

第四节　预算执行情况表

财政总预算会计编制的预算执行情况表是反映各级政府财政年度预算收支执行情况的报表。一般由一般公共预算执行情况表、政府性基金预算执行情况表和国有资本经营预算执行情况表等组成。财政总预算会计编制预算执行情况表年报，要求根据财政部届时制定的有关规定办理。

一、一般公共预算执行情况表

一般公共预算执行情况表是反映政府财政在某一会计期间一般公共预算收支执行结果

的报表，按照《政府收支分类科目》中一般公共预算收支科目列示。如表 19 - 3 所示。

表 19 - 3　一般公共预算执行情况表

会财政 03 - 1 表

编制单位：　　　　　　　　　年　月　旬　　　　　　　　　　　单位：元

项目	本月（旬）数	本年（月）累计数
一般公共预算本级收入		
101　税收收入		
10101 增值税		
1010101 国内增值税		
……		
一般公共预算本级支出		
201　一般公共服务支出		
20101　人大事务		
2010101　行政运行		

一般公共预算执行情况表的编制说明：

（1）"一般公共预算本级收入"项目及所属各明细项目，应当根据"一般公共预算本级收入"科目及所属各明细科目的本期发生额填列。

（2）"一般公共预算本级支出"项目及所属各明细项目，应当根据"一般公共预算本级支出"科目及所属各明细科目的本期发生额填列。

二、政府性基金预算执行情况表

政府性基金预算执行情况表是反映政府财政在某一会计期间政府性基金预算收支执行结果的报表，按照《政府收支分类科目》中政府性基金预算收支科目列示。如表 19 - 4 所示。

表 19 - 4　政府性基金预算执行情况表

会财政 03 - 2 表

编制单位：　　　　　　　　　年　月　旬　　　　　　　　　　　单位：元

项目	本月（旬）数	本年（月）累计数
政府性基金预算本级收入		
10301　政府性基金收入		
1030102　农网还贷资金收入		
103010201　中央农网还贷资金收入		
……		

续表

项目	本月（旬）数	本年（月）累计数
政府性基金预算本级支出		
206 科学技术支出		
20610 核电站乏燃料处理处置基金支出		
2061001 乏燃料运输		
……		

政府性基金预算执行情况表的编制说明：

（1）"政府性基金预算本级收入"项目及所属各明细项目，应当根据"政府性基金预算本级收入"科目及所属各明细科目的本期发生额填列。

（2）"政府性基金预算本级支出"项目及所属各明细项目，应当根据"政府性基金预算本级支出"科目及所属各明细科目的本期发生额填列。

三、国有资本经营预算执行情况表

国有资本经营预算执行情况表是反映政府财政在某一会计期间国有资本经营预算收支执行结果的报表，按照《政府收支分类科目》中国有资本经营预算收支科目列示。如表19-5所示。

表19-5 国有资本经营预算执行情况表

会财政03-3表

编制单位：   年 月 旬   单位：元

项目	本月（旬）数	本年（月）累计数
国有资本经营预算本级收入		
10306 国有资本经营收入		
1030601 利润收入		
103060103 烟草企业利润收入		
……		
国有资本经营预算本级支出		
208 社会保障和就业支出		
20804 补充全国社会保障基金		
2080451 国有资本经营预算补充社保基金支出		
……		

国有资本经营预算执行情况表的编制说明：

（1）"国有资本经营预算本级收入"项目及所属各明细项目，应当根据"国有资本经营预算本级收入"科目及所属各明细科目的本期发生额填列。

（2）"国有资本经营预算本级支出"项目及所属各明细项目，应当根据"国有资本经营预算本级支出"科目及所属各明细科目的本期发生额填列。

四、财政专户管理资金收支情况表

财政专户管理资金收支情况表是反映政府财政在某一会计期间纳入财政专户管理的财政专户管理资金全部收支情况的报表，按照相关政府收支分类科目列示。如表 19 - 6 所示。

表 19 - 6　财政专户管理资金收支情况表

会财政 04 表

编制单位：　　　　　　　　　　年　月　　　　　　　　　单位：元

项目	本月数	本年累计数
财政专户管理资金收入		
财政专户管理资金支出		

财政专户管理资金收支情况表的编制说明：

（1）"财政专户管理资金收入"项目及所属各明细项目，应当根据"财政专户管理资金收入"科目及所属各明细科目的本期发生额填列。

（2）"财政专户管理资金支出"项目及所属各明细项目，应当根据"财政专户管理资金支出"科目及所属各明细科目的本期发生额填列。

五、专用基金收支情况表

专用基金收支情况表是反映政府财政在某一会计期间专用基金全部收支情况的报表，按照不同类型的专用基金分别列示。如表 19 - 7 所示。

表19-7 专用基金收支情况表

会财政05表

编制单位：　　　　　　　　　　　年　月　　　　　　　　　　单位：元

项目	本月数	本年累计数
专用基金收入		
粮食风险基金		
……		
专用基金支出		
粮食风险基金		
……		

专用基金收支情况表的编制说明：

（1）"专用基金收入"项目及所属各明细项目，应当根据"专用基金收入"科目及所属各明细科目的本期发生额填列。

（2）"专用基金支出"项目及所属各明细项目，应当根据"专用基金支出"科目及所属各明细科目的本期发生额填列。

第五节　会计报表附注

附注是指对在会计报表中列示项目的文字描述或明细资料，以及对未能在会计报表中列示项目的说明。财政总预算会计报表附注应至少披露下列内容：

（1）遵循《财政总预算会计制度》的声明；

（2）本级政府财政执行情况和财务状况的说明；

（3）会计报表中列示的重要项目的进一步说明，包括其主要构成、增减变动情况等；

（4）或有负债情况的说明；

（5）有助于理解和分析会计报表的其他说明事项。

复习思考题

1. 什么是财政总预算会计报表？财政总预算会计报表主要包括哪些种类？

2. 什么是财政总预算会计的资产负债表？如何编制？

3. 什么是收入支出表？如何编制？

第四篇　政府综合财务报告

第二十章
政府综合财务报告概述

【学习目标】

本章主要介绍当前政府与非营利组织会计改革的新趋势，即以权责发生制为基础的政府综合财务报告的编制背景、主要内容。本章学习目标在于了解政府综合财务报表的概念、编制基础、编制流程等；理解政府综合财务报告编报的范围。

为规范权责发生制政府综合财务报告制度改革试点期间的政府财务报告编制工作，确保政府财务报告真实、准确、完整、规范，根据《中华人民共和国预算法》《中华人民共和国会计法》《国务院关于批转财政部权责发生制政府综合财务报告制度改革方案的通知》（国发〔2014〕63号）《政府会计准则——基本准则》（财政部令第78号）等规定，财政部于2015年11月颁发了《政府财务报告编制办法（试行）》的通知（财库〔2015〕212号）。随后，根据该办法和相关会计制度制定了《政府部门财务报告编制操作指南（试行）》，具体指导政府财务报告编制。该指南包括七部分内容，即总则、政府综合会计报表项目、政府综合会计报表编制、会计报表附注编制、政府财政经济分析、政府财政财务管理情况、附则。

政府综合财务报告以权责发生制为基础，主要反映政府整体财务状况、运行情况和财政中长期可持续性等信息，内容包括财务报表、政府财政经济分析和政府财政财务管理情况。

第一节　政府综合财务报表的内容及格式

一、政府综合财务报表的内容

财务报表包括会计报表和报表附注。会计报表包括资产负债、收入费用表和当期盈余与预算结余差异表。

1. 资产负债表

资产负债表反映政府整体年末财务状况。资产负债表应当按照资产、负债和净资产分类分项列示。

2. 收入费用表

收入费用表反映政府整体年度运行情况。收入费用表应当按照收入、费用和盈余分类分项列示。

3. 当期盈余与预算结余差异表

当期盈余与预算结余差异表反映政府整体权责发生制基础当期盈余与现行会计制度下当期预算结余之间的差异。

4. 报表附注

报表附注重点对会计报表涵盖的主体范围、重要会计政策和会计估计、会计报表中的重要项目、或有和承诺事项及未在报表中列示的重大项目等作进一步解释说明。

二、政府综合会计报表格式及项目

1. 资产负债表的格式及项目

资产负债表的格式如表 20 - 1 所示。

表 20 - 1　资产负债表

编制单位：　　　　　　　　　年　月　日　　　　　　　　单位：万元

项目	附注	年初数	年末数
流动资产			
货币资金	附表1		
应收及预付款项	附表2		
应收利息			
应收股利			
短期投资	附表3		
存货			
一年内到期的非流动资产			
非流动资产			
长期投资	附表4		
应收转贷款	附表5		

续表

项目	附注	年初数	年末数
固定资产净值	附表6		
在建工程	附表7		
无形资产净值	附表8		
政府储备资产	附表9		
公共基础设施净值	附表10		
公共基础设施在建工程	附表11		
其他资产			
受托代理资产			
资产合计			
流动负债			
应付短期政府债券			
短期借款			
应付及预收款项	附表12		
应付利息			
应付职工薪酬			
应付政府补贴款			
一年内到期的非流动负债			
非流动负债			
应付长期政府债券	附表13		
应付转贷款	附表14		
长期借款	附表15		
长期应付款			
其他负债			
受托代理负债			
负债合计			
净资产			
负债及净资产合计			

2. 资产负债表的项目如下：

（1）资产类项目。

1）货币资金，反映政府持有的货币资金期末余额，包括库存现金、国库存款、国库现金管理存款、其他财政存款、银行存款和其他货币资金等。

2）应收及预付款项，反映政府持有的各种应收及预付款项期末余额，包括应收票据、应收账款、预付账款、其他应收款和与下级往来等。

3）应收利息，反映政府尚未收回的应收利息期末余额。

4）应收股利，反映政府尚未收回的现金股利或利润期末余额。

5）短期投资，反映政府持有的能够随时变现并且持有时间不准备超过1年（含1年）的投资期末余额。

6）存货，反映政府在开展业务活动及其他活动中为耗用而储存的材料、燃料、包装物和低值易耗品等的期末余额。

7）一年内到期的非流动资产，反映政府持有的将于 1 年内（含 1 年）到期或准备于 1 年内（含 1 年）变现的非流动资产项目的期末余额。

8）长期投资，反映政府持有时间超过 1 年且不在 1 年内变现或到期的各种股权和债权投资等的期末余额。

9）应收转贷款，反映政府尚未收回的偿还期限超过 1 年的地方政府债券转贷款和主权外债转贷款本金减去 1 年内（含 1 年）到期部分后的期末余额。

10）固定资产净值，反映政府持有的各项固定资产原值减去累计折旧后的期末余额。

11）在建工程，反映政府尚未完工交付使用的在建工程实际成本的期末余额，不含公共基础设施在建工程。

12）无形资产净值，反映政府持有的各项无形资产原值减去累计摊销后的期末余额。

13）政府储备资产，反映政府控制的战略及能源物资、抢险抗灾救灾物资等储备物资期末余额。

14）公共基础设施净值，反映政府管理的公共基础设施原值减去累计折旧后的期末余额。

15）公共基础设施在建工程，反映政府尚未完工交付使用的公共基础设施在建工程实际成本的期末余额。

16）其他资产，反映政府持有的其他资产期末余额。

17）受托代理资产，反映政府接受委托方委托管理的各项资产的期末余额。

资产类项目原则上不能出现负数，负数情况需在附注中做出说明。

（2）负债类项目。

1）应付短期政府债券，反映政府尚未偿还的发行期限不超过 1 年（含 1 年）的政府债券本金期末余额。

2）短期借款，反映政府所属事业单位等尚未偿还的借入期限在 1 年内（含 1 年）的各种借款期末余额。

3）应付及预收款项，反映政府承担的各种应付及预收款项的期末余额，包括应付票据、应付账款、预收账款、其他应付款、与上级往来等。

4）应付利息，反映政府尚未支付的应付利息期末余额，不含到期一次还本付息的长期政府债券的应付利息余额。

5）应付职工薪酬，反映政府按照有关规定应付给职工的各种薪酬期末余额。

6）应付政府补贴款，反映政府按照有关规定应付的各种政府补贴款的期末余额。

7）一年内到期的非流动负债，反映政府承担的 1 年内（含 1 年）到期的非流动负债期末余额。

8）应付长期政府债券，反映政府承担的偿还期限超过 1 年的长期政府债券的本金余额及到期一次还本付息的长期政府债券的应付利息余额，减去 1 年内（含 1 年）到期部分后的期末余额。

9）应付转贷款，反映政府承担的偿还期限超过 1 年的地方政府债券转贷款和主权外债转贷款的本金减去 1 年内（含 1 年）到期部分后的期末余额。

10）长期借款，反映政府向外国政府和国际金融组织借入的偿还期限超过 1 年的款项以及政府所属事业单位等承担的偿还期限超过 1 年的借入款项，减去 1 年内（含 1 年）到期部分后的期末余额。

11）长期应付款，反映政府承担的偿付期限超过 1 年的应付款项减去 1 年内（含 1 年）到期部分后的期末余额。

12）其他负债，反映政府承担的其他负债的期末余额。

13）受托代理负债，反映政府接受委托，取得受托管理资产而形成负债的期末余额。

负债类项目原则上不能出现负数，负数情况需在附注中做出说明。

（3）净资产类项目。净资产，反映政府期末总资产减去总负债的差额。

2. 收入费用表的格式及项目

收入费用表的格式如表 20 - 2 所示。

表 20 - 2　收入费用表

编制单位：　　　　　　　　　　　　　　　　　　　　　　　　　　　　单位：万元

项目	附注	上年数	本年数
税收收入			
非税收入			
事业收入			
经营收入			
投资收益	附表 4		
政府间转移性收入	附表 16		
其他收入			
收入合计			
工资福利费用			
商品和服务费用			
对个人和家庭的补助			
对企事业单位的补贴			
政府间转移性支出	附表 17		
折旧费用			
摊销费用			
财务费用			
经营费用			
其他费用			
费用合计			
当期盈余			

收入费用表的项目如下：

（1）收入类项目。

1）税收收入，反映政府本期取得的税收收入。

2）非税收入，反映政府本期取得的非税收入。

3）事业收入，反映政府本期因开展专业业务活动及其辅助活动取得的收入。

4）经营收入，反映政府本期开展经营活动取得的收入。

5）投资收益，反映政府本期因持有各类股权债权投资取得的收益（或承担的损失）。

6）政府间转移性收入，反映政府本期取得的来自非同级政府和不同地区同级政府的款项。

7）其他收入，反映政府本期取得的除上述收入之外的其他收入。

（2）费用类项目。

1）工资福利费用，反映政府本期应支付给在职职工和编制外长期聘用人员的各类劳动报酬，以及为上述人员缴纳的各项社会保险费等。

2）商品和服务费用，反映政府本期购买商品和服务发生的各类费用，包括办公费、差旅费、劳务费等。

3）对个人和家庭的补助，反映政府本期用于对个人和家庭的补助。

4）对企事业单位的补贴，反映政府本期对未进入部门决算编报范围的企业、事业单位及民间非营利组织的各类补贴。

5）政府间转移性支出，反映政府本期提供给非同级政府和不同地区同级政府的款项。

6）折旧费用，反映政府本期对固定资产、公共基础设施资产提取的折旧费用。

7）摊销费用，反映政府本期对无形资产提取的摊销费用。

8）财务费用，反映政府本期有偿使用相关资金而发生的不应资本化费用。

9）经营费用，反映政府本期开展经营活动发生的费用。

10）其他费用，反映政府本期发生的除上述费用以外的其他费用。

（3）盈余类项目。当期盈余，反映政府本期总收入减去总费用的差额。

3. 当期盈余与预算结余差异表的格式及项目

当期盈余与预算结余差异表的格式如表 20-3 所示。

表 20-3　当期盈余与预算结余差异表

编制单位：　　　　　　　　　年　　　　　　　　　　　　　　　　单位：万元

项目	金额
当期预算结余	
日常活动产生的差异	
加：安排预算稳定调节基金	

项目	金额
当期预付的商品和服务金额 *	
支付应付未付的商品和服务金额 *	
当期购买的存货和政府储备资产金额 *	
减：动用预算稳定调节基金	
当期收到已预付账款的商品和服务金额 *	
当期发生的应付未付商品和服务金额 *	
当期领用的存货和发出的政府储备资产金额 *	
当期折旧费用 *	
当期摊销费用 *	
投资活动产生的差异	
加：当期应取得的政府股权投资收益	
当期财政直接发生的资本性支出	
土地储备资金中的交付项目支出	
当期政府部门发生的资本性支出 *	
减：国有资本经营预算收入	
筹资活动产生的差异	
加：债务还本支出	
债务转贷支出	
减：债务收入	
债务转贷收入	
当期盈余	

注：表中带"*"的项目从政府部门财务报告的当期盈余与预算结余差异表中直接取得。

当期盈余与预算结余差异表的项目如下：

（1）当期预算结余。本项目反映按现行会计制度规定核算的政府本期总收入减去总支出的差额，包括政府财政当期预算结余和政府部门当期预算结余等。

（2）日常活动产生的差异。本项目反映政府本期按照权责发生制原则，对日常活动经济事项产生的收入和费用调整后，导致当期盈余和预算结余的差异。包括因安排和动用预算稳定调节基金，购买商品和服务发生预付账款、应付账款、长期应付款，取得和领用存货及政府储备资产，计提折旧和摊销等事项产生的差异。

（3）投资活动产生的差异。本项目反映政府本期按照权责发生制原则，对投资活动经济事项产生的收入和费用调整后，导致当期盈余和预算结余的差异。具体包括对政府投资收益、资本性支出、国有资本经营预算收入等项目进行调整产生的差异。

（4）筹资活动产生的差异。本项目反映政府本期按照权责发生制原则，对筹资活动经济事项产生的收入和费用调整后，导致当期盈余和预算结余的差异。具体包括对政府债务收入、债务转贷收入、债务还本支出、债务转贷支出等项目调整产生的差异。

（5）当期盈余。本项目反映政府权责发生制基础的本期总收入减去总费用的差额，包括政府财政当期盈余和政府部门当期盈余等。

三、政府综合会计报表编制

政府综合会计报表属于合并会计报表，在汇总本级政府各部门财务报表、财政总预算会计报表、农业综合开发资金会计报表、土地储备资金财务报表、物资储备资金会计报表等被合并主体报表基础上，采用抵销、调整等方法合并编制形成。其中，抵销是指对本级政府各部门之间、政府财政与部门之间、财政内部之间的经济业务或事项进行抵销；调整是指按照权责发生制原则将被合并主体报表中的收入和支出，调整为应归属于当期的收入和费用。

具体编制方法请参考《政府部门财务报告编制操作指南（试行）》第三章——政府综合会计报表编制说明。

四、会计报表附注编制

会计报表附注具体应包括下列内容：会计报表编制基础、遵循相关规定的声明、会计报表包含的主体范围、重要会计政策与会计估计、报表重要项目明细信息及说明、未在报表中列示的重大项目，以及需要说明的其他事项。

1. 会计报表的编制基础

政府综合财务报告中的会计报表以权责发生制为基础编制。

2. 遵循相关规定的声明

政府财政部门应当声明编制的会计报表符合《政府会计准则》、相关会计制度和财务报告编制规定的要求，如实反映政府整体的财务状况、运行情况等有关信息。

3. 会计报表包含的主体范围

会计报表包含的主体至少包括以下内容：
（1）资金主体。本级政府财政管理的各项资金，以及土地储备资金和物资储备资金等。
（2）单位主体。纳入政府综合财务报告编报范围的部门清单及部门所属的行政单位、事业单位和社会团体的数量、人员编制情况等。

4. 重要会计政策与会计估计

重要会计政策与会计估计应包括以下内容：
（1）会计期间。

（2）记账本位币，外币折算汇率。

（3）会计报表中重要资产、负债及收入和费用项目的含义、确认原则、计量方法等会计政策，以及具体会计方法的解释和说明。

（4）长期投资的确认原则。

（5）固定资产、公共基础设施的分类、折旧年限及折旧方法。

（6）无形资产的分类、摊销年限及摊销方法。

（7）其他。

5. 会计报表重要项目明细信息及说明

按照资产负债表和收入费用表项目列示顺序，采用文字和数字描述相结合的方式披露重要项目的明细信息。报表重要项目明细信息的金额合计，应当与会计报表中的相应项目金额衔接一致。

报表重要项目明细信息应包括但不限于：

（1）货币资金明细表。

（2）应收及预付款项明细表。

（3）短期投资明细表。

（4）长期投资及投资收益明细表。

（5）应收转贷款明细表。

（6）固定资产明细表。

（7）在建工程明细表。

（8）无形资产明细表。

（9）政府储备资产明细表。

（10）公共基础设施明细表。

（11）公共基础设施在建工程明细表。

（12）应付及预收款项明细表。

（13）应付长期政府债券明细表。

（14）应付转贷款明细表。

（15）长期借款明细表。

（16）政府间转移性收入明细表。

（17）政府间转移性支出明细表。

6. 未在会计报表中列示的重大事项

未在会计报表中列示但对政府财务状况有重大影响的事项需要在报表附注中披露。

（1）社保基金。按照社保基金的种类，分别列示社保基金的收入、支出及结余情况。

（2）政府股权投资的投资成本。按照投资对象分别列示股权投资成本。

（3）资产负债表日后重大事项。

（4）或有和承诺事项。逐笔披露政府或有事项的事由和金额，如担保事项、未决诉讼或仲裁的财务影响等，若无法预计应说明理由；逐笔披露政府承诺事项的具体内容。

（5）对于政府部门管理的公共基础设施、文物文化资产、保障性住房、自然资源资产等重要资产，披露种类和实物量等相关信息。

（6）在建工程中土地收储项目金额、面积等情况。

（7）其他未在会计报表中列示但对政府财务状况有重大影响的事项。

7. 需要说明的其他事项

会计报表附注应对会计政策、会计估计变更，以前年度差错更正等其他需要说明的事项进行披露。

第二节 政府财政经济与财务管理分析

一、政府财政经济分析

政府财政经济分析以财务报表为依据，结合国民经济形势，对政府财务状况、运行情况，以及财政中长期可持续性等内容进行分析。

1. 政府财政经济分析主要内容

政府财政经济分析以政府综合财务报表为依据，结合宏观经济形势，分析政府财务状况、运行情况，以及财政中长期可持续性等，主要包括以下内容：

（1）政府财务状况分析。

其一，资产方面，重点分析政府资产的构成及分布，对于货币资金、长期投资、政府储备资产、公共基础设施、保障性住房等重要项目，分析各项目比重、变化趋势以及对政府偿债能力和公共服务能力的影响。

其二，负债方面，重点分析政府负债规模、结构以及变化趋势。

其三，通过政府资产负债率、现金比率、流动比率等指标，分析政府财务风险及可控程度，需要采取的措施等。

（2）政府运行情况分析。

其一，收入方面，重点分析政府收入规模、结构及来源分布、重点收入项目的比重及变化趋势，特别是宏观经济运行、相关行业发展、税收政策、非税收入政策等对政府收入变动的影响。

其二，费用方面，重点按照经济分类分析政府费用规模及构成，特别是政府投融资情况对政府费用变动的影响。

其三，运用政府收入费用率、税收收入比重等指标，分析政府财政财务运行质量和效率。

（3）财政中长期可持续性分析。基于当前政府财政财务状况和运行情况，结合本地区经济形势、重点产业发展趋势、财政体制、财税政策、社会保障政策、通货膨胀率等，全面分析政府未来中长期收入支出变化趋势、预测财政收支缺口以及相关负债占 GDP 比重等。

2. 政府财政经济分析方法和指标

分析政府财政经济状况时，可采取比率分析法、比较分析法、结构分析法和趋势分析法等方法。具体可参考使用表 20 - 4 所示分析指标：

表 20 - 4　分析指标表

序号	指标名称	公式	指标说明
一、政府财务状况分析指标			
1	资产负债率	负债总额/资产总额	反映政府偿付债务的能力
2	流动比率	流动资产/流动负债	反映政府利用流动资产偿还短期负债的能力
3	现金比率	货币资金/流动负债	反映政府利用货币资金偿还短期负债的能力
4	金融资产负债率	（流动资产合计数 - 存货 + 长期投资 + 应收转贷款）/负债总额	反映政府利用金融资产偿还负债的能力
5	总负债规模同比变化	（负债总额年末数 - 负债总额年初数）/负债总额年初数	反映负债的增长速度。同比增速是否过快可参考全国地方政府债务限额增幅
6	主要负债占比	主要负债项目/负债总额	反映政府主要负债项目占总负债的比重
7	单位负债占比	单位负债总额/负债总额	反映政府单位负债占总负债的比重，进而评估政府的直接债务风险和间接债务风险
8	流动负债占比	流动负债/负债总额	反映政府负债结构是否合理，政府面临负债集中偿付的压力
9	一般债务率	（一般债务余额/债务年限）/一般公共预算可偿债财力 ×100%	反映地方政府可偿债财力对偿债需求的保障能力。可偿债财力等于综合财力扣除用于保障人员工资、机关运转、民生支出等刚性支出后的财力
10	专项债务率	（专项债务余额/债务年限）/政府性基金预算可偿债能力 ×100%	
二、政府运行情况分析指标			
11	收入费用率	年度总费用/年度总收入	反映政府总费用与总收入的比率
12	政府自给率	（支出总额 - 政府间转移性支出）/（收入总额 - 政府间转移性收入）	反映地方政府自给能力大小
13	税收收入比重	年度税收收入/年度收入总额	反映政府收入的稳定性及质量
14	税收依存度	年度税收收入/年度一般公共预算收入	反映税收在一般公共预算收入中的占比
15	利息保障倍数	（当期盈余 + 利息支出）/利息支出	反映政府偿还债务利息的能力

续表

序号	指标名称	公式	指标说明
16	人均工资福利费用	工资福利费用/政府工作人员人数	反映人均工资福利费用情况。政府工作人员的数目取自部门决算机构人员情况表（F04 表）在职人员与其他人员数量之和
		三、财政中长期可持续性分析指标	
17	负债率	债务总额/地区生产总值	反映经济增长对债务的依赖程度
18	税收收入弹性	年度税收收入增长率/本地区 GDP 增长率	反映税收收入变动对本地区 GDP 变动的敏感程度
19	固定资产成新率	固定资产账面净值/固定资产原值	反映政府固定资产的持续服务能力
20	公共基础设施成新率	公共基础设施净值/公共基础设施原值	反映政府公共基础设施的持续服务能力

二、政府财政财务管理情况

政府财政财务管理情况，主要反映政府财政财务管理的政策要求、主要措施和取得成效等。

1. 政府预算管理情况

政府预算管理情况主要反映政府预算编制管理、预算执行管理、财政监督管理、绩效管理等方面的政策要求、主要措施和取得的成效。

2. 政府资产负债管理情况

政府资产负债管理情况主要反映政府资产管理、负债管理等方面的政策要求、主要措施和取得的成效。

3. 政府收支管理情况

政府收支管理情况主要反映政府收入管理、支出管理等方面的政策要求、主要措施和取得的成效。

复习思考题

1. 什么是政府综合财务报告？政府综合财务报告包含哪些主要内容？

2. 什么是政府综合会计报表附注？会计报表附注包括哪些具体内容？

3. 政府财政经济分析主要包括哪些内容？政府财政经济分析指标有哪些？